民國歷史與文化研究

十八編

第 **12** 冊

胡先驌年譜
（第二冊）

胡啟鵬 著

花木蘭文化事業有限公司

國家圖書館出版品預行編目資料

胡先驌年譜（第二冊）／胡啟鵬 著 -- 初版 -- 新北市：花木
蘭文化事業有限公司，2024〔民 113〕
目 4+258 面；19×26 公分
（民國歷史與文化研究　十八編；第 12 冊）
ISBN 978-626-344-641-0（精裝）
1.CST：胡先驌 2.CST：年譜
628.08　　　　　　　　　　　　　　　　112022508

ISBN-978-626-344-641-0

9 786263 446410

民國歷史與文化研究
十八編　第十二冊　　　　　　ISBN：978-626-344-641-0

胡先驌年譜
（第二冊）

作　　者　胡啟鵬
總 編 輯　杜潔祥
副總編輯　楊嘉樂
編輯主任　許郁翎
編　　輯　潘玟靜、蔡正宣　美術編輯　陳逸婷
出　　版　花木蘭文化事業有限公司
發 行 人　高小娟
聯絡地址　235　新北市中和區中安街七二號十三樓
　　　　　電話：02-2923-1455 ／傳真：02-2923-1452
網　　址　http://www.huamulan.tw 信箱 service@huamulans.com
印　　刷　普羅文化出版廣告事業
初　　版　2024 年 3 月
定　　價　十八編 22 冊（精裝）新台幣 55,000 元　　　版權所有・請勿翻印

胡先驌年譜
（第二冊）

胡啟鵬　著

目

次

民國十二年癸亥（1923） 三十歲

1月，著《細菌》一書，共39頁，百科小叢書第五種，商務印書館初版。全書分為九大部分：一定名；二細菌學之略史；三細菌學之範圍；四細菌之界說；五細菌在宇宙間之分布；六細菌之形態；七細菌之分類；八細菌之生活及其作用；九細菌與疾病。

胡先驌著《細菌》一書

目次

2月15日，《說竹蓀》文章在《東大農學》雜誌（第1卷第1期，第150～152頁）發表。摘錄如下：

竹蓀為擔子菌（Basidiomycetes）竹蓀科（Phallaceae）之植物。其名為 Phallus duplicatus。在中國多生林中，故名為竹蓀。市上所賣與用於菜館中者皆來自四川。據川籍學生云，惟兩縣產之，其言殆不可信。蓋此物美國亦產之，而距四川數千里之南京亦產之，故在四川決不僅有兩縣產此物也。殆惟兩縣之人知採集而食，並曬乾以為一種高價之山珍耳。據云在四川曬乾之竹蓀每斤值錢六千，至南京則價尤奇昂（有人云值十餘元一斤）。其所以有此高價者，則以其出產稀少（實則不然）來路較遠（實亦不然）之故。若能如在南京發生多量而知採用之，則不啻多添一種貴重出產，亦農家副業之助也。

菌高五寸至八寸，可分為菌蓋、菌幹、菌托、菌網四部分。未長成之菌，成一淡紅色之卵狀體，蓋為外面一層淡紅色之被膜所包。至菌成長時，則被膜破裂。一部分附著菌蓋上，日後乃脫落。一部分則仍在菌幹之下部，半埋土中，是名菌托（Volva）。中部為一長大中空海綿狀之幹，是名菌幹（Stipe）。其直徑大者約一寸，小者約五六分至七八分。菌幹之頂端為一薄膜，上有具翼狀之片之網。頂端有一環帶，是名菌蓋（Pileus）。菌蓋上面有多量綠黑色之胞子雜藏於一種膠體中，是為胞子膠（Gleba）。是種胞子作惡臭，有毒。欲食之必洗去淨盡，或連菌蓋亦去之。菌托亦不可食。菌蓋之下，附生於菌蓋之上部者為一極大而美麗之網。網絲頗粗大，網孔作微圓不整齊之多角形。網作白色，頗強硬，此亦可食之部也。

此菌美國與加拿大及中國皆產之。中國在昔日惟知四川產之，今年秋季陽曆十月東南大學川籍學生張文湘始在南京神策門附近竹園中發現，生產極茂盛。在中國此菌皆在竹林中發現，但美國無竹而亦有此菌，可見其不必一定生竹林也。

在南京與之同科之菌苗發現兩種。一為 Phallus gracilis，高約三

寸許，通體作赤色。菌蓋、菌托皆小而薄，「卵」亦小，無菌網。此種或生竹林中或否。一為 Phallus 之一種。按照羅依德（C. G. Lloyd）所著之 Synopsis of the Known Phalloid 書中所載之圖畫記載，皆與之不合，或為一新種亦未可知。此種高二寸半至三寸許。菌托、菌幹皆作白色，菌托、菌幹、菌蓋皆較 Phallus gracilis 為大，無菌網。菌蓋之網極為顯著，有翼狀之片。此二種之別於竹蓀即在無菌網也。竹蓀在南京則於今年秋間十月十一日發現。其發生之時，多在久晴暄暖之後，加以大雨，則生長極多而速。其「卵」若攜至家中置之潮濕之處，第二日亦能發生，不終朝亦即萎倒。新鮮者採歸，去其菌蓋與菌托，即可以美湯煮食之，味極脆美。平常市上所賣者，僅將胞子去盡，並來除去菌蓋，可知菌蓋亦無毒也。此菌之在南京採得之新鮮者，曾經川籍學生烹食多量，絕無危險。若按所附之照片，及此文之記載，吻合無訛，而又取其新鮮者，除去胞子與菌蓋，盡可大膽烹食之。據作者觀之，在竹林中一年所採此菌之量，每畝地決不止曬乾之一斤。而每斤之價在十元左右，則誠大利之所在。鄙意決不僅南京附郭之竹園中產之，如浙江、福建、江西、湖南、安徽等省產竹之區，亦必產之。有志農產者，其留意之乎？則不難覓得意外之財也。惟須認明必有菌網者始是。他種是否可食，尚未證明，切勿誤認為要。〔註185〕

2月24日，陳三立致胡先驌信函。

步曾仁兄大鑒：

示悉。《蒼虯閣詩》一冊呈上。家信由小兒寅恪自柏靈寄其兩妹者，並節錄附上，中猶多問語可刪去，以臨時付抄，不及檢察也。趙叔雍屬題一圖，請轉詢楊杏佛兄，何日有便人赴滬，當託其帶交也。

忽頌

著安

〔註185〕 張大為、胡德熙、胡德焜合編《胡先驌文存》（下卷），中正大學校友會出版發行，1996年5月，第59～60頁。

三立　頓首

二月二十四日

（胡宗剛先生提供）〔註186〕

【箋注】

陳三立（1853～1937），字伯嚴，號散原，江西修水人，近代同光體詩派重要代表人物。晚清維新派名臣陳寶箴長子，國學大師、歷史學家陳寅恪、著名畫家陳衡恪之父。與譚延闓、譚嗣同並稱「湖湘三公子」；與譚嗣同、徐仁鑄、陶菊存並稱「維新四公子」，有「中國最後一位傳統詩人」之譽。1892 年壬午鄉試中舉，歷任吏部行走、主事。1898 年戊戌政變後，與父親陳寶箴一起被革職。1937 年發生「盧溝橋事變」後北平、天津相繼淪陷，日軍欲招致陳三立，陳三立為表明立場絕食五日，不幸憂憤而死。刊行《散原精舍詩》及其《續集》《別集》《散原精舍文集》。

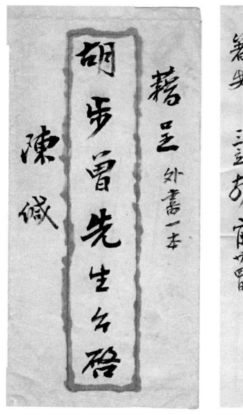
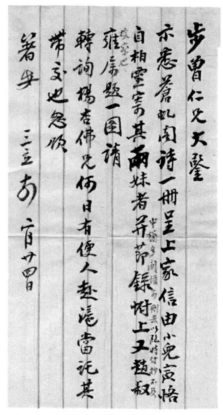

陳三立致胡先驌信函（胡宗剛先生提供）

〔註186〕《胡先驌全集》（初稿）第十七卷下中文書信卷，第頁 555 頁。

2月，譯《雜交與天演》，哲勿雷（Edward C. Jeffrey）原著，文章在《科學》雜誌（第8卷第2期，第145～153頁）發表。摘錄如下：

近年來吾人嘗聞一種宣言，以為在今日關於天演問題之研究，已超越雖廣大而不精確之域，而入在實驗室情況之下定量研究之較精確較滿意之時期。今姑置因此傾向而得之精確研究之美德，是否為引起觀點之狹隘之病所抵銷之問題不問，吾人至宜研究生理學家實驗之方法是否可將天演之根本問題為最後之解決。近年來以其行為而不以其本體以評判生物之風氣大盛。故吾人每聞一器官為一作用之工具，因之應以其作用而不以其構造而定界說。吾不必指出器官之生理的界說之謬誤，僅須加之於多數之事實，其說不攻自破矣。

過恃生理之論據之最顯著之例，或為近人研究物種由來一最要問題之一事。今日育種學家所異口同聲承認者，厥為在最精確之實驗狀況之下，若嗣續酷肖其祖先，即可斷定其為一種。故每每認定 Oenothera 與 Drosophila 育種之結果於生物學有基本上之重要。但在吾輩之未沉涵於夜櫻草黨與未屈膝于果蠅之神壇前者，對於此說尚不能認為已經證明。吾人在承認由其育種之行為而斷定之重要結論為可恃之前，對於近日所尊為生物學之基礎之種類，尚須細究其以前之歷史也。

在今日物種由來之問題仍與在達爾文開新紀元之著作刊行時相若。達爾文對於新種造成時變異之理由，未敢加以解說，僅指明有生命之物質自來即有變異之趨向。彼鄭重聲明一方面之生存競爭，一方面環境所與之選擇對於動植物新種之發達有極重要導引之影響。近年來有一舊說復興，即突變說是也。此說以荷蘭生理學家特夫雷氏（De Vries）及其在各國之門徒之活動而益張。平常在下等生物生活中，常見每因其發達過速而發生有害之產物。故如普通酵母菌之釀酒，每因後來糖液中酒精成分過多，酵母菌之作用以止。最有趣者，反對突變說之學說即出於荷蘭。羅茨博士（Dr. Lotsy）近年曾著《由雜交而得天演》（Evolution by Means of Hybridization）一書，攻擊突變說之基礎，而立一對峙之設論，以為所有生物之變遷皆由於雜交而不由於內部自然發生之突變。著者以為雜種以變異著，貝 U 變異必由雜交而起。此說似落於循環無端之病。苟欲承認新種由

雜交而來，必先有由雜交而得新種之確實證據。吾人關於此問題，幸有奧國葛納爾（Kerner）與美國白蘭納（Brainerd）早日之研究。葛納爾在其著名之植物生活史一書，與在 Oesterreiche Botanische Zeitung 之早年著作中，曾指出在 Pontic, Mediterranean 與 Baltic 三植物系聚會之中歐東部山地區域，有多數新種由於雜交而得之證據。在此短少時間中，吾僅能略舉此著者所得之結果。彼證各植物系中之種類在天然狀況中，能以雜交法發生新種。而此新種若與其父母之種有同等之優點者，則與其父母種生於一區域之內；若彼具有特種優點使能生於父母種所不能生之處，則每不與其一或兩種同生。此斷語乃將平常以為雜種僅能生存於其所發源之種同生之區域之見解推翻，於此可見葛納爾對於植物分類與分布研究之結果證明新種可由天然雜交而產出之矣。

近日白蘭納對於紫堇與薔薇科植物之研究，亦有同等之結果。作者證明有多種曾經認為明顯之種之紫堇（Viola）與懸鉤子（Rubus）實則發源於雜交。尤有趣者，白蘭納博士證明此類雜交之種雖以其發源之情形，其種性極為固定，不但在分類上為然，即按育種學上之根據觀之亦然。

在今日大眾所認為種之最佳之根據為生理的。照此標準，則在人工培養中能產生相肖之子嗣使能供育種學之分析之能力極為重要。若有多種雜交而發生之種能產生相肖之子嗣，則生物在培養情況之下之行為，不能用以斷定其既往之歷史。若生理上之根據不足恃，吾人必須轉取形態上之性質。近百年來大眾皆承認不生育為雜交最著之特性，尤以不相宜之種類雜交為甚。所以不相宜之理，今日尚難言之，蓋每每外部形態相差較大，分布區域相去較遠之種類雜交，尚較外部形態相差較小，分布區域相去較近者為易。故斑馬與馬雜交能產生能生育之雜種，而馬與驢交所生之騾則不能生育也。同時據美國捷克（Jack）與羅森道爾（Rosendahl）之研究，吾人之小舟樺木與黃樺木、黑樺木雖每每生於一處，乃不能雜交；然能與隔離較遠之沼澤小樺木（Betulapumila）雜交。

在植物則雜種每呈數種形態上之特性，故如生殖細胞每每極不完全，尤以雄性生殖細胞為甚。此性質有時極甚，雖其胚珠能生殖，

然不能用其自身之花粉以傳種。花粉粒之不完全極易估計，或僅一小部分不完全或全不能生育。因雜交而起之不生育，不可與生理上之不生育混為一談。如普通之山娃菜（horse radish），Lilium bulbiferum 與 L.candidum 在平常之狀況，皆以所同化之食物全輸入地下根莖等處，不能供造成種子之用。但若將山娃菜地下莖之頂端割去一圈，或將百合之花軸割去，則皆能結子。又如最著之氣候變遷，或飢餓以及其他不適宜於生理之狀況，皆能使生殖與其他器官退化。但此類情況，甚易分別於雜交所致之不生育也。

自育種學之眼光觀之，雜種之不能生育為一極有關係之事。蓋每將栽培雜種之子嗣時，其照門特爾定律遺傳之希望破壞，故門特爾派學者普通不喜研究天然種類雜交之育種問題也。然苟天然雜交為物種由來之一普通原因，則若吾人慾追尋物種由來之方法之廣博而永久之結論，必不可忽視此問題也。

雜種之組成之另一特性，即為嘗使染質體之數目增加。故如東方雜交甚眾之菊花，在精子之胞核分裂時，其染質體之數（本來之數）自加至 18、27、36，甚有 45 者，換言之，即二、三、四、五倍於原有之數也。同時在菊科之另一屬，大理花屬（Dahlia）在 D. coronata 中在精子分裂之時期有 16 染質體，在 D. variabibis 與 D. coccinea 二者之雜種，則有 32 染質體。再舉一例即足指明此事實之情況。在獨種之鵝掌楸屬（Liriodendron）與數種木蘭（Magnolia）其精子細胞有 19 染質體，而在 M. soulangeana（疑發源於雜交）與 M. Yulan, M. grandiflora 則有二倍之數之染質體。若吾人將此數例與不易雜交之松與百合兩屬相較，可發現一特點。在松與百合兩屬其染質體之數永遠相同，不如上述有雜交之例之易於變異。每每雜交所增加染質體之數，不僅為二倍三倍等，而為數學之增加。在有輸導管之孢子植物與苔類之生於潮濕地方或水中之易於雜交之種類中，亦有同等倍增染質體之數目之事實。

既已舉雜種之數形態上之特性，吾人乃可將此結論加於特夫雷氏創突變說所據以為證之夜櫻草。在所謂 Oenothera 之突變種與其原種中，可見各具上文之所舉雜交之性質，即不生育之程度極高，有時竟完全不生育，尤以雄性精子細胞為甚，與不按門特爾定律遺

傳，與其染質體之數較平常精子體之數 7，孢子體之數 14 為多是也。在 O. gigas 其精子染質體之數 14 而非 7，在 O. semigigas 其孢子體之染質體之數為 21 而非普通之 14，在 O. lata, O. semilata 與 O. rubricalyx 則為 15。同等之狀況曾發現於他種 Oenothera 與其所謂突變種中。於此可見若以形態上性質與實驗狀況之下生理上行為根據，則在 Oenothera 一屬之各種與其所謂之突變種，顯有雜交之形跡可尋。故可斷言若 Oenothera 一屬能證明新種由來，則所證明者，為新種自雜交而得，而非自彼神秘之突變而得也。

　　最後吾人可討論特夫雷與其他突變學者對於認形態上之不生育為雜交之明證之抨擊。彼等謂不生育為突變所常有之事，但以為普通認為雜交所具之現象，亦為突變所常具，實為突變論家至不幸之事。是在彼輩以設法證明此等種類非自雜交而出自突變。吾人反有積極之證據以證明其非出自突變，在獨種之屬如 Ginkgo, Liriodendron, Calla, Spathyema 等，在平常生理發達狀況之下，其所有之花粉粒形狀皆相同而皆完全。如 Zannichellia Palustris 之屬在北美洲北部僅有一種，吾人可見其花粉粒形狀非常之整齊，而發達甚佳。與此種類甚少而不易變易之屬可作比較者，吾人可擇普通之眼子菜（Potamogeton）一屬，此屬中乃有多種，其花粉粒細胞發達不全佳，其大小相差乃甚大。兩者相較，即可證明花粉粒大小之相差為與種類眾多有關，換言之，即與突變問題有關。自相對方之眼光觀之，則可云眼子菜一屬中有多數天然之雜種，而此類雜種皆表示雜種所具之性質。

　　在有多種生於一區域與同時開花之屬，則此問題更易解決，如何雅博士（Dr. Hoar）所研究之懸鉤子（Rubus）一屬是也。R. villosus 之花粉粒，其大小與發達之程度相差甚巨，作者復考察多種之 Rubus 得有同樣之結果。就大概情形言之，可認其種類之多與易於變易為不生育與突變共存之證據。但若研究隔離之種類，則有新觀點發生。如 R. odoratus 之花粉粒，其花比其屬中之他種開放甚遲。研究時曾注意取得多量之花粉粒於顯微鏡範圍中，此處可見者則為其花粉粒之整齊與發達完善。若花粉粒之不完全為 Rubus 一屬突變常具之現象，則無論其為隔離與非隔離之種類皆應同具此性。

今既不然，則必推論到在開花同時而易於雜交之種，其花粉粒之所以不完全，實因其發源於雜交之故。自白蘭納諸人研究此問題時發現多數天然雜種之後，新種發生由於雜交之證據愈多矣。

與之同類者厥為毛茛 Ranunculus 一屬。若取任何在早夏開花之種類如 R. acris, R. repens, R. aquatilis, R. eymbalaria 等而觀察之，即見有一大部分不完全而大小相差甚大之花粉粒。此點可於 R. acris 見之，此處可見花粉粒之大小相差甚大，而有一部分不完全。此種情況天然可認為昔時雜交之故。又如在早春一切種類未開花之時開花之 R. thomboideus 之花粉粒皆發達良好，而大小相若者。在此種與 Rubus odoratus 花粉粒之發達良好與否顯與他種隔離或雜交有關也。

上舉之事實，在其他被子植物之各科中，其例尚多。可見花粉粒之不生育，在平常之生長情形之下，為昔日雜交而非突變之表示。以之表示關於物種由來之推論，除育種之根據外，尚須注意於精子細胞（花粉與胚囊）之細胞學與發達之形態根據也。

一方面由分類與分布之證據，一方面由形態學之觀點，可知在天然狀況中種類雜交，實為增加新種最普通之原因。同時復證明在研究生物學最重要之物種由來問題，生理與育種之證據不能較實際歷史與形態上構造之更可恃之證據為更重要。最後則 Oenothera 育種上之地位極其可疑，斷不能用以為特夫雷之突變學說之最後證據。且結論中吾人所宜聲明者，即新種由雜交增加之學說，並不與達爾文學說相牴觸，不過增加一種造成新種之要素。且雜交決不能如羅茨在其《由雜交而得天演》書中所主張認為新種發生之普遍惟一原因，蓋最初之種類必須以他原因而造成也。奧國植物學家葛納爾在多年之前所重視被子植物花之構造對於求得異花受精之體合，於此能供給普通生物學學說之論據事實之重大而優勝之種子植物之有極多天然雜種一事，當然有關係也。〔註187〕

2月，《讀張文襄〈廣雅堂詩〉》文章在《學衡》雜誌（第14期，第121～132頁）發表。摘錄如下：

〔註187〕張大為、胡德熙、胡德焜合編《胡先驌文存》（下卷），中正大學校友會出版發行，1996年5月，第700～706頁。

自來以勳業著者，鮮以文章顯。文章伯之韓柳歐蘇，詩伯之陶謝王孟、李杜蘇黃，或為隱逸，或居清要，然未聞以功業政事著也。……曾文正以古文中興，詩亦規撫杜韓，能自樹立，然究為功業所分心，不能盡其所能詣。張文襄獨以國家之柱石，而以詩領袖群英，頡頏湖湘西江兩派之首領王壬秋、陳伯嚴，而別開雍容雅緩之格局，此所以難能而足稱也。當其督鄂督粵時，幕府中網羅之盛，可擬曾文正。……

公詩閎肆寬博，汪洋如千頃波，典雅厚重，不以高古奇崛為尚，然復不落唐人膚泛平易之窠白。……公之論詩之旨於此可見，公之詩格，亦於此可見。蓋公詩脫胎於白傅而去其率，間參以東坡之句法者也。其淵源如此，從未經郊島黃陳劌刻肝腎之途徑，故此類詩之獨到處不能領解。即韓詩排奡奇崛之境界，亦所未經，故習於宋詩者嘗覺其詩不深至。差幸規模宏大，學問賅博，有以掩其所短耳。

廣雅堂詩之脫胎於長慶，習於唐宋之辨者，一望即能知之，而尤以前兩卷諸作為易見。白詩喜用典以鋪敘其事，宋人嘗避此法，即偶一用之，亦必別有命意，而非專為烘襯之可比。而廣雅堂則喜用之。……

……

公詩諸體自以五古為最佳。湖北提學官署草木詩，憶嶺南草木詩，雖不如東坡和子由記園中草木詩多見道語。然如《詠桂》句云：「俠侍如卯妙，繚枝懸幽馨。我謂似君子，大冬猶敷榮。」……

至如《連珠詩》，則公一生讀史歷世之所得，咸萃於此。阮公之《詠懷》，太白之《古風》，命意略同，而理致或尚有遜。……

公之七言古詩，亦一代作手。《銅鼓歌》之佳妙，上文已言及之矣。而凡讀《廣雅堂詩》者，要不能不欣賞《五北將歌》，其人其詩之皆可傳也。自民國建立以還，人咸羞言清季，而尤惡稱滿人。實則有清一代學術文物之盛，遠邁元明，上追唐宋。……《廣雅堂詩》本長於七古，今遇此好詩料，故寫來倍有聲色。字裏行間，金戈鐵馬，喑嗚叱吒之音，猶可辨也。……

七古之詠物寫景者佳作尤多。《廣雅堂詩》既以唐為宗，故不取枯淡，色穠味腴，辭采特勝。如《秦子衡為孫駕航畫崇效寺丁香海

棠卷》句云：「丁香篋籤千珠圓，海棠霞暈扶春煙。至今紙上鬥香色，疑嬌似妒如能言。」……

然《廣雅堂詩》尤有勝處，即雖於遊宴觀賞之候，亦刻刻以國計民生為念。如《登凌霄閣》詩，於描寫風景之後，結句乃云：「今年雪壯極萬里，屢足燕代包南蠻。隴蜀春漲江漢恐，對此悄悄生憂患。驛符火急催楗石，我與郡縣毋官痯。」……

文襄雖為詩中射雕手，然極以雕蟲為恥，而視當時一般清流之流連藝事為玩物喪志者。故其《誤盡四絕》句云：「伯厚多聞鄭校讎，元金興滅兩無憂。文儒猶散姑消日，誤盡才人到白頭。」……

欲知文襄之詩，不可不知文襄之為人，其畢生之歷史與軼事，極為可述。殿試時以文章馳驟，未遵程序，抑置一甲第三，蓋初時本擬大魁者也。受知於高陽相國李鴻藻，與張幼樵（佩綸）、寶竹坡（廷）、黃漱蘭（體芳）、陳弢庵（寶琛）諸君子，喜激切言事，不避權貴，當時號為清流。而尤與張幼樵寶竹坡善。……憶辛亥革命之秋，嘗見市上有一種極可笑之圖畫，以張文襄派遣學生出洋為有心顛覆清室張本。其見解固為可笑，然文襄維新之功，實在群眾之耳目中，於此尤可見也。文襄之忠於清室與忠於國家，可於入相後與攝政王爭親貴典兵一事見之。當宣統即位之初，人民對於清室尚有厚望，故於攝政王毅然罷免袁世凱，海內咸服其英斷，以為郅治可期。乃以親貴典兵政，握財權，賄略公行，朝政益壞，始有辛亥土崩之局。文襄自始即有見於此，故極不以親貴執重權為然。爭之不聽，嘔血而死。其絕筆詩云：「誠感人心心乃歸，君民末世自乖離。豈知人感天方感，淚灑香山諷諭詩。」其忠忱與遠識，皆盡於此詩。蓋辛亥之亂，公已知其不免而苦於回天無術也。其《遺疏》有云：「守祖宗永不加賦之規，凜古人不戢自焚之戒。」雖至死猶不忘君國，所謂藎臣者非耶，則又非杜陵之僅以詩史稱者可比矣。〔註188〕

3月13日，王浩致胡先驌信函。

　　步曾大兄如握：

〔註188〕張大為、胡德熙、胡德焜合編《胡先驌文存》（上卷），江西高校出版社，1995年8月版，第181～190頁。

半歲以還，迭奉惠示，殷勤慰問，有逾骨肉，感愧之深，匪言可喻。所以久未親啟奉答者，一以起倒維艱，作書不便。家兄又時奉書，日久益覺應說之語太多，非三十萬言不能盡意，如此伸諸紙筆亦請然耳。然屢辱繫念，始終無一詳悉報告，情實不當，兄便終能原之，弟亦不可無此長箚也。

弟病自去歲春盡後發動，初時莫名其由，及稍苦始至醫院診視，自是至六月均經西醫，愈治癒烈，竟至臥床不起。兄所言謝恩，增弟已於是，請過登床高臥，亦即其時。迨家兄入都，對於病症亦束手無策，仍請一日醫施治，如是者又兩月無功。友人有薦推拿醫者，甫十餘日，強可杖行。然行不數日，方慶轉機，而足疽又一再起矣。推拿醫卒告技窮。弟乃實行自治自檢，藥書得芙蓉花葉一品，累日敷之又一月，痛盡而不起，立坐時起動談笑尚如常人，友朋或來久談，見其飲食晏笑，一若忘其為病者。此在京十個月情形也。歲既云暮，家中深盼弟歸，家兄亦急欲歸家度歲，乃不問弟病體宜忌如何，勉強言旋，途中經過若干危險，始克扶持口家。詎意到家後，中醫施治有升丹鉛汞等品，搜提足乃奇痛，終日不得少休。現雖大痛不作，然已泛濫，包裹不成。事體此爛不足慮，所可懼者，南中天氣於賤軀最為不利，兼之居處飲食無一適宜於病人。乃至歸來五旬，寒熱往來，咳嗽大作，初時似瘧非瘧，其後乃成半夜熱而咳嗽大盛，似此情形，恐成肺疾，則此歸真可悔耳。

前得柏丈書言，吾兄入都，快晤之下，並言將來省存視弟疾，瞻望行旌，甚於望歲。家兄到寧來書，卻未言及，心旌懸懸，恐未必妥，究竟兄能於何時辱臨，弟日日掃榻恭候。行前務望飛函示知，先佳寤寐也。

弟平生不耐家居，非徒不願聞家庭瑣屑，亦以省中友朋太少，獨居何從得樂？此次歸來，益覺自喬遷幽苦不可道，深盼我兄久別深談，蘇我涸轍也。家兄東上帶去拙稿三冊，其中實無多可取，有文富而題不堪者，有文題俱焚者，除數篇自動之文，大悉皆空費心血之作也。

弟近二三年作壽序頗多，都不存稿，蓋無一非借款之作，陳陳相抄，不負責任，當時免笑而已。尚有為人作墓誌二篇，頗可觀。

惜索稿者匆遽，當時未存，只可後來補覓寄上耳。彭峙雲前數日來
省，於公感激投地，渠確已復書，並寄上文稿公牘稿，手書小楷數
篇，奈彼為吟潭辦藤田鄉徵收，離縣百五十里，該地僻小，僅有代
辦郵局，不能掛號，以致信付魚沉。會聞家兄來書，渠事已作罷，
而龍吟潭適於家兄書到之一日撤任。凡事莫非命也，此子恐終窮鎮
死矣，未知兄處優能為之留心設法否：不能之請。兄今歲是否放洋，
能與柏廬文借行否？叔絅兄當民國三年在京時，雖兄養勿逾，今久
別甚想念，見時務深致意，羽生兄亦希代為問候。

　　即叩

雙安

弟　浩　詳上

三月十三日（1923 年）〔註189〕

漢譯《科學大綱》

　　3 月，漢譯《科學大綱》由商務印書館出版，全書共四冊。第一冊 1923 年
3 月初版；第二冊 1923 年 6 月初版；第三冊 1923 年 10 月初版；第四冊 1924
年 1 月初版。21 位科學家集體翻譯。1930 年 10 月，編入《萬有文庫》第一集
中「漢譯世界名著叢書」，分訂為 14 冊（共 1500 多頁）。《科學大綱》（Outline

〔註189〕《胡先驌全集》（初稿）第十七卷下中文書信卷，第 550～551 頁。

of Science）是英國著名生物學家、博物學家兼科普作家約翰・阿瑟・湯姆生（John Arthur Thomson）爵士主編的高級科普巨著。湯姆生（1861～1933）一生從事生物學研究，並以進行科普演說和寫作而馳名，而最著名和最有影響力的作品是《科學大綱》。

編輯者：王岫廬（王雲五）

譯述者（21 人）

王璡：美國理海大學化學學士，國立東南大學化學教授。

朱經農：美國喬治華盛頓大學碩士，國立北京大學教育學教授。

任鴻雋：美國哥倫比亞大學理化碩士，國立北京大學化學教授。

竺可楨：國立東南大學地學系主任，美國哈佛大學地理科博士。

秉志：美國康南爾大學理學士哲學博士，國立東南大學動物學教授。

胡先驌：美國哈佛大學哲學博士，國立東南大學植物學教授。

胡明復：美國哈佛大學哲學博士，大同大學南洋大學算學教授。

胡剛復：美國哈佛大學哲學博士，國立東南大學物理系主任教授。

段育華：美國加利福尼亞大學化學碩士，國立東南大學算學教授。

孫洪芬：美國彭林大學化學碩士，國立東南大學化學教授。

俞鳳賓：美國本雪文義大學公眾衛生學博士，聖約翰大學醫學教授。

陸志韋：美國芝加哥大學哲學博士，國立東南大學心理學教授。

唐鉞：美國哈佛大學哲學博士，國立清華大學心理學教授。

徐韋曼：美國意利諾大學地質科學士，國立東南大學地質學教授。

陳楨：美國哥倫比亞大學動物學碩士，國立東南大學動物學教授。

張巨伯：美國奧河奧州大學昆蟲學碩士，中央大學農學教授。

過探先：美國康南爾大學農學碩士，國立東南大學農藝學教授。

楊銓：美國康南爾大學機械工程師哈佛大學商科碩士，國立東南大學工科管理工程教授。

楊肇燫：美國意利諾大學物理碩士，國立東南大學電工教授。

熊正理：美國意利諾大學物理碩士，國立東南大學電機教授。

錢崇澍：美國意利諾大學植物學士，國立東南大學植物學教授。

胡先驌翻譯其中 7 篇（第二篇《天演之歷史》、第五篇《人類之上進》、第十七篇《自然史之四——植物》、第二十七篇《細菌》、第三十篇《發電發光之生物》、第三十三篇《季候之生物學》、第三十六篇《畜養動物之故事》等）。

第二篇《天演之歷史》：1. 緒論包括地球之起源、生物家庭之造成、最早之生物等三部分。2. 天演最初之重大步驟包括最初之植物、最初之動物、身體之起源、雌雄性之天演、自然死亡之起源等五部分。3. 動物行為之斜面。4. 各世代之生物歷史。5. 陸地動物之天演。6. 地質學之中世紀。7. 天演之證據及天演之由來。收錄在《萬有文庫》第一集中「漢譯世界名著」之《科學大綱》第二冊，第1～85頁。

第五篇《人類之上進》：人類與似人猿同出一源之解剖學證據，人類與似人猿同出一源之生理學證據，人類與似人猿同出一源之胚胎學證據，人類之世系，人類樹居生活之經過，實驗之人類，原始之人類，向後之回顧，人類之各族，人類天演之步驟，人類進步之要素等。收錄在《萬有文庫》第一集中「漢譯世界名著」之《科學大綱》第三冊，第20～64頁。

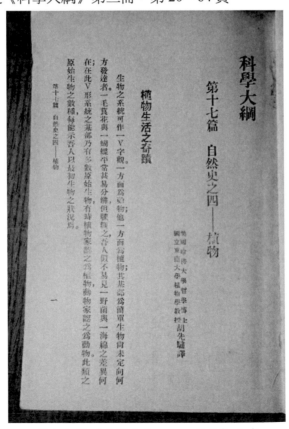

第十七篇《自然史之四——植物》文章

第十七篇《自然史之四——植物》：植物生活之奇蹟、動物恃植物為生、微小植物之重要、植物生活之差異、植物共同之性質、有花植物之主要部分、綠

葉之製造所、綠色植物之工作、日光之獲得、食物之用途、菌類之營養、食蟲植物、植物與動物相同之點、根之功用、卷鬚、含羞草、植物之自衛、植物生殖之方法、葉之脫落。收錄在《萬有文庫》第一集中「漢譯世界名著」之《科學大綱》第八冊，第1～61頁。

第二十七篇《細菌》：郎刻斯忒爵士（Sir E. Ray Lankester）著，細菌：遍布世界之發酵腐爛與致病之微生物。最早之顯微學家、雷汶胡克之貢獻、米勒之成績、細菌名稱之初用、自無機體發生之學說、長期之辯論、各種之細菌、細菌之原形質、細菌對於其環境尤其對於有機物之活動、細菌之各種活動、土壤中之細菌等。收錄在《萬有文庫》第一集中「漢譯世界名著」之《科學大綱》第十一冊，第31～92頁。

第三十篇《發電發光之生物》：發光之植物、發光之動物、動物光之性質、動物光之應用、動物之熱、有電之動物、生物學之結論等。收錄在《萬有文庫》第一集中「漢譯世界名著」之《科學大綱》第十三冊，第1～22頁。

第三十三篇《季候之生物學》：生命之節奏、春季之生物學、夏季之生物學、秋季之生物學、冬季之生物學等。收錄在《萬有文庫》第一集中「漢譯世界名著」之《科學大綱》第十三冊，第63～100頁。

第三十六篇《畜養動物之故事》：馬、牛、羊、豬、狗、貓、兔、象，駱駝與駱駝羊、鳥之馴養。收錄在《萬有文庫》第一集中「漢譯世界名著」之《科學大綱》第十四冊，第21～54頁。

3月，董事會會議，推定胡先驌為年會委員會五人之一。

董事會1923年3月會議記錄（日期不詳），地點：石板橋如意里。

事項：

（一）楊杏佛君提議：本次董事會應決定預算，以便領到公款後易於分配。

經眾討論後，舉定將請得款之一半列入預備金，妥為保留不用，其餘一千元作下列分配法：

生物研究所　　月費三百元

圖書館　　　　月費三百元

編輯部　　　　月費一百元

上海事務所　　月費二百元

南京社所　　　月費一百元

　　　　　　　共一千元

如款不足，則各部預算亦依此例酌減。

至於本社所欠各處之書費，由會計設法籌款還清。

以上各項俱經大多數通過。

（二）第八次年會地點由本次董事會提出討論，所擬之地點有北京、上海、青島、杭州、安慶、武昌、廬山等處。

討論結果，公認以廬山為最相宜，因推定年會委員會五人名單如下：熊雨生、黃復憲、竺藕舫、胡步曾、楊杏佛。〔註190〕

3月，《江西菌類採集雜記》文章在《科學》雜誌（第8卷第3期，第311～314頁）發表。摘錄如下：

余前在浙江採集植物標本時即採得多種菌類，已登載本雜誌（編者按：指《科學》雜誌）第六卷十一期。去歲在江西又採得多種，業經羅依德鑒定，茲再將其學名及羅氏關於特異之數種之記載及案語述於下方……〔註191〕

3月，科學名詞審查會第9次會議在上海舉行，分醫學、動物性、植物學、算學四組審查，中國科學社與會代表醫學吳谷宜、周仲奇、王兆祺，動物學吳子修、陳楨、鄭章成，植物學胡先驌、鍾心煊、錢崇澍，算學何魯、胡明復、段育華。

3月，《科學雜俎五篇》文章在《科學》雜誌（第8卷第3期，第334～336頁）發表。摘錄如下：

食鉛之木蜂

多種昆蟲之幼能食木，固吾人所知者。但松木蜂（Sirexgigas L.）與松蟲（Pururas juvencus L.）則尤奇特。此兩種蟲之雌在七八月間群飛，產卵於有病或初砍伐之松杉等樹之幹中。幼蟲乃掘食於其中，

〔註190〕何品、王良鐳編注中國科學社檔案資料整理與研究《中國科學社董理事會會議記錄》，上海科學技術出版社2017年版，第15～16頁。

〔註191〕張大為、胡德熙、胡德焜合編《胡先驌文存》（下卷），中正大學校友會出版發行，1996年5月，第55頁。

二至四年後，乃變為蛹。出蛹後成蟲乃擇一最短之路齧而出，雖有鉛片阻擋之亦不改道。彼僅須費二十八小時，即可齧穿一厚約四米釐（米釐即毫米）之鉛板。在 1921 年南西立西亞（South Silesia）曾建一硫酸工廠，至夏令其鉛屋即開始洩氣。及細加考察，所有鉛屋內之木材，概為蜂所咬壞，而鉛片上有一百之齧孔。工廠乃不得不為之而停工！然欲俟蜂出盡而開工，則須候三四年之久。若欲以藥殺之，則蟲深藏於木中，無殺之之法。後來只有在木與鉛片之間安置一層馬口鐵，其害始已。然所費已不貲矣。欲免此害，只有用冬令砍伐而早運至蜂所不到之處之木材之一法。在木廠中木材尚須用種種藥品以保護之云。

鼻印認牛之方法

用指印以辨別犯人與嫌疑犯之法已行之二十餘年，至欲辨別乳牛，則尚未得良法。今美國明利梭打大學（University of Minnesota）之乳牛系已發明一法。牛之鼻端有多數之紋一如人之手指，且各牛鼻上之紋無一相同者。取印之法，用一臂夾住牛頭，用他手先取布將牛之鼻揩淨，將墨汁塗牛鼻上，取一軟紙置一木板上，先自上唇之末端印起，緩緩向上卷至面部，則得一明晰之印矣。用此法可免以壞種冒充好種之病，即失去之牛，若重發見，矣可以鼻印辨認之也。

美國標準局試驗玻璃之法

牛乳瓶當需用水煮沸，糖食玻璃杯亦須用水蒸煮，或盛煮沸之物，若玻璃不佳，則損失甚大。紐約城一年買牛乳瓶值美金一百萬元，可見其玻璃之不佳。美國標準局乃定兩種試驗標準。在未試驗之先，須取無裂痕與氣泡，顏色清明者，始有試驗之資格。第一試驗為傾注沸水於其中，須試之五次，皆不發裂。第二試驗為完全浸於滿盛蒸餾水之器中，繼續煮至六小時之久，若不開裂，方為及格。

德國滅火之手槍

德國最近發明一種滅火器具，能滅盛大之火。法用炭酸曹達（Na_2CO_3）盛於不透空氣有一帽之鐵槍彈中，用一種安刺刀之機括，可將此彈安於手槍管之上部，至成為手槍管之一部分。於是以槍擊之，即可將炭酸曹達射出與遠處。據實驗 60 格之藥粉可滅三方英碼

之大火。即油氣所致之火若不甚大，亦可滅之。若一槍不能滅，可另開一槍，直至盡滅而後已。牆壁上著火滅之尤易收效云。

燈光下農作物之結實

美國 Minnesota 大學哈衛君（R. B. Harvey）曾於去年冬令將多種農作物使之完全在燈光之下結實。前此尚無人行此實驗，此法若有成效，將大有功於北方之農民焉。

哈衛所試驗者有多種作物，包括各種小麥、黑麥、大麥、燕麥、馬鈴薯、蕎麥、菜豆、豌豆、紫雲英、蘿蔔、亞麻以及多種莠草，皆完全在燈光中萌發生長及皆結實。所產之種子質地皆甚佳，充滿有澱粉，萌發極佳。

所用為試驗之光得自鎢絲充滿氮氣之電燈，每日二十四點鐘毫不停歇。此種燈平常可用一千點鐘之久，但繼續不停則可用至三四千點鐘。電燈之光足供五穀結實之用。蓋繼續以光照之，結實之期間尚可縮短也。春麥只須九十日即結實，據此速率，一年至少可收穫三次。用人工之光以生長貴重植物在北方極有功用，蓋北方冬令日光為時甚短而弱也。

溫室中所費之能力可同時供光熱兩方之用，蓋光即可以生熱，溫度只須有攝氏十四度即足供穀類之用也。〔註192〕

3月，《燈光下農作物之結實》文章在《科學》雜誌（第8卷第3期，第336頁）發表。收錄在張大為、胡德熙、胡德焜合編《胡先驌文存》（下卷），中正大學校友會出版發行，1996年5月，第58頁。

4月14日，秉志致劉咸信函。

仲熙賢弟如晤：

由青回寧，旋因事赴滬，昨日方歸。而步曾先生已由贛來，得一夕暢談，甚以為快。渠聞弟等在貴校如此努力，學生求學精神如此之佳，不禁眉飛色舞。渠及志均以弟在貴校既如此順遂，下學期不來中大亦可，為成績如此之佳，何必捨之而去？即與巍夫同在一處努力，將來貴系在國內當首屈一指，而有聞於國際也。此志等一時之見，願弟詳加斟酌焉。志於月之廿四日當往北京，至七月初始

〔註192〕《胡先驌全集》（初稿）第十四卷科學主題文章，第56～57頁。

返此間，不知何日始得與弟復晤。楚江今夏可來貴校擔任植物生理，渠聞貴系精神極佳，甚願躬與其盛，望弟繼此努力，國內科學之發展實利賴之。端此，即頌

教祺

秉志 頓首

〔廿二年〕四月十四日〔註193〕

胡先驌校訂，李積新編輯《遺傳學》

6月，胡先驌校訂，李積新編輯《遺傳學》。商務印書館發行。全書為十章。第一章緒論；第二章遺傳有形之機體；第三章遺傳之程序；第四章歧異；第五章蓋爾頓氏之歧異計算法；第六章突變；第七章後天性質遺傳；第八章雌雄推考；第九章關於人事之遺傳學；第十章附錄。

【箋注】

李積新，1918年金陵大學農學院畢業。《墾荒》《農機站》《鹽地鹼地改良法》商務印書館1950年出版，《旱農》商務印書館1951年出版，《農業寶鑒》中華書局出版。

夏，胡先驌赴美國哈佛大學阿諾德植物園進修。期間，重訪加利福尼亞大學母校時，曾作詩云：「四載研幾異國書，浮生判老注蟲魚。濟蹌更待從多士，閒逐揚雲問字車」。

6月，李積新編輯，胡先驌校訂《遺傳學》，商務印書館初版，1926年12

〔註193〕周桂發、楊家潤、張劍編注中國科學社檔案資料整理與研究《書信選編》，上海科學技術出版社2015年10月版，第8頁。

月再版。「1923 年，胡先驌應邀擔任了由李積新編著的、國內最早的《遺傳學》教科書的審校工作。這本當時主要供高等農業學校及師範學校使用的遺傳學教科書，對孟德爾遺傳學說作了較為系統的講述，「網絡」了當時「最新學術詳論生物遺傳之理及其次序，以便改良畜種者得按此而進行」。該書首頁印有遺傳學奠基人孟德爾的照片，對孟德爾生平作了簡要介紹。全書共分 10 章，章末為附說，配有插圖 42 幅，列舉參考文獻及重要雜誌 9 種。該教科書對推動現代遺傳學在中國的發生和發展，起到了不可忽視的促進作用。」〔註 194〕

《評胡適五十年來中國之文學》文章

6 月，《評胡適五十年來中國之文學》文章在《學衡》雜誌（18 期，第 117～143 頁）發表。後收錄孫尚揚、郭蘭芳編《國故新知論——學衡派文化論著輯要》，湯一介主編《二十世紀中國文化論著輯要叢書》，中國廣播電視出版社，1995 年 12 月版，第 329～350 頁。摘錄如下：

〔註194〕馮永康著《緬懷中國現代生物學的開山宗師胡先驌——寫在國立大學第一個生物學系創建 100 週年之際》，2021 年 10 月 8 日。

一種運動之價值，初不繫於其成敗，而一時之風行，亦不足為成功之徵。文化史中最有價值者，厥為歐洲之文藝復興運動。至若盧梭以還之浪漫運動，則雖左右歐洲之思想幾二百年，直至於今日，尚未有艾，然卓識之士，咸知其非，以為不但於文學上發生不良之影響，即歐洲文化近年來種種罪惡，咸由此運動而生焉。在吾國唐代，陳子昂之於詩，韓愈之於文，宋代王禹偁、梅聖俞之於詩，尹洙、歐陽修之於文，乃有價值而又成功之運動也。至若明代前後七子之復古運動，則雖風靡一時，僥倖成功，其無價值自明也。近年來歐洲文化漸呈衰象，邪說波言，不脛而走。自然主義派既以描繪誇張丑惡為能事，頹廢派復以沉溺聲色相尚。

吾在論及本題之先，不憚詳細討論各種運動之消長優劣者，厥因胡君《五十年來中國之文學》一文之要旨為桐城文之衰落與語體文之成功故。姑無論語體文之運動，為期僅數年，一時之風行，是否可認為已達成功之域。即果成功矣，此運動是否有價值，尚屬另一問題也。胡君此文，於敘述此五十年中我國文學之沿革，固有獨到之處（然其論詩之推崇金和，與一筆抹煞五十年中之詞，皆足以證明其鑒別韻文之能力薄弱），至必強詆古文，而誇張語體文，則猶其「內臺叫好」之故技與「苦心」耳。今姑置文言文與語體文之爭，而先論桐城文之優劣。

反而觀胡君文學革命之主張。其建設的文學革命論，有一主張為「有什麼話說什麼話。要這麼說就這麼說。」驟觀之、似為「修辭立其誠」之意，細繹之則殊不然，蓋泛濫橫決絕無制裁之謂也。「有什麼話說什麼話」，則將不問此話是否應說，是否應於此處說。「要這麼說就這麼說」，則將不問此話是否合理，是否稱題，是否委婉曲折可以動人，是否堅確明辨可以服眾，意之所至，「臭屍」「溲便」之辭，老嫗罵街之言，甚至傖夫走卒謔浪笑傲之語，無不可形諸筆墨。寧獨如亞洲人之野蠻富麗已哉？此所以胡君及其黨徒之攻擊與之持異議者，口吻務為輕薄，詆謨務為刻毒。甚且同黨反唇相稽，亦毒詈不留餘地，如易家鉞之罵陳獨秀是也。此種之革新運動，即使成功。亦無價值之可言。且見吾國風尚，有近於英人，而尚義法之桐城文，尤為今日對症下藥也。

縱觀胡君所論五十年來古文之沿革，捨文言白話之爭外，尚互有得失。至於論詩，則愈見其文學造詣之淺薄。近五十年中以詩名家者不下十餘人，而胡君獨賞金和與黃遵憲，則以二家之詩淺顯易解，與其主張相近似故也。實則晚清詩家高出金黃之上者不知凡幾，胡君不知，甚或竟未之見耳。

至文言白話之爭，為胡君學說之根本立足點。其理由之不充足，余已屢屢論之，本無庸更為斷斷之辯。然胡君此文，仍本其「內臺叫好」之手段，為強詞奪理之宣傳，不得不更為剴切詳明之最後論斷。文學之死活本不繫於文字之體裁，亦不繫於應用之範圍。以為吾國亦須以現代流行之方言，為文學之媒介。抑知其歷史何如乎？第一須知歐洲各國文字認聲，中國文字認形。認聲之文字，必因語言之推遷而嬗變；認形之文字，則雖語言逐漸變易，而字體可以不變。

關於文言白話之爭，最足與吾人以教訓者，厥為近代之希臘文學。希臘文學之有一偉大歷史，與吾國同。其與之異者，則為久受異族之羈勒，文學銷沉已久，非若吾國有數千年不斷之優美文學耳。

至吾國之文字，以認形故，不易隨語言之推遷而嬗變。雖國家數為異族所征服，然吾國之語言，屬單音之中國語系，與入主中國之民族之多音系語言大異，且雖偶用其字與辭，必以認形之字譯其音。

總而觀之，胡君死活文學之說毫無充分之理由。苟必欲創為一種白話文體，如詩外有詞，詞外有曲，各行其是亦未嘗不可。若徒以似是而非之死活文學之學說以欺罔世人，自命為正統，無論未必即能達其統一思想界之野心，即使舉國盲從，亦未必能持久。五六年之風行，何足為永久成功之表徵？何況白話文已有就衰之象耶（如近日出版物中頗有昔日主張白話文者乃改用文言文，甚至胡君之高弟能白話亦作文言詩是也）。且一種運動之成敗，除作宣傳文字外，尚須有出類拔萃之著作以代表之，斯能號召青年，使立於其旗幟之下。故雖寫實主義自然主義之末流，不愜於人心，然易卜生、毛柏桑、士敦堡格、陀斯妥夫斯基諸人，尚為大藝術家也。至吾國文學革命運動，雖為時甚暫，然從未產生一種出類拔萃之作品。此無他，

> 無歐洲諸國歷代相傳文學之風尚，無醞釀創造新文學之環境，復無適
> 當之文學技術上訓練。強欲效他人之顰，取他人之某種主義，生吞而
> 活剝之，無怪其無所成就也，又豈獨無優美之長篇小說已哉。五十年
> 來中國之文學，若以此為歸宿，則難乎其為中國之文學已。〔註195〕

7月3日，南京高等師範學校全部歸併到東南大學，校長仍由郭秉文擔任。師資、校舍、設備等其他情況基本上未有變動。東南大學由四科擴大到五科27系，成為一所由文理、工、商、農、教育綜合大學。其中農業專修科改建為農科，設農藝系、園藝系、植物病蟲害系、農業化學系、畜牧系、生物系，共6系。農藝系分設作物、土壤、農具等門。農業化學系附設農產製造組。

7月，譯《隔離與物種之變遷》，辛樂德（E. W. Sinnott）原著，文章在《科學》雜誌（第8卷第7期，第732～736頁）發表。摘錄如下：

> 生物上隔絕，使其動植物與其他區域交換傳播不易之區域每有
> 多數僅生於該處或「固有」（endemic）之種或屬。普通一區域隔離愈
> 甚，其固有之種類之比例愈高。何以隔離與固有種類之存在有普遍
> 之關係，實最能引起揣度之興味之問題。最明顯者，為若一特有之
> 變種成立，隔離可阻止其遠佈，與拒絕他種能侵入而與之競爭者，
> 因而保存之。但難題在固有之種類最初若何產出之。作者因欲解決
> 此問題，乃從事於研究與大陸多少有所隔離，而已發達多數有維管
> 植物之固有種屬各島之植物。此類島嶼包括牛西蘭（New Zealand），
> 錫蘭（Ceylon），夏威夷（Hawaii），加剌巴戈（Galapagos），原佛蘭
> 德（Juan Fernandez），聖赫連拿（St. Helena），梭確特拿（Sokotra），
> 毛律歇士（Mauritius）諸島。
>
> 固有植物中固有少數為古代孑遺而非發源於該區域，為古代之
> 生物以在此島嶼中競爭不如大陸上之烈而得幸存者。此類植物與本
> 問題無關。而何種類屬於此類，吾人亦不知之，不過與他植物相去
> 甚遠，無論在本島或他處皆無近支者大約可認為古代之孑遺也。但
> 因島中大多數固有之種與屬，與其鄰近之大陸或島嶼所有者相似而
> 成為有關係之群，可知此類植物群中之固有種屬皆發源於本地也。

〔註195〕張大為、胡德熙、胡德焜合編《胡先驌文存》（上卷），江西高校出版社，1995年8月版，第191～213頁。

關於此類固有種屬之起源，有數種學說。有人謂天擇為主因，信新種為此主因所產出以適合於各區域之特種情況，而非使之適合於各種不同之環境者。他人不深信天擇之萬能，而信每域區有其獨具之複雜環境與他區域異，能直接改變生於其下之動植物之生殖細胞使之發生各地域特具之異點。此兩說皆認環境為最重要之主因，而以為隔離使動植物有一較簡單恆常之環境，俾能較對於廣闊之區域為更密切之適應，因之產出多種固有之種類。另有一派人則以為在其種族之進步天演之下，此類固有之種類無論如何自能發生，其特殊之性質，無論直接或間接，皆與特殊之環境無關，不過無機會傳佈於外耳。

細分析所研究各島之植物，覺已發現能解決此問題之事實。第一證明固有之種屬非所有各部科植物所皆具，而在某數群維管束植物中每較在他數群為多。故如各島中甚重要之植物如維管束孢子植物者，僅有少數種屬為一島或一群島所獨具。又如穎花單子葉植物——禾本科，莎草科，燈心草科——亦諸島所富有者，雖其中固有之種屬較孢子植物為多，然比較他群則亦甚多。惟在有花瓣之單子葉植物與雙子葉植物始有大多數此諸島所固有之植物。不但固有之種，即固有之屬亦多屬於此群。有數科如蘭科與菊科，幾除固有之種外，別無他種。此種相異之點，可於下表中見之。所列之數為所研究八島之平均數。

此種事實與固有種族發源之問題有何關係乎？第一此事實不能證明天擇為固有種類發現之原因。蓋彼含有甚少或無有固有種類之植物群，與彼多有固有種類者，同為繁盛而優勝之植物；此乃反對天擇說極強之反證也。同時此處亦同感反對天擇說之困難，即天擇不能發生，僅能淘汰新種也。

吾人所得之統計亦不能證明固有種類之產生由於環境之直接影響。蓋此說不能解明何故在某群中有多數固有種類，某群中僅有少數固有種類也。或可說維管束孢子植物與穎花單子葉植物較為簡單，變遷較慢，故能抵抗環境之壓迫而保持其原有之特性。但亦無證據示知此說之無訛。蕨類植物在栽培狀況之下甚易變遷，而以吾人對於禾本科育種之知識觀之，至少亦證明其非特別固定之植物也。

此兩說皆視環境為新種發生直接或間接最重要之原因，兩說皆不免為雖全體植物為皆受環境之影響，僅某群發生多數新種之事實所指謫。第三說則全不顧環境，以為新種之產生由於生物體中之原因，與環境無與，而認某地域所特產之種與屬無論隔離或否，皆能發生。於是僅認隔離為使新種屬不能傳播於距其發生之地較遠之處，因而保存其特性之主因。此說亦承認天擇能將已發生而不適宜於環境之新種淘汰，惟非發生新種之主因耳。

但此說非亦受加於上兩說同等之指謫，不能解釋何以在某群植物中固有之種屬甚少而在他群則極多乎？研究此兩群植物生殖之方法似能解釋此問題。大多數維管束孢子植物有兩性之精子體，而皆為自體受精者。在穎花單子葉植物雖異花受精非稀見之事，然自花受精為普遍之生殖方法。在此兩群植物中吾人發見固有之種屬甚為稀少。至有花瓣之單子葉植物與雙子葉植物，則其花多鮮麗，能引誘昆蟲，而異花傳粉為習見之現象。據吾人今日之知識，此類植物極少不有時以異花而傳粉者。此種事實極為重要，蓋固有之種屬惟在此類植物中為特多也。據吾人島生植物界之分析，頗信近來為羅資（Lotsy）與他人所主張雜交為新種發生最重要原因之學說為非誣。自花受精者變遷緩，異花受精者變遷速，而植物界中固有種屬不平均之發達，非天擇說與環境直接影響說所能解釋者，可以生殖方法之不同以解釋之，且與新種發生由於內部之原因之說無悖者也。

由此項隔離島生植物界之研究，可證明隔離非天演之要素而為分布之要素，不能產生固有之種類，僅能保持之為固有種類也。

結論：

1. 隔離之區域最著之特性，為有多數固有之種屬。

2. 在所研究之植物界中，固有性非各支植物平均所有者，在維管束孢子植物與穎花單子葉植物中，固有之種屬甚少，而在有花瓣之單子葉植物與雙子葉植物中則甚多。

3. 此事實似指明環境，無論用天擇之間接方法或直接之影響，皆非固有種類發達之主要原因。

4. 彼極少固有之種屬之植物群，多為自花受精者，而有多數固有種屬之植物群，多為異花受精者。此事實似證明雜交為發生新種

之最要原因。

5. 故隔離不得認為因供給一簡單有限而特別之環境而能發生
新種屬之主因，不過為禁止以他原因發生之新種屬散佈於他處，因
而得以保全其固有之特性之主因而已。〔註196〕

7月，凌昌煥編，胡先驌校，現代級中學教科書《植物學》，共118頁，
商務印書館初版，11月第5版。1925年11月第43版。1928年8月經大學院
審定，領到75號執照。1929年7月第92版。1930年2月第107版。

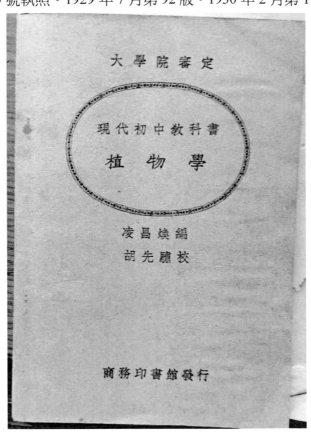

凌昌煥編，胡先驌校《植物學》

8月，在杭州舉行中國科學社第八屆年會社務會議，會計報告永久會員繳
費情況。已交清100元，成為永久會員。

本社今有合格之永久社員二十六人：胡敦復、任鴻雋、胡明復、

〔註196〕張大為、胡德熙、胡德焜合編《胡先驌文存》（下卷），中正大學校友會出版
發行，1996年5月，第707~710頁。

竺可楨、溫少鶴、孫洪芬、設肇南、徐乃仁、孫昌克、朱貢三、劉柏棠、陳實年、過探先、黃昌穀、黎照寰、關漢光、金邦正、趙志道、程時煃、陳衡哲、李厚身、侯德榜、朱覺卿、胡適之、周仁、鍾心煊。

又已繳社金之一部者二十七人：秉農山、廖慰慈、胡步曾、鄒秉文、徐允中、何奎垣、李宜之、劉夢錫、王文伯、王伯秋、王季梁、曹梁廈、萬兆芝、丁文江、張默君、譚仲逵、稅紹聖、張秩歐、程瀛章、楊杏佛、胡剛復、段子燮、楊允中、熊迪之、劉慧民、朱經農、葉元龍。〔註197〕

8月，在杭州舉行中國科學社第八屆年會社務會議，社長報告生物研究所成立經過，指出：理事會事業。十一年六月至十二年六月之一年中實為本社進步最速之一年。

茲略述其重要事業如下：生物研究所成立。生物研究所設立之動機實始於社員胡汝麟之創議，時民國十年秋也。當時胡君願自任鉅款，並代募款項。嗣胡君匆匆遊美，遂以募款事託王搏沙先生。十一年春先後得齊撫萬，張季直，王搏沙諸先生之捐助，理事會遂決議於十一年八月十五日舉行生物研究所開幕禮，並推定秉農山，胡步曾，楊杏佛三君為籌備委員。當時開辦費不過千元，卒能於短期間成立者，實秉胡諸君及理事會合作之力也。〔註198〕

10月14日，王易致胡先驌信函。

步曾吾弟惠鑒：

久別思深不待說，頃得手書，誦悉一切。近日旅興計佳，適舊地重遊，所感當又不同矣。易下年本擬北上，就師大教授，乃京校遲遲未開，適省垣教廳余仲詹辭職，秀松堅挽易繼。易為維持本省教育及秀松交誼，只得勉就。薄書顛倒，固非所願，然此時捨易外，實無人可任，秀松現信篤任專，義不容辭矣。易原任秘書一席，即

〔註197〕 林麗成、章立言、張劍編注《中國科學社檔案資料整理與研究——發展歷程史料》，上海科學技術出版社 2015 年版，第 142 頁。
〔註198〕 林麗成、章立言、張劍編注《中國科學社檔案資料整理與研究——發展歷程史料》，上海科學技術出版社 2015 年版，第 138 頁。

薦辟疆為繼，與秀松亦頗沆瀣。現在江西教育總算正氣方盛，以視去年現象好多矣。易現仍兼任省高中（附設一中內）及心大等校鐘點，雖較忙，然尚可支。月有二百五六十元，雖不能盡得，粗足自給，藉得就近奉母亦可暫安也。賤軀幸安健，附告一慰。

散原老人前因大人喪，心緒已惡，乃帥曾又忽感熱疾逝世，師曾之子又繼殤，散原傷痛之下，幾成狂易。現為友人護往西湖避器，尚不知如何也。但瘦湘詩序則因此中沮矣。來示欲為瘦湘評詩，此最佳事，俟檢齊另行寄上可也。玖廬斷弦，心緒甚劣，不幸之至。弟及柏廬調查費事，有人作梗，堅持須回國時發領，雖交涉幾次，無甚結果也。留學費有可為力處，無不盡力、勿念。癸叔近署理清江縣事，附告。

　　此頌

秋佳

易　拜上

十月十四日（1923 年）〔註 199〕

10 月，著《細菌》，百科小叢書第五種，商務印書館第 2 版。

鄒秉文、胡先驌、錢崇澍編著《高等植物學》

〔註 199〕《胡先驌全集》（初稿）第十七卷下中文書信卷，第 540～541 頁。

11 月，與鄒秉文、錢崇澍合著《高等植物學》，共 470 頁，商務印書館初版。

本書扉頁印

東南大學農科主任兼植物病理學教授　鄒秉文

東南大學植物分類學教授　　　　　　胡先驌

東南大學植物生理學教授　　　　　　錢崇澍

目次

12月23日（1），陳柱致胡先驌信函。

　　前數月，於友人處得誦《學衡》（2）雜誌諸大著，心竊欽之，以為求友於今世所不可失之者也。其後，友人傅志章（3）君自金陵來，

更知足下與傅君相知厚。傅君且約遊金陵，並願為之介。於是，心益欽之。已而，傅君以拙著介紹於足下，並復書謂足下亦不以為可棄也。於是，心又益欽之。而欲作書於左右，而多事，卒卒未能執筆。今值冬節之假，故不揣冒昧，略陳鄙陋。近年以來，一二好異之徒，倡為文學改革之談。是其說者，則視為識時豪傑；非其說者，則斥為守舊腐儒。老儒宿學既以不通西學之故，不能與之爭；而少年學生又大氐〔抵〕學術淺陋，匈〔胸〕無所主；加以好奇之心中人之所恒有好名之念，亦少年所不能無。於是，喜其新奇之說，以飾其鄙陋之胸，以求遂其好名之念。舉世滔滔，其勢遂不可遏止矣。夫時有古今，文有深淺，題各有當，用各有宜，固不可以一概論也，然其值亦自有高下。今乃欲以《水滸〔傳〕》、《紅樓〔夢〕》之小說，儕於馬(4)、班(5)之正史；樵夫、牧童之野曲，高於李杜之詩篇，不其倒歟？昔張廉卿先生有言曰：「古今學術，與世風尚轉移，當其標幟所樹舉，天下之人賓敬而奔趨，雷同而響應，景附而猋合，雖有高明之才，不能不為所震騃，俯〔附〕焉以從之。一旦風會遷變，棄其舊而新是圖，向時之所尊尚漸焉，有若腐槀漂梗，隨霧埃以俱盡。夫惟特立之君子，高蹈遠覽，不與時俗貿遷；獨為絕學，於舉世不為之日；深造自得，而卓然不繆〔謬〕於古人，夫然後獨立於百世而不可摩〔磨〕滅。孟子所貴豪傑之士者，此也。」(6)柱嘗讀其文而深悲之，以為今之雷同而景附者，皆是也；所謂高明而俯〔附〕焉以聽命者，亦皆是也。而所謂豪傑之士者，果誰邪？噫！豈果無其人哉？意者，進德修業，韜光以養晦，勇於為己，怯於救世，故世亦無知者與〔歟〕？然則滔滔者，其將終無以易之與〔歟〕？可勝歎哉！往者柱嘗有其志矣，而自顧疏淺，又所居僻遠，故有志莫遂，未嘗不深自悵悵也。今者何幸！乃得足下，既能深明西學之短長，又能為絕學於舉世不欲為之日，且能結合同志，舉舉世不敢抗之說辭而闢之，又豈特張廉卿所謂卓然獨立者而已哉？執卷反覆〔復〕，無任欽遲，故憀進狂言如此，非敢有諛於足下，憀以壯足下之志云爾，惟足下進而教之。〔註200〕

〔註200〕劉小雲編著《陳柱往來書信輯注》，廣西師範大學出版社2015年11月版，第

【箋注】

（1）原載陳柱《待焚文稿》卷七（林慶彰主編：《民國文集叢刊第一編 121·待焚文稿二》，545～549 頁），題《與胡步曾（先驌）論文書（十二年）》。由文中「今值冬節之假」句可知，「冬節」俗稱「冬至節」。由此推知此函寫於 1923 年 12 月 23 日。（2）《學衡》：吳宓主編。1922 年 1 月創刊，1933 年 7 月終刊，共 79 期。它以堅守傳統文化陣地、批評新文化運動而聞名，是一份兼有中西文化介紹和文化批評的學術性刊物。（3）傅志章，即傅煥光（1892～1972），林學家、水土保持專家、植物學家、書法家，中國近代林業開拓者之一。字志章，江蘇太倉人。曾參與整體規劃、設計、實施營建南京中山陵園。（4）馬：司馬遷。（5）班：班固。（6）語出張裕釗《濂亭文集》卷一《重刊毛詩古音考序》。

是年，受導師 John G. Jack 教授影響，關心政治。

我在 1923 年以前，雖不願過問政治，思想是極端落後的。1923 年到了美國哈佛大學阿諾德植物園以後，導師 John G. Jack 教授出身工人階級，思想頗為「左傾」（並不是真正的馬克思主義信徒，而是左翼社會主義的信徒），我多少受到些他影響。〔註201〕

是年，胡先驌再次赴美國留學時，坐輪船經過日本，途中停靠三天，曾遊覽東京、西京、長崎、神戶等地方，特遊東京植物園，作詩以紀。

遊東京植物園

古木森成圍，陰重翠欲流。孰知城市中，藏此山林幽。

藥香暖而馥，鳥語和且柔。雜卉競秀發，豔與三春侔。

坐想櫻花時，十里明霞浮。踏青盛裙屐，遠近笑語稠。

更進聞溪聲，杜若生芳洲。睡蓮紅白花，妍靚無匹儔。

水西人跡疏，古冥羅松楸。天風東柯葉，清籟時飀飀。

凤鍾煙霞情，丘壑窮冥搜。何期取征途，勝境供淹留。

地靈信有之，人亦能為謀。真欲隱三山，採藥從伯休。〔註202〕

48～49 頁。

〔註201〕胡先驌著《自傳》，1958 年。《胡先驌全集》（初稿）第十五卷人文科學文章，第 656～659 頁。

〔註202〕張大為、胡德熙、胡德焜合編《胡先驌文存》上卷，江西高校出版社，1995

是年，秦仁昌與美國地理學會共同採集標本收藏在金陵大學標本室。

　　1923 年秦仁昌參與美國地理學會甘肅採集，擬留在中國之標本，計劃歸於東南大學標本室。金陵大學植物學教授史德蔚希望將該標本收藏在金陵大學標本室，其與梅爾交往日久，擬借助梅爾之學術威望，促使美國地理學會改變計劃。故史德蔚說東南大學去冬大火，其標本收藏沒有好好整理，管理人員無能，且無興趣，也無合作精神，認為標本歸入東大不安全。對於陳煥鏞，史德蔚更是倍加指責，云金陵大學資助陳煥鏞 1922 年赴湖北採集，欠金陵大學標本；阿諾德樹木園原要鑒定陳煥鏞在海南所採標本，卻收到陳煥鏞在湖北所採，史德蔚認為是陳煥鏞之導師傑克支持這批標本歸入東南大學。但是，梅爾於陳煥鏞已有交情，曾熱心幫助陳煥鏞鑒定海南標本，並未支持史德蔚，致使金陵大學之企圖沒有實現。〔註203〕

是年，《農學雜誌》介紹生物系近年業績。

　　在東大農科生物系成立兩年餘，農科發行《農學雜誌》，每期刊載所屬各系情況，其中第四期登載一則「生物系數年來之事業」，其云：

　　生物系脫胎於高等師範農業專修科植物學之一門。最初擔任此一門功課者，為鄒君秉文，嗣由胡君步曾擔任教授，至今有教授五人，助教四人。數年之成績，約分教課、研究及著述二項。教課方面：自民國八年以前，農業專修科之修業期僅三年，以教員不敷分配，只教授普通實用學程。民國十一年改組為大學農科，人才經濟，又較為充裕，該系乃分為動物、植物兩部，學程增至五十七門之多。研究方面：自胡步曾教授率同助教赴浙贛各省採集標本三萬份，繼又由錢雨農、陳煥鏞兩教授赴宜昌一帶，採集三月，亦得千有餘種。今年夏文德博士與傅志章先生往東三省採集數百種，足敷教課及研究之用。又秉農山博士偕助教數人，往山東煙台、威海、龍口、登州一帶，採集海產動物極多，現方從事審定，一旦結束，將刊為報

　　　　年 8 月版，第 550 頁。
〔註203〕胡宗剛著《金陵大學植物繫之採集》，公眾號註冊名稱「近世植物學史」，2022
　　　　年 07 月 20 日。

告，以饗國內學者。著述方面：有鄒秉文、胡步曾、錢雨農三教授所著之《植物學》、陳煥鏞教授所著之《中國樹木學》現已出版，內容極有價值。陳席山教授所著之《普通生物學》、孫稚蓀教授所著之《標本製造法》均脫稿未刊。秉農山所著之《動物學》教科書，尚未完竣云。〔註204〕

是年，曾濟寬對廬山樹木進行考察。

　　1930年曾濟寬出版一本小冊，名曰《中國南部殘餘天然林之鳥瞰》，主要是作者此前考察浙江天目山、江西廬山和廣東一些林區之後所寫。其於廬山文字不多，若略去植物拉丁學名，則更少，抄錄如下：著者曾於民國十二年至十三年遊歷江西廬山牯嶺及其附近各地，大部分林相已經變化為第三期，惟低坦谷間附近的地方，猶保存有第二期的森林。重要樹種除針葉樹之杉松及落葉或常綠之殼斗科植物（主要栗屬、櫧屬或櫟屬、水青岡屬）、樟科（主要樟屬、山胡椒屬）、槭樹科（主要槭樹屬）、榆科（主要為朴樹屬）、木蘭科（主要為辛夷屬）、金縷梅科（主要為楓屬）、漆樹科、大戟科、山茶科等普通樹木而外，在牯嶺黃龍寺附近，有兩千年以上之柳杉兩株，並有野生之金錢松。至於其他特別樹種，則有喜樹科之旱蓮又稱喜樹、糯米樹，樟科之檫木、楠木，椅桐科之椅樹，木蘭科之鵝掌楸、厚朴，山茶科之何（木何）樹，以及松杉科之短葉松。而灌木類則以紫杉科之粗榧（又稱桃松）、忍冬科錦帶花、蝴蝶樹、石南科之杜鵑花屬，四照花科之四照花，以及金縷梅科檵木屬為最多。檫木與鵝掌楸兩種，除北美產有同屬樹木各一種而外，為世界罕見的樹木，而金錢松、旱蓮尤為中國特產，樹幹挺直，枝葉婆娑可愛，亦足以點綴風景。〔註205〕

〔註204〕農科新聞匯志，《農學雜誌》1923年第四期。胡宗剛著《南高設立生物學系》，2021年08月18日。南京大學生命科學學院版。《百年院慶、南京高等師範學校農業專修科之生物系創設原委（七）》COPYRIGHT © NANJING UNIVERSITY ALL RIGHTS RESERVED|蘇ICP備10085945號 WEBMASTER @ NJU.EDU.CN。

〔註205〕胡宗剛著《曾濟寬考察廬山森林植物》，公眾號註冊名稱「近世植物學史」，2022年08月04日。

是年，美國人史德蔚對我國植物標本進行採集。

在南京金陵大學農學院任教的植物學教授史德蔚（Albert N. Steward），也是其中較有影響的人物之一。他在南京附近採過許多植物，1923 年又到黃山採集。他還於 1931 年帶領學生到貴州的東北地區採集植物標本。1933 年，金陵大學與美國哈佛大學阿諾德樹木園和紐約植物園等機構合作，由史德蔚和我國植物學者焦啟源率領學生到廣西採集植物標本。1937 年，他又率領學生到湖南採集植物標本。這些地方都是以前西方人採集植物去得較少的地區。〔註206〕

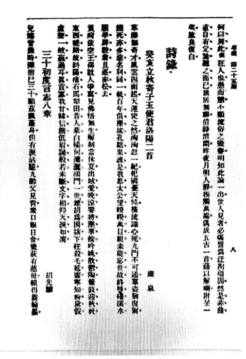

《三十初度言志》（八首）

編年詩：《春日雜詩》（六首）《哭王然父》（四首）《節物》《讀思齋遺詩憶舊遊》《三十初度言志》（八首）《旅程雜詩》（三十八首）《遊東京植物園》《遊東京護國寺》《歲暮索居感念然父漫成二解》（二首）。

〔註206〕 羅桂環著《近代西方識華生物史》，山東教育出版社 2005 年 10 月版，第 272 頁。

民國十三年甲子（1924） 三十一歲

1月，《評陳仁先〈蒼虯閣詩存〉》文章在《學衡》雜誌（第25期，第119～131頁）發表。摘錄如下：

> 近人多宗宋詩，每鄙漢魏為剿襲，唐音為空疏，而尤恥言溫李。雖自有至理，然亦多狃於風尚，但知作片面語也。嘗以為真得漢魏之秘奧者，造語必精練，布局必嚴密，命意必含蓄。……嘗讀晚清之詩，能自立於宋體之外者，宗漢魏殆莫過於劉裴村之《介白堂詩》，宗三唐者則首推張文襄之《廣雅堂詩》，而近人陳仁先曾壽之《蒼虯閣詩》，學黃陳而不為黃陳門戶所限者，則以早年得力於漢魏與義山也。其詩嚴密不下柳河東，而無晦澀之病。處境極逆而出語淒婉，略無劍拔弩張之氣，無怪陳散原先生推重之也。近人為宋詩者，誰復為「遊仙」「落花」諸題，不謂宗後山如蒼虯閣者乃憂為之。則持門戶之見者，大可爽然有悟矣。

> 《蒼虯閣詩》大體以謹嚴勝，恰與其人狷介之胸次合。其《詠菊花》有云：「相賞必至精，愛極反成狷。落落隱逸圖，凜凜獨行傳。」正自為寫照，亦即為其詩寫照也。故雖能為大篇，雅擅七言古詩，非孟郊、李賀之但能以短兵相接取勝者，然究異於太白、東坡之矯健，子美、遺山之沉雄也。蓋雖不過於雕鑿傷氣，而精心結構之跡自在。其自謂拾後山之餘，此其所以為後山歟！

> 《蒼虯閣詩》最工於寫景，然不僅刻畫山水，要多獨往獨來超然物表之概。其初為漢魏時之作，集中已不存，乙巳以後已多此類佳作。如《天寧寺聽松》云：「斜陽布滿地，雷雨忽在巔。仰看四沇寥，聲出雙松間。屬耳倏已遠，飛度萬壑泉。」……

> 《蒼虯閣詩》寫景之外，更長於詠物，而最善於詠松菊。蓋不獨詠松菊，惟以松菊之性清高，作者舉其胸中一往遺世獨立，姑射冰雪之懷，一寄之於松菊。而其詠松菊之詩，始非一般以雕鏤肝腎為能事者所能夢見。嘗觀少陵詩，最喜詠馬，無一篇非超群絕倫者。……

> 然此猶才人技倆耳。至其立身之大節，則多在他詩中見之。仁先家承閥閱，早歲登甲科為部郎。其關心於家國之休戚，自異於流輩。目睹清室政令之弛，黨爭之烈，黍離麥秀之憂，刻刻在念，故

不黨語重心長。……

讀《蒼虯閣詩》，每覺作者雖怯於進取，不屑屑於甘利祿樂高職，然任天下之志甚勇。其入仕也，自有偉抱，頗有異於俞觚庵所謂「人以官為家，遂以官立國。」「我與世同化，所學豈殊轍」者。故於勝國之覆，倍覺慘酷。……

有一公案可與蒼虯閣詩互相發明者，則為戊戌政變。晚清名流，鮮不與戊戌之役，至少亦與之同情，故皆不直那拉後。……

仁先固善於幽憂者，辛亥以後無論矣。如《四月十五日崇效寺看牡丹和李猛庵詩》，則尚在辛亥以前，而語意淒悲入骨。詩云：「不惜便歸去，輕與來歲期。昔年當花時，踴躍猶悔遲。花開到花落，憔悴傷春詞。如今異哀樂，開謝了不疑。未見怯爛漫，既見去若遺。隨緣徇物我，過眼酬芳姿。人笑看花勤，痼慵中心脾。此寺曾幾來，歲歲改情思。思之還淚落，亦不知何悲。」三十餘人，身處順境，而作如此拆後壁語，無怪陳石遺之詫怪，可謂哀樂過人矣。然其理境之深，亦因而高人一等，利根人固易於得頓悟也。……

《蒼虯閣詩》捨五言律不多作外，五七言古詩與七言律詩，皆能擅場，就中尤以七言古詩為勝。雖騰踔變化，不能比鄭子尹，然精嚴之中，潛氣內轉，無空疏懈弛遲晦澀之病，尤無時人湊雜趁韻之弊。以學後山而能有此，殊不易也。

前已言及者。如題梅道入畫松。戒壇臥龍松歌、五月十三日同恪士壽丞散原瘦唐同武遊焦山、夜過鎮江、大雨後同石欽至雲林寺、將至金陵視散原先生車過鎮江觀落日作、九月十九日同石欽謁禹陵登會稽山頂、雨宿昭明寺賦呈同人諸什。皆極佳之作。此外如遊戒壇寺云。「恭瞻天下第一壇。收納萬象如朝宗。智名勇功無堅固。獨以戒力擔無窮。一心直貫無量劫。我來讚歎如螟蠑」徐園看菊已殘萎矣同莘老作云。「與君遲來敢傷暮。要知劫外叨天憂。強張孤芳被物忌。姿回泉石酬清謳。牆陰籬落秋影亂。坐冷茗碗神夷猶。遊人千晲各殊意。斜陽一晌因誰留。塵搖形役念念改。何須皺面恒河流」子修丈約同莪老散老遊西溪飯於交蘆庵云。「歡娛朝野隔生事。何論風節垂高型。酒酣不忍歎家國。但說同輩多飄零」己未正月二日偕婦及絮先覺先兩弟至靈隱寺云。「千皺萬透飛來峰。散花一色真神工。

立雪溪山最佳處。歲朝一笑家人同。紅亭著我玉峰底。風柯冰澗交笙鍾。」筆力皆極矯健。理境亦極深邃。正以其不同巢經巢詩之剽疾騰踔。乃不至落逞才思之病。而惟以深厚沉雄勝也。……七律之佳者。……七絕亦多佳者。……

綜而論之，《蒼虯閣詩》才氣似未及散原精舍與海藏樓，而以精嚴勝，與二家略有韓柳之比。近代詩人意境功力可與之匹者，殆不多覯。然作者正當年富力強之候，進境當未有艾。蘇黃之後，主中原壇坫者不得不推張宛邱，則他日所謂桂冠詩人者，殆捨仁先莫屬也。〔註207〕

3月，《評文芸閣〈雲起軒詞鈔〉》《王幼遐〈半塘定稿剩稿〉》文章在《學衡》雜誌（第27期，第124～136頁）發表。摘錄如下：

曩與王伯沆先生評陟晚清詞家，予極推重王幼遐與朱古微。先生雖許之，而特激賞吾鄉文芸閣。其時予尚未見文詞也，乃從先生假《雲起軒詞鈔》，歸而誦之。見其意氣飆發，筆力橫恣，誠可上擬蘇辛，俯視龍洲。其令詞穠麗婉約，則又直入《花間》之室。蓋其風骨道上，並世罕睹，故不從時賢之後，局促於南宋諸家範圍之內，誠如所謂美矣善矣。視王半塘之導源碧山，復歷稼軒、夢窗以還於清真者，不幾微有天機人事之別耶？然嘗試溯詞之源流，本為歌曲之濫觴，雕蟲之小技，春花秋月、微歌按舞之候，所以寄麗情、調急管，以圖一夕之歡者耳。初非莊重雅正之詩可比，故《花間》一集，全賦豔情，其淫靡之甚者，且鄰於鄭衛。……嘗謂惟南宋之詞為雅詞，要亦文學進化之跡有然。《雲起軒詞》之勝於時賢者，以其令詞逼肖《花間》，非他人所能企及。而其品格則反以耽於側豔，遂落下乘，半塘則無此病也。

……

然《雲起軒詞》不僅以此類令詞擅場也。令詞一如絕句，最難見長，以其氣短少迴旋之餘地，而在能手則每多神來之作。如上舉辛稼軒之《破陣子》《菩薩蠻》是。其次，亦須清韻悠然，繞梁不絕，

〔註207〕張大為、胡德熙、胡德焜合編《胡先驌文存》（上卷），江西高校出版社，1995年8月版，第214～223頁。

方稱能事。雲起軒於此，晚清五十年間，殆無能與抗手者。……

其慢詞之悲壯激越，神似稼軒，而無龍洲之俚。其興到之作，雖半塘亦非其匹。如《八聲甘州‧送志伯愚侍郎赴烏里雅蘇臺》一詞，予已在他文中舉之矣。

……其較閒淡之作，亦神思飄逸，清迥絕塵。……

芸閣之為人，風期雋上，不拘細行。以少年高第，因緣時會，得明主之寵任。不數載而躋高位，居清要。其才其遇，彷彿似李供奉，而其蹉跌亦似之。放逐後豪情猶在，終其身無幽憂之語，不得不謂曠達高人一等也。……

半塘詞則與《雲起軒詞》異趣，蓋其淵源各別也。《雲起軒詞》所宗純為蘇辛，小令則步趨《花間》，於南宋諸大家，絕少浸淫，故其豔麗在面而不在骨。其豪詞亦磅礴有餘，沉著不足，尤無論於研煉澹秀之勝矣。半塘詞自南追北，既得夢窗之研煉，復得稼軒之豪縱，功力才華互相為用，與雲起軒純恃才華者異趣。雖無以別尹邢，然自操勝算也。其不類處猶在令詞。半塘非無風懷者，其為人之不拘小節，亦彷彿似文芸閣。然其所治為兩宋，故芸閣所耽側豔之語，半塘乃不屑為之。……雖然，此非所以持文王之短長，其所師法者，自有別也。

至於慢詞雖騰踔橫厲，未能突過雲起軒，而悲壯激越殆不相下，其淒厲處且非雲起軒所能及也。……

嘗讀《雲起軒詞》覺其奇情壯采，誠一時無兩。而淒緊動人心魄者，則殆不多見。以所遭而論，半塘不過一喜言事之侍御史耳。芸閣則居清要，預機密，其一身之利害，與戊戌之成敗息息相關。……

朱古微《序半塘詞》云：「君天性和易，而多憂戚。若別有不堪者，既任京秩，久而得御史，抗疏言事，直聲震內外，然卒以不得志去位。其遇厄窮，其才未竟厥施。故鬱伊不聊之概，一於詞陶寫之。」其哀樂誠有過人者，而天性尤厚。……可知其所交遊者，非僅文字棋酒之朋，而為以氣節相尚，道義相切劘者。其天性純篤如此，其文章自有過人者在也。

惟其天性純篤，故哀樂過人，而歷世經驗特深。半塘詞大致以淒悲為骨，讀之固能使人深知世味，然非以供茶餘酒後之欣賞者也。

今試取文芸閣與半塘二人送志伯愚侍郎赴烏里雅蘇臺參贊大臣之任之作相較，則可見二人之人生觀悲樂之不同。在文芸閣則曰：「有六韜奇略，七擒將略，欲畫凌煙。一枕菩騰短夢，夢醒卻欣然。萬里安西道，坐嘯清邊。」又「還堪慰，男兒四十，不算華顛。」在半塘則云：「老去驚心鼕鼓，歎無多憂樂，換了華顛。盡雄魁瑣瑣，呵壁向青天。認參差神京喬木，願鋒車歸及中興年。」在文以為可樂者，在王則以為可憂。兩詞皆為名篇，而王詞意味宜若較為真實，切於事理也。半塘此種感於人事靡常之語見不一見。……

兩家之詞性質所以異者，固由於性情之不同，而其人之遭遇，亦自有異。文芸閣少年掇巍科，躋高位，居清要，文譽翔於朝野。後雖以政變遭竄逐，綜其一生，功名事業要遠在王半塘之上。半塘久任京秩，始得御史，終以言事外簡，且不得循例之遷轉。歷境坎坷，要為特甚。……

綜而論之，二公皆一時詞場屠龍手。以技言，殆難軒輊，然文頗似李白，王則似杜甫。有清詞家捨蔣鹿潭外，能與之抗手者殆鮮。然聞雲起軒繼起者無人，繼半塘而起者，則朱古微、鄭叔問、況夔笙、趙堯生，皆名世作者。亦猶太白之後裔無人，而昌黎、白傅、義山、荊公、山谷、後山、簡齋、放翁、遺山，皆導源於杜陵也。抑李非學所能及，而杜則有軌範可循歟。無亦杜陵之詩，其深厚處，雖以太白之雋才，尚有不逮者歟。讀文王二家之詞，正可以此相喻也。〔註208〕

4月，《旅程雜述》文章在《學衡》雜誌（第28期，第117～132頁）發表。摘錄如下：

（一）海程

不睹太平洋忽忽已七年矣。予末次浮海，在民國九年夏，直皖之役方興、津浦鐵路阻絕之際。其時風鶴頻驚，旅客擁擠，局居斗室，兼遇大風，其苦殊不可言。然與王然父（筆者注：王浩）同處一室，清言相答，如環無端。時而剖三白瓜，以代茗飲。自此一別

〔註208〕張大為、胡德熙、胡德焜合編《胡先驌文存》（上卷），江西高校出版社，1995年8月版，第224～234頁。

遂不及見然父，而然父已死。則爾時浮海之樂，殆為稀有矣。人事飄忽，雪泥鴻爪，在在可念。此次偕柏廬（筆者注：程時煃）重渡太平洋，自他日觀之，又寧非大可紀念之事耶？

局居國內七年。乃重登渡太平洋之舟。其愉快之情。……

吾又思昔日吾國人航海之歷史。吾人素不以航海著稱，然二千餘年前，即有赴海上三山採藥之徐福。其所攜之童男女，乃在日本民族中開一支裔。至魏晉佛法入中國時，諸大師餐風飲雪，間關跋涉，至五印度求經者，多以海程返。他若鄭和之航海，遠至錫蘭、印度，則尤為壯遊矣。梁任公曾考得閩粵人在海外為王者有七人之多，至今暹羅王室尚為漢種，此真吾族可以自豪者。英人有言：大吉嶺上尚有中國補鞋匠，全世界殆無華人足跡不到之地。吾國人素不以航海著，而航海之偉績如此，誠可耐人思索也。最後吾人尚須牢記，吾國拓展海上霸權之大偉人鄭成功。初發見臺灣者荷蘭人也，與之百戰奪而為吾國之疆土，奉勝國正朔至三世之久，以與興朝抗者，國姓爺延平王鄭成功也。其父鄭芝龍降已久矣，而王屹立海上如故。歐洲航海史庸不載延平王或鄭成功之名，而莫不知海盜國姓爺之事蹟。曩使其嗣子克繩祖武，施烺不為內間，直至乾嘉之際，鄭氏或尚可稱雄於海上也。清人克之而不能終有之，乃淪於倭人之手，痛哉吾國之海權。

此猶有名之英雄也。至吾國航海無名之英雄，寧可以數計。晉時石崇、王愷鬥富，至以擊碎珊瑚樹相上。夫珊瑚非我國產也，即馬來群島亦無之，而遠出於南太平洋諸島。彼豪富如崇愷者，固不以擊碎珊瑚樹為意，寧知一珊瑚樹有幾許犯風濤、冒奇險，奪命於食人之蠻族與鯊魚之口之歷史在其後耶？石崇之聘綠珠也，量珠為壽。寧知此一斛珠中，有若干航海之事蹟在，彼弄珠兒之能奪命於「海虎」之口者有幾人？此無窮無名英雄之努力，僅為世界上一鱗跡之材料。人間百事，要作如是觀耳。彼弄珠兒者，吾國之海賈，至今尚有聲譽於南太平洋諸島焉。

……

海上風景之美，與大陸異。有時水平如鏡，入望千里，海天一色，微波蕩漾。一若地球初胎時，萬頃碧玉，將凝未凝，淪漪成暈

之狀。此時捨舟輪所經之四周外，一星白沫，皆不可見。苟值落照
當前，則云水映發，紅霞碧波，掩映如摩尼珠。時而皓月行空，則
沉沉巨浸，蕩漾銀光若瀉汞。至若微風徐來，海水飛動，則凸凹萬
狀，如煮碧琉璃初沸，白沫四濺。而舟舷四周，浪花重疊，如洗碧
羅衫，盆中之胰皂泡沫迴旋雜沓，尤為可玩。當赤日方中，纖雲絕
跡之頃，一波起處，陽光倏折為虹彩，轉瞬即逝。浪至復生，光怪
陸離，不可方物。時或驟雨初過，蝃蝀在東，若以五色筆，向海天
作一大圓周。洋洋巨觀，迥非局居城市中，但見一鱗一爪之可比。
即當薄霧未收，斜風吹雨之候，海水搏擊，雲天模糊，慘淡之中，
亦饒偉觀。太平洋素以平淡無奇著稱，而飫我觀聽如此，遐思好望
角四丈之濤頭，大西洋百尋之冰島，南太平洋如塊之珊瑚礁，與海
底噴霧之火山，其動心駭魄，將何如耶。

　　海洋為孕育萬怪之奧區，雖今日時式鐘鳴鼎食之過客，鮮有與
海中群動接觸之機會，然亦時逢海王賴白椿之兒輩，在波面作水嬉
之候。嘗憶乙卯夏間歸國行近橫濱時，偶見窗間光彩煥發，初疑其
為餐室之返光，細究之知其不類。及至憑闌一視，乃見萬頃火海，
燦然目前。大波起處，磷光四溢，一若聚億萬飛螢，合作此一閃者，
不禁為之拍案叫絕。而今而後，始見此微末夜光蟲之奇蹟矣。既而
思及深海發光之魚，珊瑚島底發光之珊瑚，南太平洋海灘發光之海
筆，金碧映像，若懸夜光珠，若燃犀角炬。造物之神奇，真非語言
文字所能形容矣。
　　……

　　海程中所常見者厥為飛魚，其長不過一二尺，有時一二飛躍水
面，有時十數，先後追逐，點水如小兒之擲石。憑闌觀之，遐念遽
起。藐爾小魚，既已稟造物之優遇，遨遊此萬頃滄波，如吾人之安
步陸上矣，奈何復存飛行空中之奢念。爾試飛者，能竟日飛翔如彼
海鷗乎？終亦躍起數尺，復墮入水，如蜩與學鳩決起而飛槍榆枋，
終控於地耳。既而復思彼冥頑無知之魚又奚責者？吾人既為陸上之
驕子矣，乃復侵陵入海橫渡大洋如適莽蒼。近復與飛鳥爭天空矣。
物質文明日進，嗜欲日多。聚彼千百科學家嘔心絞腦，以為種種與

天行抗之機械。即使他日飛機賤如自行車,今日倫敦,明日紐約,捨肉體之快樂增進外,人生之意義能多明瞭毫髮耶?喜怒哀樂生老病死之與生俱來者,寧能稍變,則在此電光石火之一剎那中,又何必多此一哄為也。

（二）日本

海程之第三日傍晚,見遠山如接黛,海水澄碧如琉璃,蓋長崎已在望矣。七年前遊蹤,頓重現於目前,其街市之整潔也,房舍之精巧也,市民之勤苦力作,雖不富裕而饒興盛之象也。寺觀之規模壯闊、猶存吾國昔日高僧之規畫、而異於其他城市也。石磴之隨山高下、蜿蜒屈折,坊表之簡淨秀美,點綴隨宜也。男婦老幼之頂禮膜拜、投錢布施也。僧侶之口誦彌陀、手執霜刃、偕其婦子剚魚之腹、去魚之鱗也。一切零星印象,使吾人永不能忘者,乃復現於今日之長崎。輪舟於翌日正午即離埠,泊岸只半日之久。天復炎暑,遂未登岸。且免昔日遺留之美感,為日常生活之陳舊或醜惡所奪焉。游歷之勝於久居者,不以其所引入注目者,在在皆極新奇,雖凡近醜劣之景物,皆能別呈驚愕詫怪之感而不生厭惡之心耶?

徘徊甲板之上,遙望長崎市屋舍之蜂屯蟻聚,漠然無動於中,一若秦越之相視,乃不禁而生遐思。余方讀羅提艦長（Pierre Loti（Julian Viaux 之假名））之《菊娘傳》（*Madame Chrysan theme*）。余所見之長崎,果羅提所見之長崎乎?今日之長崎市民,果有異於羅提所見之長崎市民乎?抑當明治初年羅提所居之長崎,已非今日歐化之大日本帝國之長崎乎?無論其實際究竟之如何,吾敢斷言《菊娘傳》中之長崎,未必為真正之長崎,而「菊娘」與其鄉黨鄰里,亦不足代表日本民族也!

……

就藝術而論,《菊娘傳》誠不朽之作,讀之幾同作者置身於明治初年之長崎日常生活中。吾人合眼即見「模斯美」之曉妝,傾耳即聞菊娘之笑語。而菊娘之父之畫鶴（羅提書中稱之為鸛）,與其母李娘日夕敲煙斗班班之聲,始終印入吾人之腦中,永不或忘。吾人雖不能於《菊娘傳》中窺見日本民族之精神生活,而此銳意歐化之民族,其在尚未歐化以前,鄉僻區域下流社會之生活風尚,吾人乃

得見之於今日焉！

……

日本自歐戰後，國富驟增，豪侈亦甚。火車之整潔精美，遠非七年前所能夢見。途次但見屋舍櫛比，人聲喧雜。人口過剩之患，誠非虛語。甚而以人力填海，使之成田。然政府方獎勵生聚，編氓則恣情縱慾，不為日後之計，以此而致人滿之患，各有應得。然此乃日政府殖民政策，一方以庶眾為侵略之具，一方藉以淆亂列邦之視聽，以證明其殖民政策不得已之苦衷。實則彼邦人民素乏拓殖之天性，故雖以北海道之密邇，尚未完全開拓。雖以政府之種種獎勵，在朝鮮與吾東三省移民之事業，除使浪人得為種種不法之行動外，並無佳良之成績可言。……

翌晨破曉已行近富士山，火車沿海岸行，曉露冥漾，荒畦斷港，在在堪入畫圖。而蓬瀛大岳，於絮雲蓊鬱之中，時露黛色。……翔日人浪漫性成，酷嗜美術，則富士不但以壯偉動其宗教之忱，且以秀麗起其美術之愛也。

十鐘車抵東京，程君與松到站相迓，與松在日學音樂，以東京生活昂貴，乃僦居郊外。吾輩即館於其宿舍，遂不暇周覽都市，而先作郊遊。匆匆五日之小駐，去西裝，換和服，跣足著屐，解衣磅礡。禮法脫略殆盡，在盛夏實大快事也。

此五日中，曾一至護國寺，一至植物園，一至日比谷公園。此外則日落之候，隨意散步而已。……

歐戰之後，日人以善於射利之故，國富驟增。街市之修潔，建築之壯偉，遠非七年前之舊觀。東京驛停車場，尤為壯麗，亦最近之大建築也。其居民亦日變其儉樸之習，而日趨於豪侈。昔日之中國留學生以豪侈著稱，今日則中國學生之生活，儉約遠在日人之上矣。日本歐風之盛，日甚一日，甚至學美術者，亦必模仿歐洲美術家波希米亞之習氣，作長髮被頸寬衣徒跣不檢之裝束。舊道德日墮，嗜欲日增，左拉所著之淫穢小說，翻版至十餘次。日本之強，以模仿歐洲之物質文明，若循此不改，其衰敗覆亡，亦將以模仿歐洲之物質文明也。

……

歐人常謂日本為東方之希臘，殆指日人好美術一端而言，此外吾殊不見其近似之處。且希臘之好美術，常以美善並提，甚且如Kalokagathia 一字而兼含美善兩義，而日人則惟美是求。希臘甚稱中庸之德，日人惟求浪漫感情之愉快。希臘人重視人生，日人則輕視人生。希臘善創造，日人則惟知模仿。希臘尚自由，日人則喜服從。總觀日人之性質，幾在在與希臘相反。此所以希臘為世界文明之泉源，日人但知步他人之後塵也。抑即以陽明學說大盛於日本之一事觀之，已可令人深省。陽明之學固直截了當，為聖門之心法，然不免挾有大乘佛教浪漫之色彩。至於實踐，反以程朱之學為切近事理，易於受用。然則何以程朱之學不見稱於日本，而陽明之說乃大行，寧非日人之喜於馳騖於浪漫之美，而不求篤實之工夫耶。此亦佛教入日本後教義漸變之故也。

……〔註209〕

是年，獲得美國哈佛大學碩士學位。

6月，童士愷編，胡先驌校閱《毛詩植物名考》，於上海公平書局初版。

7月6日，董事會會議，報告新當選理事票數。

理事會第26次會議記錄（1924年7月6日），到者：丁在君、翁詠霓、何奎垣、胡敦復、胡明復、胡剛復、王季梁、楊杏佛、過探先、任叔永（主席）、竺可楨（記錄）。

（一）前次社務會中司選委員所報告新當選理事票數未曾有確實之數目，今日請司選委員重數票數，作確實之報告。

（二）司選委員何奎垣君報告最後所數各理事票選之結果，計：

任叔永君73票、丁在君君67票、胡剛復君66票、秉農山君63票、周子競君31票、胡先驌君31票。

本年有五人當選，周、胡二君票數相等，但前次社務會拈鬮，由胡君拈得，則胡君為當選矣。〔註210〕

〔註209〕張大為、胡德熙、胡德焜合編《胡先驌文存》（上卷），江西高校出版社，1995年8月版，第235～248頁。

〔註210〕何品、王良鐳編注中國科學社檔案資料整理與研究《中國科學社董理事會會議記錄》，上海科學技術出版社2017年版，第56～57頁。

7月,《論國人宜注重經濟植物學》文章在《科學》雜誌(第9卷第7期,第723～729頁)發表。摘錄如下:

盡人能言吾國物產豐富,然鮮有知其經濟植物豐富至若何程度者。吾國幅員廣闊,兼南北溫帶與半熱帶之氣候,為黃河、揚子江與珠江三大河流所灌注,平原山谷,地形具備;雨量充足,沙磧不毛之地,視同等情形之美國為少;西南與東南諸省為喜馬拉耶與印度馬來兩大植物界之尾渠,而以山谷崇深,地勢阻絕之故,獨具之植物尤夥。試一數已經栽培之經濟植物,其數之眾,特為可驚。(麥年)麥稻粱之屬無論矣。玉蜀黍本認為美洲原產者,今且以為出自中國矣。大豆(Glycerine max Merrill)為世界最重要豆類之一,亦產中國,至今尚有野生之原產植物也。果實如桃、李、梅、柿、枇杷、橘、柚等,花卉如牡丹、薔薇、蘭、桂等,原產地皆為中國,可謂世界之園藝界無中國產品,必多遺憾;而近日各國人士,方盡力採集輸入中國之野生產品也。閒居每自怪何以中國園藝界無進步?羌謂國人不嗜花木耶?則癖好至於蘇州之蒔蘭,異種初出,價至千百,在歐美諸邦尚無其比也。而已栽培之種類如牡丹、芍藥、菊、梅、山茶等等,花樣至為繁夥也。然利棄於地,野生之種類,可供栽培之用者尚不知凡幾。近年與歐美交通,乃爭種洋花,甚至本為中國原產之報春花(Primula sinensis Lindley)乃轉而取之於他人之手,此最可笑可憫之事也。又如行道樹則競種篠懸木又稱法國梧桐(Platanus occidentalis Linnaeus)與洋槐(Robinea pseudo-acacia Linnaeus),而中國固有之樹見栽培者,則惟垂柳一種。最習見之欅樹(Pterocarya stenophylla DeCaudolle)捨外國人栽種於上海、蕪湖、漢口各租界外,吾國人乃無一利用之者。而桉樹、黃金樹之名,則常不絕於耳。此之謂有地利而不知用,要亦國人不以此為學問,聽其自生自滅耳。然在今日各省皆立農業學校與農事試驗場,利用厚生,為其職志,若再不從事研究中國之經濟植物,以期光大吾農藝與園藝,而惟稗販西人之唾餘,則溺職之辜,百口莫辯矣。此文僅舉宜注意可著手之諸端,起而行之,尚在有志於農業者。

以穀菽蔬菜而論,經濟植物學能裨益吾人者尚淺,蓋此類植物為數不多,可以利用者,幾已盡栽培。惟可供蔬菜用者仍非少數,

亦有數地所特產，為外界所不知，而有待於推廣者。又如玉蜀黍既疑產於中國，大詩人鄭子尹且作一長歌以證之。若能由植物學之搜討，而發現其野生之原種，亦植物學上一大貢獻也。

至果品一層，則前途希望至大。世界果品之原產於中國者，為數至夥。……東南各省素不產葡萄，若能改良此種，亦園藝界之幸事也。

野生果品中可栽培者為數至夥。最特異者為扁核木……又獼猴桃一屬，果實可食者甚夥，……

懸鉤子（Rubus）一屬，中國有一百八十餘種之多。其中可供花卉用者不少，可供果實用者尤多。……此皆宜栽培改良之果實，而未著手者也。

橘種捨習見者外，如宜昌檸檬（Citrus ichangensis）亦以風味著，而宜推廣其種植者。最有趣之橘為岩珠（Fortunella hindsii Swingle），為金橘一屬之植物，產浙江溫、臺兩屬，其果大僅如小櫻桃，而香色佳絕，蜜餞之品，實為珍物，亦可種植供玩賞或果實之用也。

核果之類捨習見之胡桃（Juglans regia）外，尚有華胡桃（Juglans cathayensis），又浙江之山核（Hicoria cathayensis），其仁風味甚佳，且為極佳之材木，亦宜廣加栽植。……

樹木之供林木用者，不在此篇範圍之內，讀者可參考陳煥鏞教授（Prof. W. Y. Chun）所著之《中國經濟樹木誌》（Chinese Economic Trees）。至可供觀賞用者，亦指不勝數。……不但皆為美觀之樹，以其稀有之故，能廣植之，亦傳播知識之道也。

中國可供園藝用之灌木之多，幾於更僕難數。……

中國園藝界，亦遠未盡草花之長。……

中國植物之得大顯於園藝界，以英人亨利（Augustine Henry）、威而遜（Ernst H. Wilson）與和勒士（George Forrest）三人之力為多，所採集者，皆在湖北四川、雲南三省。奧人馬策迪（Handel-Mazzetti）則在湖南、貴州採集。然西人足跡不到之地尚夥，最著者為貴州、廣西、福建、湖南諸省。吾國人苟追蹤繼起，植物學上之機會固無限，園藝上機會尤無限。吾人非不嗜花木者，今日各種植公司，竟以販賣歐美花木為職志，寧知本國天產取之不盡用之不竭？園藝家

既不惜糜鉅資以育蘭花，何若推廣其範圍，協力以擴充花木之種類。吾人所需者，為一種公共機關，如英國之克由皇家植物園（Kew Garden），美國之阿諾德森林植物院（Arnold Arboretum）。以植物學家司之，每年派遣採集員赴內地採集種子、枝條以供繁殖之用，而以其結果貢獻於社會。吾知經濟植物學之發達，亦即農藝園藝學發達之日也。〔註211〕

7 月，《增訂浙江植物名錄》，Enumerationof Plantsin Chekiang Province, China 文章在《科學》雜誌（第 9 卷第 7 期，第 818～847 頁）發表。摘錄如下：

予昔在浙江採集植物，歸後曾本所知作一浙江植物名錄，內容極不完備，且以無書籍標本以資參考，頗有繆誤之處。今據 Forbesand Hemsley 二氏之 Index Florae Sinensis，日本松田定久先生（Mr. Matsuda）在東京植物雜誌所發表之浙江植物鑒定名錄，德國笛而士博士（Dr. L. Diels）所鑒定予之浙江標本，以及予親在美國阿諾德森林植物院標本室中所見之浙江植物標本，編一詳細目錄，可謂大備，而學名尤多據最新標準，有所更改，治斯學者，可於此得一助焉。

編者說〔註212〕

7 月，《文學之標準》文章在《學衡》雜誌（第 31 期，第 14～48 頁）發表。後錄於楊毅豐、康蕙茹編《學衡派》，李帆主編《民國思想文叢》，長春出版社，2013 年 1 月版，第 223～239 頁。摘錄如下：

今人非侈言科學方法乎？所貴乎科學方法者，非以批評之眼光，為客觀之觀察試驗論斷，不容有黨同伐異出主入奴之見羼雜其間之謂乎？非苟電機只具五百馬力，而其祖父強謂具一千馬力。

文學之宗旨有二：一為供娛樂之用；一為表現高超卓越之理想、想像與情感。前者之格雖較卑，而自有其功用，其標準亦較寬，所用以遣閒情，以供茶餘酒後之談助者也。人類不能永日工作，必有其娛樂之候，此類文學乃所以愉快其精神者。後者則格高而標準亦

〔註211〕張大為、胡德熙、胡德焜合編《胡先驌文存》（下卷），中正大學校友會出版發行，1996 年 5 月，第 61～66 頁。
〔註212〕《胡先驌全集》（初稿）第一卷植物學論文，第 95 頁。

嚴，必求有修養精神，增進人格之能力，而能為人類上進之助者。
以作品代表之，前者為諧劇、與所謂輕淡文學者是。後者為悲劇、
與所謂莊重文學者是。二者雖各有其藝術之標準而其格之高下不可
不知。惟不知此，近日文學上之邪說詖言，乃充滿篇幅。然在尋常
略知文學之人，苟平心思之，即能明辨其異點也。

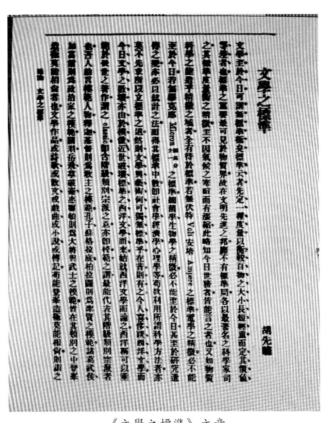

《文學之標準》文章

文學之本體。可分為形質二部。形，所以求其字法、句法、章法、
以及全書之結構者也。質，其所函之內容也。二者相需為用而不可偏
廢。然有其形者未必有其質，其質美矣，而其形或非。在為文者，既
求其質之精良，亦須兼顧其形之美善。西子蒙不潔，則人皆掩鼻而過
之，其本質雖美，奈何其蒙不潔也。此種區別，亦不可不知，惟不知
此，故今日文學日壞，而尤以吾國所謂新文學者為甚也。

人類可稱為有理智、有道德與宗教觀念之動物，又可稱為有自
制力之動物。人體之構造，異於禽獸者幾希。即情感之組成，亦大

致與禽獸相若。人之所以為人而得稱為萬物之靈而不愧者，厥為有理智、有道德與宗教觀念，與有自制力也。以有此人類所獨具之要素，人類之行為乃超於情感之上，至有捨生取義之事，更上者乃有超乎理智之上之玄悟。

列舉浪漫主義的危害。徵之吾國之往史，浪漫主義之害亦灼然可見。吾國思想界之浪漫主義，首推老莊。老子之「無為而治」「雞鳴犬吠相聞、老死不相往來。」與後世盧梭之返乎自然，同一宗旨。同一不協於人事也，莊子之逍遙齊物，薄禮樂刑政之用，泯是非義利之辨。

自表面觀之，所謂寫實主義與自然主義者似與浪漫主義相反，而為針砭社會罪惡之利器，實則不過浪漫主義之變相。浪漫主義否認人文之要素，而以隨順內心之衝動為宗旨，寫實主義與自然主義亦然。不過浪漫主義以為人性本善，寫實主義與自然主義則以人性本惡耳。寫實主義之偏、與浪漫主義等。而其否認人類固有之美德與自制之能力，則為害尤大。彼等以為人之天性與禽獸相若，所有美德不過為虛偽之矯飾，並非理能勝欲之結果，且以為理欲之戰為徒勞，無論隨順內心之衝動與否。

總而論之，寫實主義之失在知人性之惡而不知人性之善，在知人之情慾無殊於禽獸，而不知人類有超越於禽獸之長，有駕馭控制遏抑其情慾之衝動使歸於中和之本能，在認定性惡為固然因而以克己復禮為徒勞，節制嗜欲為掩飾，名為揭穿黑幕為社會之殷鑒與針砭，實以描寫日常社會所不容之非禮犯分之行為以為快。或苦於社會之制裁，自身不敢恣情縱慾，干冒社會之不韙，乃借文字以宣洩其獸欲之衝動，其動機與一般下流淫猥之說部相若，不過作者之藝術。高下與之懸殊耳，乃錫以求真砭俗之美名，豈不哀哉？夫人類之惡德故不妨時時加以譏諷，然不宜含有恚恨賤視之意。彼真正之寫實家如沙克雷者，深知人類之弱點，故其書中，無一盡善之人物，於其弱點，亦不惜盡情描繪之、以為人類之借鏡。

今於篇終。文學目的：「如何以給與快樂而不墮落其心，給與智慧而不使之變為冷酷；如何以表現人類重大之感情，而不放縱其獸欲；如何以信仰達爾文學說，而同時信仰人類之尊嚴；如何以承認

神經在人類行為中之地位，而不至麻痺動作之神經；如何以承認人
類之弱點，而不至喪失其毅勇之概；如何以觀察其行為而尊重其意
志；如何以斥去其迷信而保存其正信；如何以針砭之而不輕蔑之；
如何以譏笑其愚頑而不賤視之；如何以信認惡雖避善，而永不能絕
跡；如何以回顧千百之失敗，而仍堅持奮鬥之希望。」此則文學之
真正標準，而欲創造新文學者所宜取法也。〔註213〕

10月，《評劉裴村〈介白堂詩集〉》文章在《學衡》雜誌（第34期，第116
～124頁）發表。摘錄如下：

> 戊戌六君子皆號稱能詩，年少而知名最早者為林暾谷，楊叔嶠
> 聲譽亦卓卓，譚壯飛之詩，則代表當時浪漫風氣，彷彿似龔定庵。
> 陳石遺先生晚年專喜香山、放翁，乃亟稱楊漪春。予獨以為劉裴村
> 之《介白堂詩》，不但為六家之冠，近世亦鮮有能過之者。以局度論，
> 《介白堂詩》不得稱為廣大，晚清末季大家勝之者甚夥。以精嚴粹
> 美論，則遠可追蹤柳柳州、阮石巢，近可平揖高陶堂、陳仁先、夏
> 映庵。其取法漢魏三唐而不逮於宋，與高陶堂尤相似，而靈雋之處，
> 或時過之。其句法之研煉似陶堂，而不過於晦澀，蓋造琢句之極詣
> 者。陳石遺《近代詩鈔》所選錄，實未能盡其所長也。客居無俚，
> 輒喜玩味其遊觀之作。在予論近代五十年之文學篇中，曾稍稍述及
> 之，今請更得申論焉。
>
> 《介白堂詩》自以其紀遊寫景諸什為第一。……
> 《介白堂詩》最精之作，為其《峨眉紀遊詩》。夫寫峨眉與寫他
> 山不同。還顧禹域名山，其風景能與峨眉相若者殆寡。五嶽之高不
> 過數千尺，東南諸山以匡廬天目最為雄峻，不過海拔五千餘尺。天
> 台號稱四萬八千丈，實則不過三千餘尺。南北雁宕，則瀕海島嶼，
> 近代始出海面者耳。滇桂諸山或能與之頡頏，然過於荒遠，遊屐鮮
> 至，故亦無稱。獨峨眉、遠續崑崙西來之大脈，近臨江水，與瓦屋
> 奇峰相對峙，高聳一萬餘尺。……
> 其古詩尤能盡刻畫之能事。……則荒怪奇偉，至非阮石巢所能

〔註213〕 張大為、胡德熙、胡德焜合編《胡先驌文存》（上卷），江西高校出版社，1995
年8月版，第249～277頁。

及矣。不但阮石巢，古今來作者，詠山水之什，殆未有若此者。惟太白興到之作，彷彿似之耳。故即有此一卷峨眉詩，已足藏之名山，傳之無窮。僅就寫景一端而論，《介白堂詩》已不難獨步千古也。

此外寫景之佳者，如《遊翠微山》云：「微雲墮馬前，照我萬古襟。虎峰帶霞色，龍池轉松陰。暗泉穿寺來，如聽篁中琴。香界木蘭花，高簷宿仙禽。」靜穆之氣，溢於言表，雖與遊峨眉詩異趣，然仍令人韻味無已。……

寫景固裴村所長，然徒言寫景不足以盡之也。清季詩人，善以白描法攄臆抒情，如鄭子尹即最以此擅長者。而陳伯嚴「崝廬述哀」鄭太夷「述哀」「哭顧五子朋」諸詩，尤為膾炙人口。裴村送其弟厚村還蜀諸詩，亦以真摯勝。如「可憐欲別未別時，強作慰語含悲辛。」「常時每詡丈夫志，對汝今為兒女仁。」友愛真摯之情，溢於言表，雖裴村為詩素尚華采，至此骨肉離合之間，出語但有本色，而不施一毫藻飾之功也。……

裴村之傳於後，自以其戊戌死事為最。……今以其失敗，乃得諉過於人，實則庚子以後之變法，即導源於戊戌，適為辛亥革命之導線，而重為今日政局魚爛之主因也。最可傷而最可笑者，如裴村雜詩中，極稱將軍溥侗，孰知此異凡子之龍種，十七八之雛風，後日乃為日與俳優為伍。袍笏登場之侗五爺也，急不擇術，昏不知人，戊戌償事以此，遺患乃至於今日，未知所屆。哀哉！

雖然，裴村已矣。戊戌政變之功罪，後世自有定論。關於介白堂刺時之作，事過境遷，後人或淡然視之。而其刻畫山水之秀句，則在中國三千年所為詩中別開生面者。中國文明一日尚存，《介白堂詩》終可流傳於天壤間也。〔註214〕

10 月，Note on Chinese Ligneous Plants 刊於 Journal of the Arnold Arboretum（第 5 卷第 4 期，第 227～233 頁）。

是年，作中國科學社概況，對中國科學社生物研究所進行介紹，如研究成果、職員。

〔註214〕張大為、胡德熙、胡德焜合編《胡先驌文存》（上卷），江西高校出版社，1995年 8 月版，第 278～283 頁。

生物研究所成立於民國十一年八月。惟本社派員採集動植物標本，則在民國九年已實行，故研究所開幕之始，即有秉志胡先驌陳煥庸諸君在浙江山東廣東等地所採集之動植物標本陳列，以供參考。十二年夏研究所主任秉志君復率助理王家楫孫宗彭兩君至浙江溫州寧波舟山普陀等處採集動物，所獲水產動物標本極多，今皆陳列社中。是年冬更搜集南京附近之鳥獸製成標本。今年夏更擬派員至各地採集植物標本，並為江蘇中學之博物教員舉行博物標本採集地練習。以上為所中採集標本之成績。至研究方面現在已在進行者，共六種，列表如下。

研究題目

哺乳類交感神經細胞之發長	秉志
宜昌植物之分類	錢崇澍
中國經濟樹木之調查	陳煥鏞
江西及浙江菌類圖考	胡先驌
鼠類之遺傳	陳楨
玄武湖原生動物之調查	王家楫

此外該所尚擬編輯研究報告，及自然史叢書與天演叢書，為國內外研究生物者之參考。今年夏間有數種研究報告可以告成，擬先在本社年會宣讀。

職員

秉志		主任
陳楨	席山	研究員
陳煥鏞		研究員
胡先驌	步曾	研究員
錢崇澍	雨農	研究員〔註215〕

是年，中國科學社概況，對中國科學社《科學》雜誌編輯部人員進行介紹。

編輯部

王璡	主任	南京東南大學化學系

〔註215〕林麗成、章立言、張劍編注《中國科學社檔案資料整理與研究——發展歷程史料》，上海科學技術出版社 2015 年版，第 212～213 頁。

翁文灝	詠霓	委員	北京豐盛胡同地質調查所
曹梁廈	惠群	委員	上海法界打鐵浜明德里四號
胡先驌		委員	美國哈佛大學植物系
程瀛章		委員	北京大學
徐韋曼		委員	南京四牌樓
熊正理		委員	南京珍珠橋
任鴻雋		委員	南京成賢街
楊銓		委員	南京石板橋二號〔註216〕

　　從 1924 年起，中國科學社生物研究所出版西文刊物《中國科學社生物研究所論文集》亦譯為《中國科學社生物研究所論文叢刊》或《中國科學協會控制生物實驗室文集》，簡稱「叢刊」，（Contributtion From the Biolongical Laboratory Of Science Society Of Chian），並附有中文提要，是「當時國內最早的以發表原始調查報告和研究論文的外文版的生物學學術期刊」。當年動物部發刊研究論文 3 種，植物部論文 2 種。自 1925 年開始，論文以專刊形式發表，動植物學論文合刊，共出 5 卷，每卷 5 號。1930 年起分為動物和植物兩組出版，每組每卷不限於 5 號，動物學部分出 10 號 1 卷。到 1942 年，出版《動物論文叢刊》共 16 卷，《植物論文叢刊》12 卷，1921～1941 年二十年間，據統計動物學部共發表論文 112 篇，其中分類學 66 篇，解剖組織學 22 篇，生理學 15 篇，營養化學 9 篇，植物部共發表論文 100 餘篇，全部為分類學著作。《叢刊》以發表分類學、形態學論文為主，但也刊發過遺傳學、生理學、營養學等方面的論文。胡先驌早期植物學術論文發表於此。

　　編年詩：《奉答翼謀先生見懷》《寄簡庵南昌》《辛夷樹下口占》《小病累日偶憩森林院松林中率成》《休沐日兀坐森林院林中偶成》《春思》（五首）《暮春書懷》《記波城花事》《雨過》《海風》《答柏盧芝城》《論詩絕句》（四十首）《墓場閒步》。

民國十四年乙丑（1925）　三十二歲

　　2 月，《師範大學制平議》文章在《甲寅》雜誌（第 1 卷第 14 號，第 9～12 頁）發表。摘錄如下：

〔註216〕林麗成、章立言、張劍編注《中國科學社檔案資料整理與研究——發展歷程史料》，上海科學技術出版社 2015 年版，第 214 頁。

中國教育，邇來有一特殊之組織，為歐洲各先進國所無或稀有者，厥為所稱師範大學者是。以教育為專門學科，而加以精深之研究者，當首推美國。在歐洲英德法諸邦，教育學只為文科中附屬之課程，不但不能為之立一獨立之大學，且每每不得成為大學中之一系。所謂教育哲學、教育心理學者，亦不得為大學中獨立之學科。而此數邦之教育。……吾國學子數年負笈，略剽師說，便奉為圭臬，已屬非是。今更擴而充之，盡力創立非驢非馬之師範大學，以期壟斷高等教育，其貽害之大寧可臆度哉。

余非治教育學者，不能為專科之辯論。然從事國內高等教育有年，專業之暇，嘗究心於歐洲文化之淵源，與近代思想之沿革。邇者重遊美國，於彼邦之國情，與其教育之利弊，亦曾為深切之觀察，自謂頗具旁觀者清之長。近在《東方雜誌》發表《論吾國高等教育》一文，立論即與時下所謂教育家者異趣焉。……

其教育之弊。首在學校之眾多與求學之易。一人一大學教育，已成為社會之口頭禪。公私大學以數百計，每校學生以千數百人計。辦學校者務求學生之眾，故不惜降低其程度，以達其市儈招徠之術。

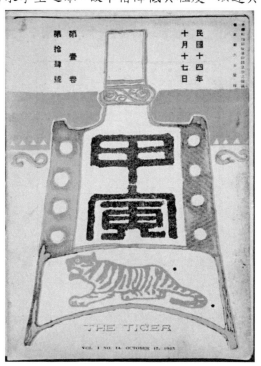

《師範大學制平議》文章在《甲寅》雜誌發表

……北京師範大學同班之畢業生，一入芝加哥大學須補習一年
方能得學士學位，一入哥倫比亞師範院，一年即得碩士。其學校程
度之不齊，類如此也。……在美國大學，以教授之眾多，圖書儀器
之豐富，有志求學之士固能造成高深學問。而規避取巧者亦能利用
選課制，選易習之課混得學位。加以哥倫比亞大學，主張廢止考試，
故學位尤濫。為亡羊補牢計，哈佛大學近年乃加設卒業考試。大學
四年課程修習完竣，而卒業考試不及格者仍不得卒業。加利福尼亞
大學復另有英文與外國文之特試，學校內英文與外國文課程修習完
竣者，尚須應考，不及格者仍不得為第三年級學生。可見彼一國之
中，教育家主張之歧異，有如此者。今乃以一派偏頗之學說播於全
國，以全國之青年為其試驗品，且設專校以擴充其勢力，謬種相傳，
其害之大不難想見。年來學風之壞，致身為之倡者，猶生請君入甕
之感，寧非社會所譏為教閥者之罪哉！夫師範教育之宜提高，自不
待言。然提高之道不在設立師範大學而在規定師範生服務之資格。
故欲任中等學校某學科之教席，或欲得此項資格之特種文憑者，可
規定先須在各大學專治此科，卒業後再須治教育學、心理學等學科
一年或二年，使其程度略等於碩士，方可取得此項資格或文憑。夫
於是而謂不勝師範之職，吾不信也。以吾所知，美國加利福尼亞州
即採是制，聞德國亦然。否則可採法國師範大學制，同在一大學，
苟欲以師範為職業者，除普通大學訓練外，再須加授某種特殊之訓
練，於是不必立駢枝之學校，而師範教育自可提高。吾國昔日之高
等師範學校，取法於日本。然目中所見之中國學生在日本高師畢業
者，捨教育學外，於各種科學類皆淺嘗，蓋為制度時間所限，有不
得不爾者。今高等師範學校，既皆逐漸改為大學，正師範教育程度
提高之佳兆。乃反有主張恢復高等師範學區，改為師範大學區，與
反對消滅師範大學之議案，殆欲保存特殊勢力範圍，以把持高等教
育耶，行見終成為一種非驢非馬之制度而已。〔註217〕

3月26日，王易致胡先驌信函。

〔註217〕張大為、胡德熙、胡德焜合編《胡先驌文存》（上卷），江西高校出版社，1995
年8月版，第300～303頁。

步弟惠鑒：

　　前奉手函，方稽作覆，又奉催款之函，比向當局竭詞催索，據云留學費之關重要，廳中亦熟知，當力向財廳催發云云。至調查費之通知書，業已領出交程久如，大約俟款領得後當可匯美耳。省政依舊糾紛，治贛者贛人而已，賢則尚談不到也，胡思義已被逼走，文群之力居多，文欲取而代之，卻恐未必得結果，終為野心家乘隙而已。默觀吾國人心壞敗，大亂方興，絕無悔禍之意，吾儕不過教書讀書，終身無術以挽劫運也，一歎。中山逝世，民黨前途恐益分裂，執政政府絕無根本主張及實力，前途渙汗，大號之期恐不遠矣。易任課過多，精力甚耗，家累過重不敢偷安，友朋星散，惟仲詹、辟疆可與話心曲，此時盼弟歸國之心為尤切矣。年假中易作詩約十數章，想皆弟所未見，憚於抄寫，不能悉陳，略寫較有關係數詩相商而已。仲詹自朱伯籛來復長一科，伯籛尚算可望有為，比其他贛人為賢，蓋其為人心直而少私，但條理不及秀松之清楚耳，得仲詹佐之或可圖治也。瘦湘詩業已付印，四五月間可出版，全詩不過存二百餘首，分兩卷，裝一本耳，然皆精作也。弟允助刊資五十元，甚感，俟調查費果領出當除存之。邵潭秋已與郭宇鏡之女訂婚，頗稱嘉偶；吳雨僧現任清華研究院主任兼翻譯教授，已向易通函索稿矣，附聞。

　　草此即頌

旅安

易

三月二十六即舊曆上巳日〔註218〕

　　3月，與鄒秉文、錢崇澍合著《高等植物學》，商務印書館第2版。「20世紀20年代初期，中國高等學校中的生物學教學水平並不高，使用的植物學教科書皆沿襲日本學者之編製法，內容枯索無味，結構與功能不能貫通，分類有悖植物進化之順序等，沒有適合中國學生使用的植物學教科書。為了使中國的大學生能夠閱讀到自己國家的生物學家編寫的教科書，胡先驌與鄒秉文、錢崇

〔註218〕王四同先生提供，胡啟鵬輯釋《胡先驌墨蹟選》（初稿），2022年2月，第350～351頁。

澍等一道，於 1922 年共同編著了我國第一部為高等學校和專門學校使用的中文版的教科書《高等植物學》。該書於 1923 年由當時的上海商務印務館出版發行，全書共 462 頁，插圖有 306 幅，書末附有英漢名詞對照表。書中的理論及分類內容比較新穎，一改過去沿用日本教科書的編著體例。憑藉對漢語語言學的深厚修養，胡先驌改正和勘誤了原來譯用不當的日文術語，如將「隱花植物」更正為「孢子植物」，「顯花植物」更正為「種子植物」，「蘚苔植物」更正為「苔蘚植物」，「羊齒植物」改為「蕨類植物」等等。這些更正並譯定的植物學術語，一直沿用至今。由胡先驌等人合著的《高等植物學》教科書，還將孟德爾的遺傳學說列為重要的學習內容。該書專章講述了「孟德爾遺傳定律」等遺傳學知識，這對於當時在高等學校中傳播、普及並實施現代遺傳學的教育，發揮了重要的助推作用。」〔註 219〕

　　5 月，《留學問題與吾國高等教育之方針》文章在《東方雜誌》（第 22 卷第 9 期，第 15～26 頁）發表。後收錄楊毅豐、康蕙茹編《學衡派》，李帆主編《民國思想文叢》，長春出版社，2013 年 1 月版，第 222～264 頁。摘錄如下：

《留學問題與吾國高等教育之方針》文章

〔註219〕馮永康著《緬懷中國現代生物學的開山宗師胡先驌——寫在國立大學第一個生物學系創建 100 週年之際》，2021 年 10 月 8 日。

　　偶讀《中華教育界》所載怡怡君論留學生問題一文，頗佩其洞見留學界之癥結。身曾前後留學美國兩次，且任國內大學教授數年，自謂知留學生與今日中國高等教育之利病，當較他人為詳，請得為一詳盡之討論。怡怡君責留美學生亦有一二過苛之處，此處亦稍稍為之辨護。而吾國高等教育將來所應取之方針，平日頗深研幾，與時下所謂「教育專家」之意見，甚有不同之處，亦條舉之以供國人之參考。

　　……

　　近年來留美學生所以漸漸得勢者，一由於清華學生人數漸多，互相提攜，較前為易；一由於革命之後，國人傾心共和，而共和先進之美國，復與我善，於是與美國關係日密，而留美學生亦為國人所重視。然最重要之原因，尚在留美學生之學力：第一，留美常較留日為難。蓋中日不啻同文，而學英文至於能日常酬對聽演講作筆記，費力已比以一年半載學通日文為多。且道途遼遠，生活昂貴，私費非巨富不辦，官費則競爭激烈，故苟來美，其求學之誠，自較一般一葦航日者為殷。來者不濫，故一般成績亦稍佳。第二，美國大學極重實用，實習實驗皆在日本學校之上，而尤獎勵獨立之研究。治工商礦業者，卒業後雖無主持全局之能力，然確能任局部之職務。故近日鐵路工廠銀行公司中，多用留美學生，如詹天佑之築鐵路，王寵佑之煉鐵礦，皆最令人注目者。而留日學生，則除為官吏教師議員軍官外，絕少能任技術上之職務。至留美學生曾得博士頭銜者，能掇拾中國舊聞或抄譯九通以充博士論文者亦有之，然多數至少捨英文外更通德法兩國文字，與曾為一次有結果之研究。故庸中佼佼，而得逞一日之長也。

　　至其弊則如何？留美學生最大之病，在不通中文。昔日之留學生如詹天佑輩無論矣；近日之留美學生，不通中文者，亦觸目皆是，而尤以廣東華僑子弟與教會學校出身者為多。其甚者至不能操中國語，更無論作文著書矣。結果則此種人物於社會直接不能有所貢獻。怡怡君責留美學生少有從事著譯者，此一大故也。然此種留美學生之害，尚不在對於社會少有貢獻，而在其未受中國固有文化之陶冶；同時復以身為異國人故，於歐西文化道德，亦無久長深遠之浸潤。

此種人才，實為僅有職業訓練而未受教育之人，今乃為社會之領袖，其影響之惡可知矣。

其次則但求博得學位，而不真實求學。夫跋涉萬里，糜費巨金，至異國求尋常大學教育，誠非得計；然以國內師資之缺乏，圖書儀器之不備，則留學美國，亦為救急之策。至入歐美大學畢業院從事高深之研究，則尤為中國學生目前不能不取之途徑。惟留美學生中，頗多不以求學為目的者。美國大學程度至為不齊，寬嚴亦自有別，乃有貪第二三流學校課程較易，而不敢入第一流學校者。……

美國教育之佳處，在注重實習與實驗，故留美學生之學工商與科學者確有相當之學術與經驗。然其大學之程度則非甚高。美國著名物理學家密理根（Millikan）自赴歐洲物理學會歸國，至謂美國物理學極為幼稚，歐洲物理學家所治數學俱較美國數學家所知者為深云云。美國大學卒業生入英國牛津大學三年始能得學士學位。凡此種種，留美學生，宜有自知之明，不可自謂在美國大學卒業後，便已登龍門，聲價十倍也。

然非謂留學歐洲，便較留美為高也。……

對於怡怡君評論美國留學生之答辨或補充之言，盡於此處。今更將餘個人對於吾國高等教育之意見，與國人一為商榷。

（一）關於留學所應取之方針在一獨立之國家，教育自應獨立，不可永遠扶牆摸壁，惟哲人之馬首是瞻；故自一種意義言之，留學政策，實為治標方法。然須知學術大同，無國家民族界限之可言。……

此種學術大同之精神，有兩效用：一則知識界究為左右人群之階級；知識界若能多為精神上之接觸，國家與民族間之猜忌嫉妒，自可減少，而日趨於友善。……中美兩國近年國交日密，亦以派遣留學為要因。……二則雖云同治一學，各國學派每每不同，欲求學術根基之博大，意見之不偏頗，則容納溝通，實為要著，精神學科如文史政治等尤甚。欲求兼收博攬，則以留學為上。……

惟留學政策為一事，留學所取之方針又為一事。派遣之方法，上文已言之綦詳，茲不多贅。近日專派學生留美，殊非善法，宜就學生留學之志願，視各國對於各種學術之短長，量為派遣。以留學歐美相較：就普通言之，所得學術相等，而留歐較留美所費為少，

故自費學生,以留歐為上。……然吾國所需者,則為農學專門家之能從事於研究者。吾國學生至美學習農科,苟不知此點,但效法美國學生之選課,不知偏重物理化學生物地質等基本科學,則回國後多不能應付中國農業情形,而為重要之研究,但有自誤誤人而已。身為此中過來人,故特為揭櫫以為後人之南針焉。

(二)關於國內高等教育之方針。吾人既知言民族主義之教育,尤宜首定民族主義教育之方針。常考今日各國高等教育之精神,可分為三種:(1)養成領袖人物所謂君子人(Gentleman)者,可以英國牛津大學代表之。……(2)專求高深之知識。此精神可以英國劍橋大學與德法以及其他歐陸各大學代表之。……(3)專求應用之學問。此種精神,可以一般之美國大學代表之。……蓋一般大學生竟不知能寫清順純潔之國文,為受有高等知識之國民第一步之義務,更無論於洞悉本國歷史與本國文化之源流矣。夫如是,安能希望養成國家主義之教育,與發揚光大固有之文化哉?

美國教育精神之另一惡影響,在吾國已漸見端倪者,厥為但求精專,不求廣博,抑若各種學問毫不相關者然。……學校與學生若以此為高等教育之目的,則不但不能造成有完全人格之學者,且不能造成第一流之專家也。

吾國大學與專門學校教授外國語言文學之程度,亦極不足。英文為吾國學校之主要外國語,然在多數大學與專門學校,其程度實遠在日本帝國大學之下。……以不讀參考書之故,在國內大學乃發生一現象:近日選課制大興,然在外國大學,每學期課程只許修習十六至十八學分;在吾國大學,學生每每修習至二十學分以上。非我國學生知力遠在西人之上,蓋不讀西文參考書,自覺學二十餘學分,尚有餘裕也,然其所得之寡可知矣。故以後大學與專門學校,尚須加倍注重外國語也。

吾國大學最大之短處,自是圖書不備。學生不讀參考書,亦半由無參考書可讀之故。……

吾國大學尚有一種不良之趨勢。與精專之精神相關,而在今日似宜先事預防者:即過於重視博士學位,但求為專門之研究,而犧牲廣博之學問是也。……

關於吾國大學之發達，尚有一要點，似宜注意。吾國昔日辦學，每費巨金，聘西人為教授；今日國內各大學則幾無西人之跡，表面上觀之，似大有進步。……

更有一層，即國家社會，正求養士之道。……至少各大學對於教授，必須有獎勵其研究之方法。大學教授之職責，可分為教授與研究二種：有喜於教授者，有喜於研究者，二者皆屬要事，自無容有軒輊。……今以生活艱窘之故，彼所學不甚專門，捨為教書匠無他途者，每每以學校為借徑；苟遇良機，甚或不履行契約，中道棄去矣。此亦社會之病狀，而宜有救濟之道者也。

以上所陳，自謂於指陳留學與國內高等教育之弊害，頗有獨到之處。要而論之，吾國高等教育之方針，宜效法英國，以養成人格提高學術為職志，決不可陷於美國化之功利主義中，僅圖狹隘之近利；既知國家主義教育之重要，則必須極力提倡吾國固有文化，以保持吾民族所特具之道德觀念於不墜。去年留美學生開年會，竟有妄人某博士者，謂欲改革中國政治，須以美國人如菲律賓總督伍特將軍者為總監。是美國人心目中，竟視吾堂堂華胄，與彼半開化之島夷相若，吾國人亦知恥乎？吾國提倡國家主義之教育者，亦瞿然警覺，急起直追，以改進吾國之高等教育乎？余不禁馨香禱祝之矣！〔註220〕

6月，Further Noteson Chinese Ligneous Plants 刊於 Journal of the Arnold Arboretum（第6卷第3期，第140～134頁）。

6月，Nomenclatorial Change in Chinese Orchids（中國蘭科植物新種，一譯作中國蘭花命名的變化）刊於 NEW ENGLAND BOTANICAL CLUBING RHODORA（第27卷第318期，第105～107頁）。

7月，編寫成第一部《中國植物誌屬》，英文打字稿。分訂上中下三卷作為博士論文，書中記述了 1950 屬 3700 種中國本土植物，還包括小部分外來栽培植物，共 1500 頁，該稿未正式出版。利用圖書館、標本比較齊全的優越條件，用去二年的時間，把該園自 1899 年起從我中國西部和中部採集並運來的植物標本，以及國外各期刊雜誌中登載有關中國植物科屬記錄一一查清，收集

〔註220〕張大為、胡德熙、胡德焜合編《胡先驌文存》（上卷），江西高校出版社，1995年8月版，第284～299頁。

齊全。「編纂有《中國植物誌屬》（英文本）一書，尚未付印，為治中國分類學之基本要籍，歷年後進植物學家皆利用之。」

是年，以「synopsis of Chinese Genera of phanerogams, with descriptions of representative species」獲得美國哈佛大學科學博士學位。是中國第一位獲哈佛大學植物分類學博士學。

《中國植物誌屬》書成漫題

作《中國植物誌屬》書成漫題：

　　愁聽槭槭夜窗風，燈火丹鉛意無窮。

　　末藝剩能箋草木，浮生空付注魚蟲。

　　終知歧路亡羊失，漫詡三年刻楮功。

　　梨棗當災吾事了，海濤歸去待乘風。〔註221〕

〔註221〕張大為、胡德熙、胡德焜合編《胡先驌文存》上卷，江西高校出版社，1995年8月版，第554頁。

在美國哈佛大學獲得博士學位時留影

　　1925 年 7 月胡先驌在美國哈佛大學畢業的博士論文《中國植物誌屬》，英文打字稿，分訂上中下三卷，書中記述了中國本土植物 1950 屬 3700 種，還包括小部分外來栽培植物，共 1500 頁。

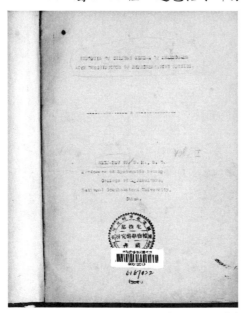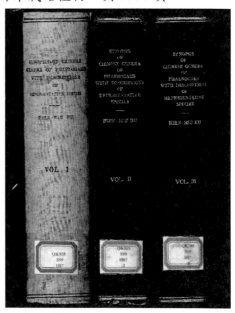

博士論文《中國植物誌屬》

是年，專心研究生物學，無意關心政治。

自傳載：「回國後，他（導師 JohnG.Jack 教授）送了我一年《民族》週刊，我讀到羅素、拉斯基諸人的文章，便深信英國費邊社會主義。但我主持的是生物學研究機構，並無過問政治之意。」〔註222〕

是年，家屬迎接胡先驌回國。

1925 年父親學成從美國回來了，母親帶著我和姐姐到上海去迎接。由於海輪噸位太大，不能靠碼頭，我們乘汽艇再登大船。父親看到妻子兒女都來接他，非常高興。他帶著我們在船上到處參觀，電影院、游泳池以及許多豪華的舞廳、餐廳及各種設備，使我們大開眼界。尤其是我記得這艘船還有八層樓，可乘電梯上下呢！雖然我那時只有六歲，但卻給我留下了深刻的印象，至今難忘。〔註223〕

胡先驌與王蓉芬夫人及女昭文、子德熙 1923 年攝於南京

〔註222〕 胡先驌著《自傳》，1958 年。《胡先驌全集》（初稿）第十五卷人文科學文章，第 656～659 頁。

〔註223〕 胡德熙、符式佳著《懷念慈父》。胡啟鵬主編《撫今追昔話春秋──胡先驌學術人生》，北京燕山出版社，2011 年 4 月版，第 373 頁。

秋，回國，仍任東南大學教授。

1925 年初秋，東南大學生物系同學歡送秉志（農山）先生南遊
（赴廈門大學任教）紀念，前排左起：胡先驌、秉志、陳煥鏞

是年，受《民族》刊物的影響，認可改良的社會主義。

　　我第二次從美國回來，受到了進步刊物《民族》的影響，對於
政治、經濟、外交、時事都發生了興趣，使我相信了改良主義的社
會主義。在此以前，我對於孫中山的三民主義都是有偏見不接受的，
只幻想一種賢人政治。這時我相信了計劃經濟，於是我漸漸贊成孫
中山三民主義主張，耕者有其田及節制資本，但我所信的是英國費
邊式的與北歐式的社會主義，是以資產階級立場來緩和階級鬥爭的
不徹底的社會主義。我所以相信這種社會主義，完全是由於我的家
庭出身的影響。這是我後來勸蔣介石向「左走」思想的根源，也是
我寫「經濟之改造」，在十二教授宣言上簽名的思想根源。〔註224〕

是年，反思改良社會主義是為資產階級服務，是反人民的。

　　我以為我的思想是向左的，是進步的。在去年交代歷史的時候，

〔註224〕胡先驌著《對於我的舊思想的檢討》，1952 年 8 月 13 日。《胡先驌全集》（初
　　　　稿）第十五卷人文科學文章，第 629～640 頁。

二次思想改造學習的初期，我還以為我的思想是左的，直至學習了斯大林與威爾斯談話那文件以後，才認識到我所主張的改良主義是右傾的，是為資產階級服務的，是反人民的。我在南昌對多數學生講演我的改良主義的社會主義，迷惑了許多青年，減低了他們的革命情緒，確實是替反動統治階級服務，是應該嚴屬批判的。我當初對於孫中山聯俄容共的政策都是本能地厭惡的。〔註225〕

1925 年胡先驌（左）與胡適，胡適在背面戲題：「兩個反對的朋友」

　　8 月 27 日下午，參加在北京假南池子舉行中國科學第十屆年會社務會議，主席丁在君，記錄竺可楨，到會二十四人，推舉為 1926 年《科學》雜誌編輯員。

　　推定明年《科學》雜誌編輯員王季梁、葉企孫、葉元龍、鮑國寶、翁詠霓、竺可楨、任叔永、趙元任、秉農山、胡明復、李四光、錢琢如、丁燮林、趙石民、曹梁廈、胡步曾、陶孟和、莊澤宣、李熙謀、朱其清、茅唐臣、李濟之、錢雨農、唐擘黃，指定下年度司選委員以胡適之君為主任。〔註226〕

〔註225〕胡先驌著《對於我的舊思想的檢討》，1952 年 8 月 13 日。《胡先驌全集》（初稿）第十五卷人文科學文章，第 629～640 頁。
〔註226〕王良鐳、何品編注中國科學社檔案資料整理與研究《年會記錄》選編，上海科學技術出版社 2020 年 12 月版，第 128 頁。

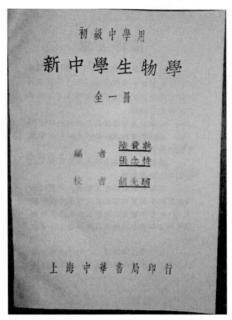

陸費執、張念恃編，胡先驌校《初級生物學》

9月，陸費執、張念恃編，胡先驌校《新中學教科書·初級生物學》，上海中華書局初版。1929年第8版。

編大意：

——按新學制初中自然科：有分科教授者，如動物學、植物學、生物學、礦物學各科，獨立授課；有混合教授者，則前之者合而為生物學，本書即此意而編。

——本書足供每週授課三小時一年之用。

——本書各章材料以動物、植物公有者為主體，間附以特有者。

——本書各章內容先植物、次動物、後人類，由低到高，由簡而繁。

——本書以供給學生生物學上之普通學識為目的，不及其高深者，注重實際，稍輕理論。

——本書與著者之高中生物學程度相銜接，題材亦相仿，若連續採用，無重複或不接之弊。

——初中學生，外國語程度尚淺，故本書術語及動植物種名等，注原文甚少，以免枉費學生腦力之苦。

臘月5日，陳三立致胡先驌信函。

步曾仁兄有道：

湖上小聚,稍豁積懷。近承教學相長,撰著益宏,曷勝跂仰。
猥辱惠示,述蔣校長之勝意,頗欲寅兒北轍易為南轅,此與本旨近
家較為便者相合。惟寅兒屢經清華殷勤招致而後就,雨僧亦費心力
不少,忽不踐約,似乖情理。寅兒約舊曆人日前後可以抵家,當以
尊說令其量度,或到清華後與之周旋數月、再定去留皆可,徐圖此
時實難預決也。率復,維亮鑒。

　　即頌

道安

　　　　　　　　　　　　　　　　　　　　　三立 拜

　　　　　　　　　　　　　　　　　臘五日(1925 年)

　　(胡宗剛提供)〔註227〕

　　是年,美國求學時,在哈佛大學阿諾德森林園學習研究,作《阿諾德森林
園放歌》,稱讚該園卉木之盛為北美洲之冠。花事綿亙春夏,遊展極眾,日徘
徊眾香國中,欣玩無已,繼以詠歌。

　　　　坡坨高下十頃強,參天松梧森千章。
　　　　短垣繚繞閟靈境,儼若塵埃開仙鄉。
　　　　平沙馳道春試馬,垂珠嘉實秋懸牆。
　　　　鳥鳴雊呴滿機趣,蜂喧蝶舞紛悾忙。
　　　　花鬚柳眼互春夏,裙屐百輩遊人狂。
　　　　拓岡辛夷半山句,萬蕊如雪迎初陽。
　　　　櫻花輔頰絢朱粉,蓬瀛姹女施新妝。
　　　　海棠霞暈差可擬,尹邢正色難評量。
　　　　獨惜野梅限南徼,點染豔雪無幽香。
　　　　羅浮鄧尉猿鶴夢,恨缺兩翼翻南翔。
　　　　丁香絳白殿春事,更賞躑躅羅紅黃。
　　　　此花滇蜀冠天下,往往百里雲錦張。
　　　　何緣但入逐客眼,開落瘴霧遺蠻荒。
　　　　亦知豔色不限地,歸州瘿婦生王嬙。
　　　　琵琶千載胡語怨,想同此卉繁他邦。

〔註227〕 《胡先驌全集》(初稿) 第十七卷下中文書信卷,第 555～556 頁。

　　　　睘惟漢武勤邊疆，樓蘭授首烏孫降。

　　　　聲威所被震西域，葡萄苜蓿來敦煌。

　　　　微聞上林足珍異，橙黃荔紫叢瑤房。

　　　　惜哉富民昧此術，盛德不逮耕與桑。

　　　　禹域夙稱擅地利，群芳百穀天所昌。

　　　　尋常蕪穢荊棘裏，拔擢便足登廟堂。

　　　　佳人翠袖老空谷，鬼母胡姬偏擅場。

　　　　用夷變夏古所戒，此亦國恥心徒傷。

　　　　昔者君民位嚴絕，百里為阱多堤防。

　　　　易代禁馳遺邏卒，靈臺靈囿供徜徉。

　　　　亟宜取以研樹藝，搜羅珍怪窮遐方。

　　　　分培廣植遍宇內，庶令閭巷饒眾芳。

　　　　侈言美育此其道，豈惟累累盈籚筐。

　　　　吾徒借鏡有先例，名園異國交相望。〔註 228〕

　　是年，與美國阿諾德森林植物園的園長佘堅特博士交談，個人慾捐款在中國建一植物園，由胡先驌來管理，後來由於佘園長英年早逝，計劃落空。

　　　　我在哈佛大學得了博士學位之後，阿諾德森林植物園的園長佘堅特博士便向我表示，他願意捐款與我，在中國創辦植物園。他是美國的百萬富翁，他如肯捐款，為數一定不少，但不久他就死了，這事沒有實現。〔註 229〕

　　是年，留學六年，對美國認識。

　　　　我曾在美國留學六年，有很濃厚的崇美親美思想，我非常崇拜美國的物質文明。實際是美國的資本主義早已發展到了帝國主義的階段，佔領夏威夷和菲律賓便是帝國主義的表現，對於中國也一直有帝國主義侵略陰謀，尤以其文化侵略為惡毒，使我們這些受到奴化教育的人甘心做其工具。我對於這些也不是完全不知道的，……所以在抗

〔註 228〕張大為、胡德熙、胡德焜合編《胡先驌文存》上卷，江西高校出版社，1995
　　　　年 8 月版，第 553～554 頁。

〔註 229〕胡先驌著《對於我的舊思想的檢討》，1952 年 8 月 13 日。《胡先驌全集》（初
　　　　稿）第十五卷人文科學文章，第 629～640 頁。

日戰爭中，希望得到美援，在內戰時期，也希望得到美援，而在反動派要垮臺的時候，便希望美國支持胡適等人來挽回大局。〔註230〕

10月，Notes on. Chinese Ligneous Plants（中國木本植物之記載）刊於 Journal of the Arnold Arboretum《哈佛大學阿諾德森林園雜誌》（第 5 期，第 227～233 頁）；同年 12 月，轉載於 Journ. Arn. Arb.《花木栽培雜誌》（第 6 期，第 140～143 頁）。

12 月，New Species., New Combinations & New Descriptions of Chinese Planfs（中國植物之新種）刊於 Contr. Biol, Lab, Sci. Soc, China《中國科學社生物研究所叢刊，亦譯作中國科學社生物研究所論文集，或譯作中國科學協會控制生物實驗室文集》（第 1 卷第 2 期，第 1～5 頁）。

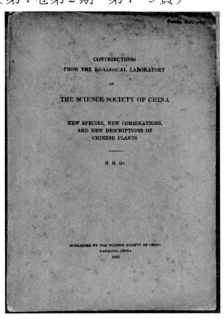

胡先驌著《中國植物之新種》論文

12 月，《東南諸省森林植物之特點》文章在《科學》雜誌（第 10 卷第 12 期，第 1477～1484 頁）發表。摘錄如下：

吾國植物種類之富，素為世界植物學者所豔稱。北方有近北冰洋帶、中央亞細亞與北溫帶之種類，西南各省有喜馬拉亞山與西北馬來之種類，南部諸省有後印度、東亞熱帶與馬來之種類，東南諸

〔註230〕胡先驌著《對於我的舊思想的第三次檢討》，1952 年 9 月 4 日。《胡先驌全集》（初稿）第十五卷人文科學文章，第 647～654 頁。

省有東亞半熱帶與南溫帶之種類。共計目下已經發現者數逾一萬五千，而每年新種之發現者，平均約三百之數。然多數省區如湖南、貴州、江西、浙江、安徽，尚未經詳細之探討。廣西一省之植物，所知者不過數百種！將來最後吾國植物種數，必視今大增也。

近二十餘年來歐美各國植物學者在中國採集植物，悉注意於西南各省，如湖北、四川、陝西、雲南四省之植物，今日恐已知其六七。貴州北部與湖南之植物，歐人採集亦夥。其餘各省則少有致力焉。近年來吾國各學校，乃漸知採集植物之重要，而一洗昔日向日本購買普通植物標本之陋習。採集植物標本最早而最有成績者，首推嶺南大學。該校採集廣東各屬之標本極多，新種之為所發現者甚夥。……其餘有趣之新種類尚夥，此處未暇詳及也。

至於東南諸省舍江蘇外，如浙江、江西、安徽，則西人從未加意採集，惟浙江之寧波，江西之廬山，先後曾數經歐美植物家之探討，至於內地，則鮮有涉足者。殆以江蘇植物多為習見者，遂推論及浙、贛、皖三省耶？然最有趣之植物如金葉松（Pseudolarix amabilis Rehder）……

自予任東南大學植物教席，乃首為大舉採集植物計劃。以浙贛兩省內地，素為西人足跡所未經，因決從事於此。九年夏秋間，探討浙江，自台州起經溫、處、衢、嚴、杭、湖六府屬；十年春夏間，探討江西，自吉安起經贛州、寧都、建昌、廣信、南昌六府屬，步行所及約計程五千餘里。關於新種與新分布點之發現，為數至夥。惜前年冬間校舍火災，至將所採之三萬餘標本，盡付一炬，至捨柏林植物院外，世界乃無一全分；嘉惠國內學子，尚有待於他日重整旗鼓矣。近兩年來，東南大學植物採集員秦仁昌君自甘肅採集植物歸後，復在閩、浙交界一帶地區採集，亦有多數重要發現。安徽一省則以金陵大學植物教授 Steward 之採集為最富。今春秦仁昌君復往皖南一帶採集，成績必有可觀。

浙贛皖三省周圍，皆有高大之山脈環繞之。浙西與皖南、贛西相密邇，高山如天目，約高五千餘英尺。浙、閩交界之處，如處州之括蒼山脈，雖高不過四千英尺，然山勢極峻，每每一日之程途六七十里中，須越高三四千英尺之山三四重。土膏深厚，林木薈鬱，

植物種類極夥。嚴州一帶則皆紅土山，植物少特異者。天台、雁蕩
以地處半熱帶，亦多特殊之植物。江西西境之高山，以安福之武功
山為最，海拔在七千英尺之上。予在其頂發現一種蘭科植物名
Pleione hui, Schlechter，此殊可記念者也。自此迤南，山皆高四五千
尺，而不及浙南山勢之峻。寧都以北至於建昌則童山濯濯，無足觀
者。自資溪至鉛山、上饒一帶，則又草樹蒙密，山勢亦漸高矣。

浙江森林植物最重要者當推榲杉（Cryptomeria japonica Don），
此樹在中國東南各省之分布甚為有趣。此樹在江蘇無天然林（是否
曾經伐盡，殊未可知，然竊以為不然；蓋此樹生長帶較南而高，恐
不能盛於蘇省也）；而一至杭州，則滿目皆是。……

闊葉樹之重要者，在浙江當推各種櫟樹……

贛省裸子植物之分布，與浙江略異，主要材木乃為杉樹而非榲
杉。……

闊葉樹以樟樹，各種櫟樹、苦櫧等為習見，楠木以明季砍伐過
多，今幾絕跡。……

江浙植物，經余等近年之研究漸多重要之發現。……

東南諸省植物之特點尚多，茲僅舉其犖犖大者，聊以喚起國人
之注意。須知（一）中國植物分類學者之前途，未可限量。（二）最
易涉足之東南各省，尚多最珍異之種類。（三）中國重要林木種類極
夥，宜加以精深之研究，而推廣種植之，勿誤於仙樂園－類騙人之
種子公司之黃金樹、桉樹、象牙樹頃刻致富之廣告。（四）宜獎勵實
地之調查，與設立植物與森林研究機關，聘請專門學者主持其事，
俾得利用天產。勿圖閉門造車，指鹿為馬，或率爾決定政策如所謂
洋槐政策者，則中國植物學與森林事業，其有豸乎！〔註231〕

編年詩：《阿諾德森林院放歌》《中國植物誌屬書成漫題》《夜氣》《讀潭秋
近詩益見精進玩誦不已書以寄之》《還債詩》《寄黃仲通》《月夜偶憶》（四首）
《斷續》（詩成斷續吟）《松陰夜坐》《永夜》《秋林》《蠻語》《食鄉烹漫占二解》
《得雨僧書作此慰之》（二首）《說市》《得肖絅庵書卻寄》《徐明巧》《楊節婦》

〔註231〕張大為、胡德熙、胡德焜合編《胡先驌文存》（下卷），中正大學校友會出版
發行，1996 年 5 月，第 67～72 頁。

《寄懷楊杏佛金陵》《樓居雜詩》（十一首）《得友人書書憤》《秋懷》《雲間》《政聞驟佳長句代頌》《新曆除夕》。

民國十五年丙寅（1926） 三十三歲

2月18日，參加董事會會議，決定諸多事項。

理事會第 50 次會議記錄（1926 年 2 月 18 日），上海福州路振華旅館 143 號開理事會，到會者：過探先、胡步曾、王季梁、胡明復、楊杏佛、竺可楨（記錄）。

議決事項如下：

（一）教育改進社、中華職業教育社與本社在蘇省國庫項下均得有津貼，但依據報載，截至本年一月二十二號為止，三社所得數目按照預算額有出入，計改進社得原預算百分之二七‧二七，職教社得百分之二四‧七九，而本社僅得原預算之一六‧六六。三社性質相同，而撥款時顯分軒輊。當由過探先君提議：由社中函陳陶遺省長及教育經費管理處鍾叔進君，囑將以前欠款及以後經費均須按照成分撥給，並推楊杏佛君往見陳省長面達一切。

討論後一致通過。

（二）陽曆去年十二月間任叔永君提議：推王季梁君為本社幹事，月薪乙百元，駐寧管理圖書館及編輯《科學》雜誌事，同時王君可以在他校兼課。當通訊函各理事表決，已得大多數同意。

過探先君以社務紛繁，非有專人辦理不可，且熟計本社經費頗有把握，故提議聘王季梁先生為本社總幹事，作為專任職，月薪二百四十元。

討論後議決：兼任、專任兩種辦法，由王君自擇。王君允於一星期後答覆。（王季梁君已允依兼任辦法主持社務。）

（三）秉農山君自廈來函提議：聘東大畢業生歐陽翥為圖書館管理員，月薪二十五元。

當由過探先、胡步曾二君說明，歐陽翥近日已應東大附中之聘，圖書館事恐不能兼顧，此議案遂打消。

（四）翁詠霓君自北京來函謂：清華學校、改進社、洛氏醫社等三團體發起於本年暑假中在京辦理中等學校科學教員研究會，請

科學社加入團體，渠與任叔永、趙元任二理事商榷後應允加入，請理事會追認。

討論後通過。

（五）本社與商務訂有契約，編輯「科學叢書」。本社得百分之十五版稅，但著作人版稅若干向無明文。

當議決：著作者應得百分之十五。

（六）本社生物研究報告，向例社員須照價購買，竺可楨君提議，為優待社員起見，凡社員購買生物研究所報告，應得折扣。

討論後議決：

（a）凡社員直接向社中購買生物研究所報告，照定價五折，但以一份為限。

（b）生物研究所報告每種送著作者五千份。

（c）如國內外學者或團體因交換出版品或他種關係，著作者認為應贈送，可提出研究所出版委員會通過後，由社中贈與。〔註232〕

3月15日，參加董事會會議，提議派張景鉞代表本社出席在美國綺色佳城召開國際植物學會。

第51次會議（理事大會）記錄（1926年3月15日），南京社所開會，到會者：翁詠霓（主席）、王季梁、胡步曾、胡明復、楊杏佛、過探先、竺藕舫（記錄）。

議決事如左：

（1）本社本年年會地點，雖在北京年會時曾經一度之商榷，但未經決定，是以急應選擇地點時間。

討論後決定在廣州舉行，如因時局關係廣州地點不便舉行，則臨時可改至杭州舉行，期間決定在陽曆八月底九月初。

推定本年年會委員汪精衛、孫哲生、張君謀、黃昌穀、鄧植儀。

（2）本社圖書館藏有舊雜誌，急應裝訂，由胡剛復君書面介紹曾任職上海義興印刷所之周梅根君堪以充任，惟須先由社派周君往上海商務印書館學習裝訂兩三月後來圖書館任職。

〔註232〕何品、王良鏞編注中國科學社檔案資料整理與研究《中國科學社董理事會會議記錄》，上海科學技術出版社2017年版，第83～84頁。

當推竺可楨君與商務方面接洽，周君薪水由圖書館主任酌量數目，交理事會通過。

（3）國際植物學會本年夏間在美國綺色佳城開會，胡步曾提議派美國芝加哥大學植物科博士張景鉞代表本社出席。

討論後決定：如國際植物學會已有正式公函致我國政府邀請與會，則由本社呈請政府指派張君，若無此等公函，則由社中函請張君代表本社出席，並請翁詠霓君赴教育部調查是否接有此等公函。

（4）翁詠霓君報告去年年會所推定之聯太平洋科學會委員會進行近況，對於動物、植物、地質、氣象業已請人預備論文，俾得於九月間提出於該會，並謂最好屆時本社能派三人參與該會。

（5）本社社所附近蓮園係梅光遠之產業，現有出售之意，如價格相當，本社似可收買，以為擴充社址地步。

當推定王季梁、楊杏佛、胡步曾三君為委員，調查蓮園狀況及售價。

（6）編輯部與圖書館事應合共添聘一人，月薪以五十元為度，由王季梁君物色。決定社中職員薪水應酌量增加，自本年度陽曆七月起月薪如左：

張春霖君五十五元，王鳳岐君四十五元，白伯涵君四十元，常繼先君三十元，孫維蘭君十五元。

（7）任叔永君提議：本所每年所領江蘇省補助費，應向省政府報銷。

討論結果，以本社所領蘇省補助費乃由國庫項下指撥，可以無庸向省政府報銷。

（8）本社圖書館主任胡剛復君在滬，無從照拂，代理主任楊杏佛不能常川駐寧，亦難兼顧。

議決：圖書館主任由總幹事王季梁君兼任，《科學》雜誌總編輯請任叔永君繼續擔任。

（9）胡明復君提議，本社關於交換書籍以及布發通告，應制一通訊地址目錄（Mailing List），本社出版中英書籍雜誌報告等，應制一出版品目錄，均由圖書館編纂討論通過。

十二點散會。（下午記錄因事極重要，已另紙徵求各理事同

意。）〔註233〕

3 月 21 日，參加中國科學社理事會議。

　　《申報》，中國科學社，向例每年開理事大會兩次，一次在春季，一次在秋季舉行。本年三月十五日，為舉行春季理事大會之期，在南京社所開會，計自北京來者，有丁文江、翁文灝二君，上海來者胡明復、楊銓、竺可楨三君，合在寧理事王璡、胡先驌、過探先三君，共到理事八人。〔註234〕

　　3 月，《評亡友王然父〈思齋遺稿〉》文章在《學衡》雜誌（第 51 期，第 138～147 頁）發表。摘錄如下：

　　余友王君然父，於癸亥三月十三日沒於南昌，余曾為詩以哭之。余與然父之兄簡庵為遜清宣統年間太學同學，文字道義相切磨，誼同骨肉。丙辰余自美洲遊學歸南昌，乃獲交然父。聞聲相慕者已久，握手遂如故人。自從蹤跡益密，煮茗談藝，時至夜午。尋同為椽省中，兩廨相隔，僅一短垣，贈詩所謂「過牆鄰葉綠婉婉」者是也。坐曹之餘，每乘隙過從，清言竟午。一篇脫手，爭相舉視。一字推敲，輒忘爾汝。故然父為詩之甘苦，余知之最深。戊午秋余客秣陵，然父亦往來燕贛間，後又從使車西渡，契闊日甚。然函問無間，詩筒亦無間。即在壬戌臥疾京邸之後，病情進退，客懷鬱愉，靡不盡告。哀赴之來，瞠若夢幻。久欲俟其遺稿刊定，為文論之，兼述其人。人事奄忽，倦羽再自海外歸來，而簡庵鑴其遺詩，亦蕆事矣。忽忽三載，斗酒只雞之酹尚虧。回車腹痛，情何以堪。雖誦佳句，追維言笑，真不知涕之何從也。

　　然父名浩，一字瘦湘，吾鄉南昌王香如先生益霖之第三子也。伯兄簡庵，夙擅時譽。仲兄再湘，亦有才名，早卒。君隨宦河南，舞勺即能文。十六為詩摹擬長吉，僉稱神似。為駢體文，抗手徐庾，上薄漢魏，唐宋以下視之欲然。十八與伯兄同學倚聲，片玉稼軒，皆窺堂奧。積草褒然，刊為《南州二王詞》，傳誦士林，旋亦棄去。……

〔註233〕 何品、王良鐳編注中國科學社檔案資料整理與研究《中國科學社董理事會會議記錄》，上海科學技術出版社 2017 年版，第 86～87 頁。

〔註234〕 宋廣波編著《丁文江年譜》，黑龍江教育出版社，2009 年版，第 217 頁。

君在計司時，文譽著甚，一時耆宿皆折節相交。如義寧陳散原、崇仁華持庵、仁和吳麻齋諸先生，其尤著者也。……其餘自附風雅者，靡不以從君兄弟交遊為幸。英年有文采，如程汪山之諸子柏盧昆季，都呂吳端任、胡雪抱，安義胡湛園，南豐劉伯遠，皆士林之彥，而君兄弟之上客也。比年以來，盛事雲散，端任、東敷、湛園先後殂謝，文運之盛衰，殆亦有天命耶？

君二十以後為詩宗奉宋賢。少時摹擬漢魏昌穀浸淫杜韓之作二三百篇，悉刊落不存。君思力精銳，風格雋上，吐語不同凡近。服膺山谷，得其神髓，雖間有摹擬太似處，然無宋派粗獷暗啞之弊，亦無浮響。各體均工，無分古近也。……

丁巳春初，余任盧山林局職，而家居南昌，暇輒就君昆季談。君漸覺步趨涪翁，失之不廣。從覽宛丘、淮海、白石、石湖諸名家集，知雕餿肝腎之外，別有意境存焉。……而陳散原之《序思齋詩》，亦云：「詩盧天才差不及然父。然好學深思則同。」其為士林所交譽，類如此也。

君自戊午秋入都，先後就參議院秘書、民國國會史篡修、幣制局秘書。交遊益廣，文譽益昭。耆宿如陳弢庵、馬通伯，皆折節與商論學藝。浸漸之餘，君詩益進。……

庚申君隨饒君敬伯赴歐陸國際財政會議，時余於夏間旅遊在京。值直皖兵役起，乃偕遵海程來滬。積年契闊於茲一罄，不意與君遂成永訣，哀哉。君海程中佳章亦多。……

京師為奔競之區，士行儇薄，傾軋之風甚盛。君以少年挾策遊公卿間，以宏文卓識，為朝宇所推重。青蠅之讒，常無因而至。雖君明於得失之理，處之以澹定，間亦興辭以見志。……

君飽更世難，知澄清之無日，意與日漸衰颯。……

君篤於情愛，而詩亦能曲達胸臆。……

君詩以黃陳為宗，能自出機杼，以成思齋之詩，然非不能為別體也。……余偶意黃哲維贈君詩，頗有諷君取法臨川以廣其度之旨。須知才人技倆，無所不能，設天假以年，成就何可限量，奴僕命騷之譽，寧僅長吉一人克負荷於千載之上耶。

君貌白皙，瘦弱如不勝衣。溫藹有儀容，目光炯炯如電。而辯

才無礙，陳述一事顛末曲折，明晰委婉如身歷。時雜以雅謔，使人狂噱，預人機要，輒談言微中，公卿咸樂就之。居恒有澄清之志，非甘以應劉稽阮終者。期向至大，立言殆其餘事耳。吾鄉自趙宋以還，以文章領袖宇內，逮清而稍衰，至清之末葉尤不振。自陳散原先生出，始重振西江緒餘。夏映庵、華瀾石、黃百我、楊昀谷諸前輩，亦能各樹一幟。如胡詩盧君與簡庵兩昆季與彭澤汪辟疆則後起之彥，然殊寥寥如晨星。君復天折，不獲竟其業，踽踽之感，與時俱深。天涯雪夜，思極憭栗。品次君詩，百念坌湧，寧獨切於黃壚之痛，亦為鄉邦文獻悲也。〔註235〕

3月，《東南大學與政黨》文章在《東南論衡》雜誌（第1卷第1期，第9～14頁）發表。摘錄如下：

各種
栗．寒
狀．施
危一之要道。則書生誤國之謂。或亦可幸免於
身後矣夫。

東南大學與政黨　　胡先驌

國民黨人詆人。動曰反革命。曰資本主義之走
狗。凡非本黨之人。輒視之為研究系。自所謂
國家主義發生以來。則稱異己為國民主義派。
或醒獅派。甚至黨內意見橫生。故分左右。互相
抨擊。不遺餘力。又有所謂不左不右之中山嫡
派者。總之。不外天上地下。惟我獨尊之一念而
已。國民黨人矯誣段祺瑞吳佩孚輩北洋正統視
不容異己立足於天地間乎。環觀宇內各國。含
蘇俄由共產黨專制外。國內政治。常為兩黨或
數黨互相消長之局。互相攻錯。方能使政治
各有所偏。互相監察。各有所長。亦
勢必入於穩健進取之正軌。一黨專政。以暴力排人
口舌。未有不召亂者也。予不滿意於研究系者

九

《東南大學與政黨》文章

國民黨人詆人，動曰：「反革命」，曰：「資本主義之走狗」。凡非本黨之人，輒視之為研究系。自所謂國家主義發生以來，則稱異己為國民主義派，或醒獅派。甚至黨內意見橫生，故分左右，互相抨擊，不遺餘力。又有所謂不左不右之中山嫡派者。總之，不外天

〔註235〕張大為、胡德熙、胡德焜合編《胡先驌文存》（上卷），江西高校出版社，1995
　　　年8月版，第306～313頁。

上地下，惟我獨尊之一念而已。國民黨人痛詆段祺瑞、吳佩孚輩北
洋正統觀念之非，何乃必欲強人服膺國民黨正統之說，不容異己立
足於天地間乎！環觀宇內各國，……國內政治，常為兩黨或數黨互
相消長之局。蓋保守進取各有所長，亦各有所偏，互相攻錯，互相
監察，方能使政治入於穩健進取之正軌。……予不滿意予研究繫者，
正以其領袖人物依違反覆，無一定之政治主張，無堅毅不拔號召黨
徒之人格，故雖發源於戊戌變政之際，歷年三十，而終不能成一強
有力之保守黨。近且趨附新潮，提倡偽文化與偽教育。《晨報》《時
事新報》之造孽，與《新青年》《新潮》等，而蒲伯英、張東蓀、胡
適之、陳獨秀、吳稚暉、李石曾，皆一邱之貉也。

　　東南大學與政黨素不發生關係，言論思想至為自由，教職員中
亦無黨派地域之別。言留學所在之國，則英、美、德、法、日本。言
省籍，則蘇、浙、皖、贛、湘、鄂、川、黔、閩、廣、直、豫。言個
人所隸屬或接近之黨，則國民黨、研究系、國家主義派、社會黨，
而要以鄙視一切政黨，態度超然，純以研究學問為事者居多。言宗
教，則孔教、佛教、基督教，與不信一切宗教者。故梁任公可來校
演講，江亢虎可來校演講，孫哲生與廣東外交團亦可來校演講。惟
政黨色彩過重之組織，如張君勱之欲以自治學院附設於東南大學，
則劉伯明博士絕對拒之焉。自易長風潮發生，外間攻擊郭秉文校長
者，謂彼結納軍閥，又認郭為研究系，此乃最不平之事。郭氏為事
業家，以成功為目的，對學術政治無一定之主張，此固其大缺點。
然在軍閥統治之下，欲求學校經濟之發展，對於軍閥政客與所謂之
名人，勢不得不與之周旋。否則必須效法北京大學，日以鬧風潮為
事，形同痞棍，使軍閥政客名人反須與之周旋，此固亦自存之道，
然學生之學業休矣。然即以北京大學之威，亦不敢不請張學良演講
焉。予為對於郭校長治校政策向表不滿之人，即因其缺大學校長之
度，無教育家之目光，但以成功為目的。然退一步論之，處今日人
慾橫流道德頹落之世，責人過苛，亦非所宜。統觀今日之大學校長，
自蔡孑民以下能勝於郭氏者又有幾人乎？然在郭氏任內一方請梁任
公演講，一方學衡社同人即批評戊戌黨人；一方請江亢虎演講；一
方楊杏佛即與之筆戰。大學言論自由，亦不過如此而已。至謂某為

校長某為教授，某與某政黨關係如何？此何足問？但問東南大學是
否受此種政黨之影響，是否能保持其固有之超然學風耳。不得便謂
惟國民黨人可任為東南大學校長與教授，凡非國民黨人即應在屏除
之列。不得便謂惟國民黨或共產黨人可保持其信仰，發表其言論，
非國民黨非共產黨人即當鉗口結舌，噤若寒蟬也。環顧國內，惟東
南大學為不受政治影響專事研究學術之機關，奈何迭次攻擊，必甘
心而後已。既取我子，復毀我室，必欲使域內無一塊乾淨土，學子
無一讀書之所哉！〔註236〕

4月，與鄒秉文、錢崇澍合著《高等植物學》，商務印書館第3版。

5月1日，《學閥之罪惡》文章在《東南論衡》雜誌（第1卷第6期，第
4～10頁）發表。摘錄如下：

> 閥至不詳之名詞也。閥之初義為閥閱之家，蓋指貴仕朱門而言。
> 引而申之而附以惡義，乃專謂憑父兄之蔭，不勞而食，擅作威福，
> 欺壓良賤之貴族。更引而申之，則凡一種人以其朋比之勢力，不遵
> 社會中中正生活之軌範，以暴力或機詐，巧取豪奪逾分之權利者，
> 皆得謂之閥。故軍人者國之干城，以傲命疆場，維護國權為天職，
> 正市民所應崇仰愛護者也。及至崔楊恩仇，喋血鄰封，淫擄劫殺，
> 禍被閭巷，國本因之動搖，民生因之凋瘵，而勢力深厚，裁制無方，
> 則國人疾首蹙額，願與偕亡，而稱之為軍閥。又如商賈持籌握算，
> 貿遷有無，全國農工，交相利賴，在今日社會組織日繁複，農工業
> 日進步，車航所至，千里眉睫之日，一國政治與實業之運行，尤賴
> 操財權之鉅子，為之擘畫。及至登高壟斷，恣為奸利，上而侵及國
> 家之府庫，下而奪及小民之衣食，而錢能使鬼，術可通神，懲之不
> 能，籲之罔聽，則國人側目而視，而稱之為財閥。甚如俄國專政之
> 無產階級，以眾暴寡，暗無天日，亦可稱為無產閥。既下賤如北京
> 之挑糞夫，對於市政處之衛生干涉，不論是非，橫以罷工相抵制，
> 亦可稱為糞閥。今之號為學閥者，亦不異是。
>
> 夫教育者一國文明之所繫，師儒者人間最清高之職業。幸而身

〔註236〕張大為、胡德熙、胡德焜合編《胡先驌文存》（上卷），江西高校出版社，1995
年8月版，第304～305頁。

擁皐比，享教育英才之大樂，負百年樹人之重任。而束脩之奉，至薄亦遠超乎農工食力之資，其厚者且擬諸中上官吏之俸給，復無簿書之勞，折腰之辱。宜如何躬自策勵，宵旰不遑，以求仰不愧天，俯不怍人。乃錙銖計利如市儈，攘奪恫嚇如盜賊；出位而談政治，而卑劣遠勝於官僚；交口斥責軍閥，而橫暴倍蓰於武夫；又或呼朋行類，據學校為淵藪，引學生為爪牙，既不受政府之約束，復不顧社會之譏彈，浪糜國帑，多至年數十百萬，乃囂然以學者以教育家自命；其勢力之橫暴，甚至武人與之周旋，官吏與之勾結，予聖自雄，不可響邇；則人竊竊諡為學閥，寧求全之毀哉？

吾國學閥之興，始於胡適之新文化運動。胡氏以新聞式文學家之天才，秉犀利之筆，持偏頗之論，以逢迎青年喜新厭故之心理，風從草偃，一唱百和，有非議之者，則僉薄尖刻之惡聲報之。陳獨秀之流，復以卑劣政客之手段，利誘黠桀之學生，為其徒黨。於是篤學之士，不見重於學校；浮誇之輩，名利兼收。中國富室本無資助教育之熱誠，間遇慷慨贈金之穆藕初，乃派遣無方，使之發瞎眼之憤語。使青年誤認求學之宗旨，社會對教育抱懷疑之態度，此學閥之罪一也。及至五四風潮，利用政府之罪惡激起群眾運動之狂潮。總長可以驅逐，校長可以毆打，干涉政治，視為學生惟一之天職。嘯聚既眾，法律視同弁髦，行為等諸盜賊。毀居室、焚報館、毒學生。以檢仇貨為名，而焚毀商人之貨物。以懲奸宄為號，而害及市民之軀體。其首領且與政府相勾結，朋分金法郎，把持俄國庚款，得勢則攫取顯職，失勢則鼓惑群眾。又或受異族之豢養，不惜為虎作倀，以破壞社會組織為職志。甚至驅狂瞽之青年於死地，致十餘齡之小學生，陳屍道左。以教育為武器，以學生為貓爪，此學閥之罪二也。於學術則不察國情，輕於改作我國固有之文化，詆諆之不遺餘力。認孔學為吾國衰弱之主因，漢文為普及教育之障礙；謂杜甫不如沈尹默，以杜威配享耶穌；言教育則蒙得梭利、道爾頓。但圖制度之更張，不問課程教授之良否。每每本校附屬小學畢業之學生，不能考入本校附屬中學；本校附屬中學畢業生不能升本校大學本科。人有非議之者，則斥為不知教育。糜國家之公帑，廢學子之光陰，壞固有之文化，倡虛偽之教育，此學閥之罪三也。於服務則

兼差累累，不時曠課，習農藝化學者，而教授生物學，復坐領月薪，一課不授。或勾結政府軍閥與異族，掛名教席，獵取顯官，置學生學業於不顧。對於他人之以真誠辦學者，乃嫉妒之而謀破壞其事業，必欲使薰蕕同臭，使人皆己若而後已。不顧國家之命脈，惟奸利是圖，此學閥之罪四也。

以此四者為綱，其罪惡之細目，殆擢髮難數。吾國商民既無智識，官僚軍閥尤無良心，未來之一線光明端在教育。而學閥破壞教育不遺餘力至於此極，殆將陷吾國五千年華胄於萬劫不復之域矣。今人動言政治革命與社會革命，抑知今日切要之圖，厥惟教育革命，務使此種學閥學蠹，投諸豺虎，投諸有北，匿跡銷聲於光天化日之下，則教育趨於正軌，政治革新亦易於反掌矣。有志之士，蓋興乎來。〔註237〕

6月4日，參加董事會會議，委員會派專家輪流赴蘇省各屬中學師範，當推定植物部三委員之一，考查科學教育之現狀及應改良之處。

理事會第52次會議記錄（1926年6月4日），上海愛多亞路九如里，出席理事：任鴻雋、秉志（竺可楨代）、胡先驌、王璡、丁文江、胡明復、楊銓、竺可楨。

議決事項如下：

一、通過張正平、孫佩章、林可勝三君為普通社員。

二、本年科學名詞審查會已定於七月三日在上海舉行，年會常推定出席代表如下：內科，宋梧生、吳谷宜、周仲琦；藥學，趙石民；植物學，錢雨農、戴芳瀾、鍾心煊；動物，秉農山、陳席山、胡經甫；數學，姜立夫、胡明復、靳榮祿；生理學，林可勝、蔡無忌。

三、對於中國科學教育提倡不遺餘力美國推士博士所著之《科學教授法》，已由本社總編輯王季梁君譯成中文，不日在商務出版。去年夏間曾決定在南京開辦暑期中等教育科學研究會，後以時局不靖中止，本年夏間在北京清華學校與中華教育改進社等機關開辦暑期科學研究會，其詳情已見各報。至於蘇省科學教育計劃，本社早擬有辦法，徒以所有經費只供現有事業如生物研究所、科學圖書館、《科學》

〔註237〕胡宗剛撰《胡先驌先生年譜長編》，江西教育出版社，2008年2月版，第115～117頁。

雜誌之用，是以不克舉行。現因美國庚款教育文化基金董事會於本年春間議決，撥助款項為本社專事研究生物之用，研究事業得以稍資把注。調查蘇省中等學校科學教育，擬即著手辦理進行，辦法先自中學師範入手，於數學、物理、化學、動物、植物、礦物、天文、地質、教育、心理、農藝、工藝各科均指定委員商酌辦法，然後由委員會派專家輪流赴蘇省各屬中學師範，考查科學教育之現狀及應改良之處。

當推定委員如下：（甲）數學部，段撫群、胡明復、何奎垣；（乙）物理部，胡剛復、顏任光、吳有訓；（丙）化學部，王季梁、張子高、曹梁廈；（丁）動物部，秉農山、鄭章成、蔡無忌；（戊）植物部，胡步曾、過探先、陳宗一；（己）地礦部，竺可楨、丁在君、孫佩章；（庚）教育心理部，朱經農、唐擘黃、董任堅；（辛）工藝部，周子競、楊允中、楊杏佛；（壬）農藝部，過探先、何尚平、唐啟宇。又公推江恒源、徐蘭墅兩廳長為名譽委員。

四、議決：著手撰編《中國科學史》，分為天文、地學、數學、理化、博物、醫藥、工程、發明等八章，每章均請專人主持，俟編竣後譯成英文，使外人得以洞悉我國古代之科學。

五、萬國工藝化學會於本年十月間在比利時京都開大會，來函請科學社派遣出席代表，當以社款支絀，作函婉謝。

六、任鴻雋君報告赴粵接洽本年年會籌備經過情形：在粵委員孫哲生、褚民誼、張君謀等方在積極籌備此事，已商定借公立醫學專門學校招待赴粵社員，該校風景及建築均為廣州各校之冠，又國民政府已議決撥粵幣三千元，為招待科學社赴會社員之費用。

七、竺可楨君報告：已將本社發展中國科學計劃書譯成英文，寄英國賠款委員會，並登上海《大陸報》。

八、議決：購置裝訂書籍儀器，以一千元為度。〔註238〕

6月19日，《天災人禍與神權》文章在《東南論衡》雜誌（第1卷第13期）發表。摘錄如下：

今年沿海各省多久旱不雨，麥收已減成，稻秧至不能插，荒象

〔註238〕何品、王良鐳編注中國科學社檔案資料整理與研究《中國科學社董理事會會議記錄》，上海科學技術出版社2017年版，第88～89頁。

已成。各地軍政長官紛紛祈雨,聞張宗昌且以炮擊天,又有鞭撻鎖押所謂龍王者神像之舉。畢廣澄亦有祈雨之舉。蘇省軍政長官屢申禁屠之令,近且嚴禁五葷,雖鱗介亦在禁食之列,私宰者則拘禁處罰。體恤民困,其心未嘗不佳,然竊以為非為政之體也。據天文家研究,去冬歐洲之潦,今歲亞洲之旱,皆與日中黑子有關。則今年之旱災,必非禁屠求雨所能救濟,彰彰明甚。孔子美鬼神之至德,而復以「敬而遠之」為持身之本。病而子路請禱,則以「獲罪於天無所禱也」之語拒之。持身且然,何況為政。鬼神苟誠能控制旱潦者,則頻年軍人之驕橫,政治之腐敗,久招天怒,旱潦之來,正上天降罰,而在不可禱之列。苟旱潦非鬼神所能控制者,則懲前毖後,有待於人事者正多,乃以求雨禁屠,遂謂已盡民社之責耶?如京畿以兵燹之故,使農民不能從事耕種,天災耶抑人禍耶?軍人勒種煙苗,使食糧不足,天災耶抑人禍耶。窮兵黷武,軍隊林立,糜餉千萬,徵收田稅不足,則截鹽稅,截鹽稅不足,則私徵鴉片稅,天災耶抑人禍耶。飢饉薦臻,而尚糶米出口,甚或以辦軍米為名,大舉糶米,並積穀而罄之。但圖稅收之多,不顧民食之困,天災耶抑人禍耶。故苟能裁兵節餉,在旱潦未至之候,開溝洫,植森林,儲積穀,未成之旱潦可防,已成之飢饉可救。堯有九年之水患,湯有七年之旱災,而民不困者,未雨綢繆之得計也。苟以蘇省千萬之軍餉以拯災,災雖重,民亦不至於困。苟預防有法,災雖不可免,亦當輕減。不此之務,而以佞神權為體恤民艱之標榜,則徒苦居人之口腹,與奪小民升斗之利耳。以言為政之體,瞠乎遠矣![註239]

7月9日,國民政府成立國民革命軍從廣東起兵,連克長沙、武漢、南京、上海,1928 年攻克北京,張學良宣佈東北易幟,至此北伐完成,中國實現了形式上的統一。

北伐時,看見北伐軍掃蕩軍閥的部隊如同摧枯拉朽,於是感覺到驚異,但仍然抱旁觀的態度。我對於程潛封閉東南大學一事有極大的反省,後來看見國民黨在奪得政權後,政治設施種種腐敗與紊

[註239] 張大為、胡德熙、胡德焜合編《胡先驌文存》(上卷),江西高校出版社,1995
年 8 月版,第 314~315 頁。

亂，蔣介石與宋美齡結婚時鋪張浪費的行為，以及連續不斷的發生的內戰，我認為新軍閥與舊軍閥為一丘之貉。〔註240〕

7月17日，《英人之愚駭》文章在《東南論衡》雜誌（第1卷第17期）發表。摘錄如下：

謂英人為兇惡暴戾，魔鬼不如者，妄也。謂英人一意與我為仇，伺隙侵略，終欲夷吾國為其屬地者，亦妄也。在十九世紀之末葉，德國帝國主義極盛而英人捧心效顰時，彼昧於世界大勢與中國國情之英國外交家，或未嘗不欲以東印度公司滅三印度之方法施之吾國。然自辛亥革命以後，英人已漸知吾國人非委靡不振之民族矣。歐戰以後，世界列強皆知帝國主義不能立足於今之世矣。即日本對華之政策，亦漸趨和緩矣。自英俄爭霸，俄以廢除不平等條約之利，誘我與之通商，復運動廣東政府以省港罷工困香港之商業。英國在華之經濟優越權，乃岌岌不可終日，至終被迫而拋棄昔日傲睨態度，與廣東政府派遣同數之代表對等議和。近更私以加抽二五附稅為條件，以求廣東政府解除省港罷工之不合作戰爭。英人於此似應徹底覺悟，吾國近年民智之開民氣之盛矣。奈何乃在政府統治權之外，而復有萬縣慘殺之事乎。英俄爭霸，浸使赤色帝國主義瀰漫於中國，固未必為中國之福，然必為英國東亞商業之致命傷，殆不俟著龜可決也。俄既以廢除不平等條約及其他種種甘言以誘惑吾國之青年，使與之同情而仇英，英人苟明白事理者，亦應以大公態度，以廢除不平等條約為各國倡，而以友邦視吾國。乃不但不肯稍棄其昔日所攘奪之權利，且於五卅沙基諸役，擅殺吾民，代日人受過。近更炮轟萬縣，殺傷軍民數千，焚毀財產數千萬。豈以廣東政府相仇為不足，必欲吾國全起而相仇耶？國民黨之口號曰：打倒帝國主義。與國民黨對峙之國家主義派之口號曰：外抗強權。故國內各軍閥雖相互喋血於疆場，然兩方首領與各黨或無黨之有志之士，不甘坐視異族之橫暴，則人同此心，心同此理也。謂英人此舉為有意挑釁，或為深文周納之言。然其外交家商人與海陸軍人之愚駭，至釀成此次

〔註240〕胡先驌著《對於我的舊思想的檢討》，1952年8月13日。《胡先驌全集》（初稿）第十五卷人文科學文章，第629～640頁。

之慘劇，則真有其愚不可及者。中國近年雖內亂頻仍，然軍閥之末路已近。一旦內爭停止，富強可以立待，則與強鄰算帳之日至。土耳其並未赤化，而已脫盡英國之束縛。英人必至若此始屈服乎？則其東亞經濟優越權，必將剝奪無餘矣。吾於是乃深歎英人之愚駭為不可及也。〔註241〕

8月15日，《論反基督教運動》文章在《東南論衡》雜誌（第1卷第18期）發表。後收錄楊毅豐、康蕙茹編《學衡派》，李帆主編《民國思想文叢》，長春出版社，2013年1月版，第248～250頁。摘錄如下：

自黨軍得勝後，各地學校反基督教運動，風起雲湧。近更於耶誕節，舉行所謂非基大同盟。以為基督教為帝國主義之工具，苟反抗帝國主義，必先撲滅在中國之基督教勢力。基督教徒固有自取罪戾之處，然紂之不善，不如是之甚也。吾國欲求保存發揚本國固有之文化，固不可不求脫基督教思想之束縛，然視若洪水猛獸，必盡逐之而後快，無亦所謂小題大做歟。願得間與讀者一詳論之。

耶穌基督以平等、博愛、利他救世為立教之主旨。尤以周濟貧乏，反抗強權為職志。考其創教所經歷之危難，大足令人心折。雖其教義精深不及大乘佛教，其捨身救世，固與釋迦牟尼「我不入地獄誰入地獄」之悲智若合符節也。苟所謂基督教民族誠能服膺教義勿失，則將無累代殺人盈野之戰爭。而世亦將不復知有所謂帝國主義之事。不幸如孟祿教授所言，東方之基督教，嫁接於歐洲好戰之北方民族之上，遂使教義盡失，而基督教竟有時果為帝國主義之工具焉。殷鑒不遠，德人以殺二教士為藉口而占青島，遂開有清末季群強割地國恥史之紀元。而當法國政教未分之時，天主教士在在干涉民事，累次激成教案。吾江西人，念及南昌教案，至今尚腐心焉。在中國基督教不能深入人心如佛教，一方面固由於教義之簡單，一方面亦害於帝國主義也。

近二十年來，基督教會已悟其非，漸漸脫離政治之影響，而從事於社會事業。如設醫院、立學校、其利他之精神，誠有令人景仰

〔註241〕張大為、胡德熙、胡德焜合編《胡先驌文存》（上卷），江西高校出版社，1995年8月版，第316～317頁。

不置者。然其妄自尊大越俎代庖，造成一種買辦牧師式教育，貽誤中國青年之罪，亦有不可恕者。吾常謂在中國之基督教徒，於有意無意間皆犯三重自大惡習：（一）自命歐美民族優於黃色人種。（二）自命基督教徒遠勝於異教徒（heathens）（三）自命歐美之新文化遠勝於中國舊文化。昔孟子以為挾長挾賢，不可以為友。吾創有五千年不墜文化之黃冑，寧甘於俯首帖耳，奉此一般無識之歐美教士為吾智識領袖乎？近十年來吾國教育孟晉，已無求教會學校越俎代庖之需要，而教會教育之短亦漸見。前此教會學校漠視國學，在教會學校卒業者，十九不通文理。其上者僅能服務於外交界，或從事於醫藥工商。其下者則充皙種人之廝役，所謂買辦教育者。是僑華西人所犯之三重自大惡習，亦與此種買辦教育互為因果也。甚或農業教育鄉村教育教會學校亦欲染指，而所聘之教授教員，既不悉中國之國情，學問亦屬有限。而養尊處優，頤指氣使，教授復不盡力。自予身教教會學校轉學生後，始知其內容如此，甚至英文亦不過爾爾，於是益歎教會教育之失策也。而教會教育根本之弊，在教育成一種不知中國文化背景而完全歐化之中國人。此等不健全之教育，或非教會學校始料之所及，然其為害之大可想而見。即無文化侵略之心，而實蒙文化侵略之害，此教會學校百口不能辯者也。順舉一例，如中國現行之法律，屬於大陸法之系統。而東吳大學法科所授則為英美法，此項法學家在美國居一二年混得一法學博士之號，驟視之似已得最高之法學教育，而終於不克任尋常律師裁判官職務。誤人子弟若此，寧能怪人鳴鼓而攻之耶。

　　雖然教會學校，今已漸悟其教育政策之非。數年前聖約翰大學同學會，即促其校長改良其母校國學課程。現在各教會學校不惜重金以聘國文教授，讀經禮拜，亦任自由。且爭向教部立案，遵守部章，於物質學科，亦漸知重視。而學風馴謹，則視多數國立學校為優。至於湘雅醫學校、聖約翰大學醫科等，尤能為中國造成急需之人才。苟指導有方，所謂文化侵略與買辦教育之害，可逐漸消滅於無形。而於中國政治窳敗教育破產之季，教會學校，亦足為吾國教育之助。至於內地會與天主教等教會，不效青年會或一般美國教會，徒於城市中討生活，一秉基督救世之精神，在窮鄉僻壤之區，以行

其感化醫藥之善舉，則尤無可訾議者。吾未見帝國主義之害與基督教有不可解之關係也。日本為東方佛教國，而最尚國家主義者，於基督教初無嚴厲之取締，而不受「文化侵略」與西方「帝國主義」之害。故吾謂非基運動，未免小題大做也。然基督教會與教會學校，益宜自省其非，勿徒招中國青年之反感矣。〔註242〕

8 月 16 日～21 日，第四屆國際植物學大會在美國 Ithaca 康乃爾大學召開，有代表 912 人。

第四屆國際植物學大會

8 月，胡先驌著《細菌》，百科小叢書第五種，商務印書館出第 3 版。

8 月 27 日～9 月 1 日，參加在廣州舉行中國科學社第十一屆年會。

本年年會到會社員為吳稚暉、孟心史、楊端六、褚民誼、過探先、楊杏佛、胡明復、胡剛復、余謙六、李熙謀、王季梁、胡步曾、孟心如、路季訥、李乃堯、華祖芳、曾昭掄、許守忠、何奎垣、何衍璿、劉孝勤、雷沛鴻、胡愨風、魏壁、黎國昌、陳宗南、許陳琦、王

〔註242〕張大為、胡德熙、胡德焜合編《胡先驌文存》（上卷），江西高校出版社，1995年 8 月版，第 318～320 頁。

瑞琳、陳燕山、吳之椿、周炳琳、劉忱、童啟顏、趙畸、馮次行及廣
東社友等約百餘人。〔註243〕

8月27日~9月1日，中國科學社第十一屆年會計劃在廣州舉行，胡先
驌被推定為本屆文牘委員會委員。

　　本社此次年會地點由上屆年會議決在廣州舉行。先是由理事會
推定年會職員如下：孫哲生、許崇清、張君謀、汪精衛、黃貽蓀、
鄧植儀、黎耀生、陳其瑗為籌備委員會委員。翁文灝、孫哲生、汪
精衛、竺可楨、胡明復為會程委員會委員。王季梁、翁文灝、秉農
山、趙元任、葉元龍、周子競為論文委員會委員。金湘帆、褚民誼、
許崇清、伍梯雲、吳鐵城為招待員。竺可楨、邵元沖、任叔永、過
探先、楊杏佛為演講委員會委員。錢天鶴、何奎垣、胡剛復、胡步
曾、楊杏佛為文牘委員會委員。〔註244〕

8月28日，根據在廣州舉行中國科學社第十一屆年會開會日程安排，有
宣讀論文和公開演講。

　　二十八日上午九時同時舉行公開演講及宣讀論文。公開演講者，
為吳稚暉與過探先。宣讀論文者，為胡步曾及黎國昌等。散會後，
全體社員赴黃埔軍校午餐。下午參觀該校。是日三時許，該校開歡
迎會。夜赴中山大學歡迎宴會。〔註245〕

8月28日上午9時，參加在廣州舉行中國科學社第十一屆年會，胡步曾
宣讀《東南諸省森林植物之初步觀察》學術論文。

　　二十八日上午九時至十時半同時舉行公開演講及宣讀論文。公
開演講者，為吳稚暉與過探先，地點在中山大學大禮堂。吳稚暉之
講題為《科學與洋八股》。過探先之講題為《科學與中國農業之革命》。
論文宣讀地點在中山大學農科學院。胡步曾宣讀《東南諸省森林植

〔註243〕 王良鐳、何品編注中國科學社檔案資料整理與研究《年會記錄》選編，上海
　　　　 科學技術出版社 2020 年 12 月版，第 133 頁。
〔註244〕 王良鐳、何品編注中國科學社檔案資料整理與研究《年會記錄》選編，上海
　　　　 科學技術出版社 2020 年 12 月版，第 132 頁。
〔註245〕 王良鐳、何品編注中國科學社檔案資料整理與研究《年會記錄》選編，上海
　　　　 科學技術出版社 2020 年 12 月版，第 132 頁。

物之初步觀察》，黎國昌宣讀《植物原形質中顆粒之研究》，其後復由胡步曾代讀秉農山之《虎口硬腭之構造》孫宗彭之《白鼠小腸表皮組織之變遷》、喻兆琦之《螃蟹神經結之研究》、秉農山之《炎亭之海蛇》及方炳文、張宗漢之《溫州之蒼蛙》。宣讀畢，同赴黃埔軍校午餐。〔註246〕

8月28日下午3時，參加在廣州舉行中國科學社第十一屆年會，參觀黃埔陸軍軍官學校，並致答謝詞。

> 下午參觀該校，三時許該校開歡迎會。由孔編譯處長代表教育長主席，報告校內設備情形；王宣傳科長說明政治工作需要科學人材之孔殷；旋由楊杏佛、孟心史、何奎垣、胡步曾諸人次第發表意見及致謝詞；遂散會。本擬遊覽虎門、波羅，以天雨不果。晚赴中山大學歡迎宴會。〔註247〕

8月29日上午9時，參加在廣州中山大學農科學院舉行中國科學社第十一屆年會社務會議，報告中國科學社生物研究所一年來開展研究工作，及提議中國科學社修改章程案，獲得會議通過。

> 二十九日上午九時起開社務會。地點在中山大學農科學院，到會者三十九人。過探先主席，胡明復報告一年來社務之發展與遣派出席美國、比國、日本各種學術會議代表之經過。過探先報告會計收支狀況。胡明復報告基金管理之現狀。王季梁代編輯部主任任叔永報告編輯雜誌之狀況。胡剛復報告最近科學圖書館之內容。胡步曾報告生物研究所一年來之事業。各人次第報告畢，由楊杏佛代表理事會提議於修改章程內刪去第七十五條；增加理事人數；改組社內組織系統，分工程、社會、生物、物質四大學會，使社員皆得從其所專，各展懷抱。以上各案，皆得通過。並舉定籌備委員八人，計物質組竺可楨、王季梁，生物組鄧植儀、黎國昌，社會組楊杏佛、楊端六，工程組周子競、李熙謀。次過探先提議增加司選委員人數。

〔註246〕王良鐳、何品編注中國科學社檔案資料整理與研究《年會記錄》選編，上海科學技術出版社2020年12月版，第134頁。
〔註247〕王良鐳、何品編注中國科學社檔案資料整理與研究《年會記錄》選編，上海科學技術出版社2020年12月版，第134頁。

胡步曾及沈鵬飛等提議修改章程第七十四及七十六條，結果通過。本日上午同時舉行公開演講。孟心史講《廢除不平等條約》，王季梁講《化學研究與實業》。十二時散會，赴教育行政委員會宴會。〔註248〕

8月29日下午，參加在廣州舉行中國科學社第十一屆年會，參觀嶺南大學，並回答美國教授對中國生物學疑問。

下午參觀嶺南大學，該校美國教授對於中國生物學問題，頗多詢問，由胡步曾一一答覆之。夜赴培正學校歡迎會。〔註249〕

是年，中國科學社暑假中在廣州開年會，我曾赴會，看到廣州的一切設施都有新氣象，漸漸對國民黨有點好感。〔註250〕

8月，建議派人員張景鉞參加世界植物學會會議。「1931年，中國科學社概況，對中國科學社參與國際科學會議進行介紹。十五年八月間國際植物學會（International Botanic Congress）在美國綺色佳城開大會時，本社派芝加哥大學張景鉞博士就近出席。」〔註251〕

8月，派社員張景鉞參加在美國舉行的國際植物學會。

1960年9月，任鴻雋作《中國科學社社史簡述》，對科學社參加國際科學會議進行介紹。「參加國際科學會議。在前國民政府中央研究院尚未成立以前，許多國際科學會議均由本社派遣代表出席參加。如1926年8月國際植物學會在美國綺色佳開會，由本社派社員張景鉞參加。」〔註252〕

9月1日上午，參加在廣州舉行中國科學社第十一屆年會，並在中山大學

〔註248〕王良鐳、何品編注中國科學社檔案資料整理與研究《年會記錄》選編，上海科學技術出版社2020年12月版，第134～135頁。

〔註249〕王良鐳、何品編注中國科學社檔案資料整理與研究《年會記錄》選編，上海科學技術出版社2020年12月版，第135頁。

〔註250〕胡先驌著《對於我的舊思想的檢討》，1952年8月13日。《胡先驌全集》（初稿）第十五卷人文科學文章，第629～640頁。

〔註251〕林麗成、章立言、張劍編注《中國科學社檔案資料整理與研究——發展歷程史料》，上海科學技術出版社2015年版，第241頁。

〔註252〕林麗成、章立言、張劍編注《中國科學社檔案資料整理與研究——發展歷程史料》，上海科學技術出版社2015年版，第306頁。

演講。

> 九月一日上午胡步曾及褚民誼在中山大學公開演講。下午七時
> 王季梁及何奎垣在長堤青年會演講。〔註253〕

9月1日上午，參加在廣州舉行中國科學社第十一屆年會，並作《生物學研究與人生》的公開演講。

> 九月一日本為閉會之期，但尚有公開演講。上午胡步曾講《生
> 物學研究與人生》，褚民誼講《科學與生命》。下午七時長堤青年會
> 並邀王季梁講《科學與民生》，何奎垣講《科學與救國》。是晚聽眾
> 頗多，咸露忻愉之色云。〔註254〕

9月22日，參加董事會會議，代理負責中國科學社生物研究所事物。

> 理事會第53次會議記錄（1926年9月22日），本社社所到者：
> 秉志、王璡、過探先、胡先驌、路季訥（新聘總幹事）。
>
> （一）秉志君自九月下旬赴廈門大學組織生物院及動物系之課
> 程，約五個月後返寧，研究所事由胡先驌君照料。此五個月薪水捐
> 入生物研究所為添置設備之用款，歸過探先君保管。
>
> 議決：照辦。
>
> （二）蘇省理科指導事，前與教育廳議定，小學一部由教育廳
> 聘人，現吳家煦君（係教育廳聘請擔任小學理科指導者）意謂，中
> 小學理科指導不能分開。
>
> 議決：仍照原議，中小學理科指導事分開。
>
> （三）聯太平洋第三次科學會議東京出席代表，本社推舉竺可
> 楨君（文化基金會資助五百元）、沈宗瀚君（自費）、胡先驌君（本
> 社資助二百元）、吳蕙君或趙石民君（本社資助二百元）四人。
>
> （四）裝訂書籍事。
>
> 議決：由原委員會與周梅根商定服務條件，至寧就職，所需機
> 件價值一千一百元，照現在經濟狀況可購。

〔註253〕王良鐳、何品編注中國科學社檔案資料整理與研究《年會記錄》選編，上海
　　　　科學技術出版社2020年12月版，第133頁。
〔註254〕王良鐳、何品編注中國科學社檔案資料整理與研究《年會記錄》選編，上海
　　　　科學技術出版社2020年12月版，第136頁。

（五）《科學》編輯員。

除在年會已舉出者外，添推任鴻雋君、楊銓君、秉志君、過探先君四人。

（六）理事選舉票函郵局查究。〔註255〕

9月，東南大學雖然學科齊全，成績突出，但是在創建研究院遠落後其他大學，胡先驌起草了「創辦大學研究院案」後，決定採用聯合各科的系主任及知名教授簽名，提案提議人：孫洪芬、胡先驌、王季梁、秉志、張子高、陳楨、盧亞侯、陳煥鏞、鄒秉文、張景鉞、查嘯仙、陸志韋、謝家聲、陳鶴琴、唐啟宇、戴芳瀾、孫恩麐、鄒樹文、陳清華、王善佺、郝象吾、廖世承等。學校對教授們的提案極為重視，根據「創辦大學研究院案」內容，並組織專人制定了《大學研究院組織》和《研究院簡章》。此簡章於11月18日，由教授會修改通過。《創辦大學研究院案》如下：

大學教育之目的，不僅為注入式之輸灌學術於學生，要在指導作育學生，使能獨立研求宇宙間真理，以增進人類之知識，與求其實際上之應用。以今日學科門類之紛繁，大學課程又須使學生得廣博之基本學問與人文學科，在匆匆四年之短期間，所能成就者亦以僅矣！故說者有謂大學教育不過為高等普通教育，欲求作育專門人才，則尚有待於研究院焉。

嘗考歐美各國大學莫不設有研究院。英國大學畢業後稱學士，賡續研究一年至三年則稱碩士，牛津大學碩士之聲價，乃與德、法諸邦之博士相等，近年以適應外國學生之要求，亦設有博士學位。法國大學畢業稱學士，入研究院研究，有心得作為論文，經博士試得雋，則為博士。在德國則無學士學位，僅有博士一階級。美國大學畢業後，至少修業一年，研究有得則稱碩士，更盡而有更重要之研究，經博士試及格，則稱博士。凡著名公私大學，靡不設有研究院，稍次之大學亦必授碩士學位。惟小規模之大學但以授高等普通教育為目的者，則僅有大學四年之課程，而無研究院。此類大學畢業生，如欲研究高深學問，必須往其他著名大學入其他研究院。蓋

〔註255〕何品、王良鐳編注中國科學社檔案資料整理與研究《中國科學社董理事會會議記錄》，上海科學技術出版社2017年版，第90頁。

歐美各國學術進步，一日千里，不致故步自封者，其得力要在大學研究院也。

我國教部大學規程，本有大學得設研究院之條文。北京大學、北京師範大學、清華大學亦曾先後設立研究院。教會設立之大學。如燕京大學、東吳大學、金陵大學均已設立研究院有年。吾校學科大備，成績素優，奈何於此獨落人後乎！且吾校畢業生每有畢業後仍繼續留校從事研究者，或在本校服務為助教，而以餘力從事研究者，研究之結果，有問題甚大、費力甚多，在外國大學研究院可得博士學位者，而以本校無畢業院不能授以較高之學位，以彰其功，雖在劬勞之士，未必便以學位之有無而誤其趨舍，然究非獎掖後進之道也。

或以為吾校經濟素不充裕，圖書儀器尚未大備，設有研究院恐力有未逮，實亦不然。蓋可研究之問題至夥，以中國亟待研究之問題之多，尤易於成功。苟善於擇題，固不必需特殊之設備，耗巨量之金錢，方能從事研究，巴斯德之往跡，即其例也。研究過巨之問題，吾校之設備與學生之學力，或有未逮。如研究碩士學位所須解決之問題，則殊非難，而同時並不須增加學校經費上之負擔，且研究問題之多寡難易，以學系而異。各系於儀器、設備、師資、學力四者，能設立研究科者則設之，不必強同，寧缺無濫。亦不必以一時未能設立研究科，便引以為羞，而草草將事，則於各科系行政，自無問題發生，而有志向學之士，亦知所勸矣。關於組織方法及研究章程，粗議其端於左，尚祈公決是幸。

（甲）研究院組織

　　（一）文、理、教育、農、商五科合立一研究院。

　　（二）研究院設主任一人，由全體教授會公舉。其職務為總持研究院一切事務，每年彙報各系研究生之應得碩士學位者於較長，以便授與學位。

　　（三）各系組織——研究生考試會，會員二人，主任為研究生系主任，其他一人為研究生副系主任或教授。

（乙）研究院規則

　　（一）研究院研究生如欲碩士學位，必先在本校大學本科畢

業，或在其他大學畢業而經本系教授會認可。

（二）研究生必須能作通順流暢之英文，與閱讀參考德文或
法文專科書籍。

（三）研究生必須在研究院從事二學期以上之研究。

（四）研究生每學期除研究學科外，必須修習九學分本系或
副系課程。

（五）研究生對於所研究之題目，必須作一優良之論文，表
明其有獨立研究之能力，而於人類學術上有確實之貢
獻。

（六）研究生除所選十八學分課程，與研究論文外，必須經
一度考試，或口試，或筆試，由該系研究生考試規定
之。

（七）研究生考試或論文不及格，得繼續研究一年，再經考
試，倘仍不及格，則須退學。

（八）研究院學費為大學本科之半數，實驗費由各系規定之。

（九）研究院畢業得稱文科、理科或農科碩士（M. A., M. S.,
M. S. A）。〔註256〕

《致熊純如先生論改革贛省教育書》文章

〔註256〕南京大學校慶辦公室校史資料編輯部、學報編輯部編輯《南京大學校史資料
選輯》，南京大學印刷廠，1982年4月版，第161～163頁。

10 月 9 日，《致熊純如先生論改革贛省教育書》文章在《東西論衡》（第 1 卷第 29 期）發表，提出了自己的主張：「吾省不辦大學則已，欲辦則必須辦一模範大學」。提出了五個方面的問題：一是寬籌經費；二是廣延人材；三是提議一切免收學費；四是提倡篤實認真之學風；五是提倡道德教育。教育經費是提高師之待遇，購買圖書設備的保障。摘錄如下：

純如老伯惠鑒：

鄂贛軍興，音問阻隔，謠諑孔多，尤為繫念。雨生兄來，知杖履多吉，並主持省政，無任欣慰。關於政治，值黨軍新勝，氣勢正張。而此間仇南之念方深之時，驌以超然派不欲有所論列，徒招兩方之忌，而無補於鄉國。推公以教育界泰斗，復主省政樞要，一言重於九鼎。故不揣陋劣，於省中教育，竊欲稍貢芻蕘，幸賜垂鑒。如蒙採擇，有裨於桑梓，必非淺鮮也。聞省中教育，已徹底改革。增設小學，裁併中學，改組大學，取消一切有名無實學校，皆係至計。肇基於此，前途必有可觀。惟尚有以下諸事，必須三致意焉。

（一）寬籌經費

吾鄉教育費素絀，教育薪俸以鐘點計，不足養廉。勢必兼課至二三十鐘點方能自活，無修養之時，無進步之望。數年之後，便成棄材。竊謂無論中小學或大學教員，皆須專任，不令兼職，授課一周不得過十六小時。而優定俸給，使事畜之外，更有餘財。再定養老與恤金辦法，庶人可以教育為終身事業。繼乃嚴為取締不稱職者，不稍姑容。則教育必能切實有進步，而一洗從前蓁氣與浮奢之習也。又於儀器、圖書兩項，尤宜寬籌經費。庶學生於科學有實驗之機會，不徒困於書本教育，終於隔靴搔癢也。以驌所知，吾贛全省學校，幾無一可用之顯微鏡。舉此一例，他可知矣。至於大學，則尤須有充裕之預算。吾贛人士辦教育，對於經費一端，眼光如豆，久堪扼腕。廣州大學每月實領經費小洋九萬餘元（指輔今夏在廣州科學社年會所聞），如此可謂粗有規模。東南大學每年預算四十餘萬元，而拮据萬狀。東大農科受校外各項補助，連同校中預算及農場收入，每年幾有二十萬元，始能幹棉、稻、麥、治蝗、治螟、蠶桑、畜牧、粗有貢獻。而以經費不足，不能舉辦之事業尚多。然即此區區，收效已異常之大。如南京近郊，皆用東大農科蠶種、棉種、稻麥種，

而產量因以激增。今年治螟結果，稻之產量增加三倍。昆蟲局助教
吾鄉廣信籍之楊君惟義，費四百元，糾集徐州、海州鄉民捕捉蝗蟲
至二千五百擔之多。植物系苗圃中所採得之宜昌野橘二株，美國農
部施永高博士索取其一，云可值美金八百元。於此可見中國農業前
途，希望異常之大。國民政府方以為農民謀幸福相號召，則尤宜以
鉅款興辦農業教育矣。（惟熊世績之流，非能辦農業教育者。以其根
柢異常淺薄，而暮氣已深，決不能有所作為也。）農科如此，他科
可知。至於醫工兩科，尤非寬籌經費，設備周全，直是誤人子弟。
竊謂舉辦農科至少須及東南大學，辦工科須及南洋大學，辦醫科須
及江蘇醫科大學。故大學開辦費，除劃貢院為校址外，圖書設備須
五十萬金。每年經常臨時兩項經費，至少須六十萬金。苟有此宏大
之基礎，吾贛自不難為全國文化中心也。

（二）廣延人材

不問黨籍省籍。國民黨經歷年軍閥之壓迫，抱明哲保身之義者，
類不敢入黨。績學之士而無政治欲望者，亦不肯入黨。故黨中人才，
異常消乏。今夏在粵，南政府要人如譚組庵、孫哲生，皆再四言之，
而於赴會非國民黨科學家亦極力羅致。如南洋大學無線電教授李熙
謀即任為無線電處長，大夏大學理科主任曾昭掄博士即任為政府化
學技師。近聞武昌中央大學，延致人才，捨國家主義派，其餘不論
有無黨籍，但能與國民政府合作者，皆可羅致。此種寬大之主張，
實改革吾贛教育之要著。吾贛人材異常消乏，在贛主持教育者，頗
有斗筲之徒。類皆在外省無法謀生者，乃回省在暮氣沉沉之教育界
中，獵一飯碗。若換湯不換藥，欲此輩興辦大學，必蒙南轅北轍之
譏也。故驌以為一方面宜集中贛籍優秀人才，一方面宜禮聘外籍學
者，隆與俸給，優為設備。使一方面能授大學功課，一方面尚能從
事於研究，庶不致告朔餼羊，徒糜國帑。今夏在粵，見廣州大學教
授中，頗多他地無從啖飯之徒，乃投入廣東政府。以革命為號召，
以獵食為宗旨，甚至秘書多至六十人。以廣州大學經費如彼之充，
國民政府又以革新為職志，乃所辦大學，視所處於軍閥之下東南大
學，有霄壤之別，豈不哀哉。所以者何，人才消乏故也。諸葛武侯
在蜀聞徐元直位處閒散，而有魏國多才之歎。北政府以中央為號召，

人爭趨之，故人才甚多，非若南政府以初畢業之學生任高位者可比。如甘乃光竟為中央政治委員，此豈國民政府盛事？驌有戚某君，今夏由東南大學，轉入廣州大學。近有信來，出喬遷幽，懊恨無比。吾省不辦大學則已，欲辦則必須辦一模範大學，不僅為製造黨員機關也。南政府百事皆取法蘇俄，然須知蘇俄之大學教育，決非廣大之比。其教育宗旨，與其謂為政治化，無寧謂為科學化，而於國內學者優禮有加。科學研究與推廣事業，較前在專制政體下，實進至銳。公主持教育，幸勿蹈廣州積習，但知傳授黨綱，而徒為非國民黨之科學家所訕笑也。

（三）提議一切學校免收學費

吾國民貧財盡，即一切學校免收學費，貧寒子弟，尚難卒其大學之業。在公家所收學費，不過戔戔，無補於度支之毫末，而此小數每每即足以定一寒士之命運。此外尚須設法多立寒唆補助金，以資助苦學之寒士。此種資助，不可以入黨與否為之區別，如廣州然，以免獎勵投機趨時之弊。學校亦不可強迫學生入黨。蓋在非國民黨統治下之學校，可容國民黨籍學生肄業，國民黨更不可示人以不廣也。

（四）提倡篤實認真之學風

近五年來，吾贛學風日趨浮薄。教員以結黨社交為能事，學生則置學問於腦後，故出外升學，動輒落第。夫辦學而不切實，則一方為虛糜公帑，一方為誤人子弟。破壞固屬革命軍分內之事，然非有建設之人材，必不能收拾爐餘，重登衽席。政治改革、經濟改革之外，更須有科學與教育之建設。學生固須有政治常識，然既有政治軍事學校，則不可使所有學生，徒浪光陰於政治運動。驌今夏在黃埔軍官學校演說，即諷國民政府，未能注意於建設事業。以為中國非俄國之比，俄國有科學，中國無科學。俄國革命事業既成，其科學家立起為建設事業。故自其新經濟政策施行後，建設事業，遂有一日千里之勢。在中國即幸而以宣傳之力，使全國皆為國民政府所統一，而民生凋敝，仍如疇昔，將使國人失望，或反足為反動派張目也。驌當時曾云：「何以中國兵工廠若不用德國技師，即須用俄國技師，蓋無此項人材也。」舉此一例，其他可知。政治運動可利用宣傳方法，與人民倒懸之心理，以取勝於一時。至建設事業，則

非口舌所能取勝，必賴績學之士為之，則在學校提倡樸學之風尚矣。說者每譏東南大學卒業生，太不與聞政治。然服務成績，東大學生遠在北大、師大學生之上。故欲求政黨宣傳員或不能不取材於北大，欲求中小學確有學問之良師，則不得不求諸東大也。即以吳君正之為例，他校卒業生之成就，有能及之者否？樸學之效可見矣。處此黨軍得勢學生會氣勢方張之時，或難挽回一時之風氣。然以公在贛教育界之宿望，苟堅決主張之，或能挽頹波於萬一也。即以社會改革一端而言，處中國國富民財兩相交困之際，事前無卓識之經濟學家研究探討，為之定一矜慎可行之方針，驟然減輕佃租，加徵田稅，提倡罷工，抑制資本，恐不幸或如至友素來傾向於經濟改革之某君所言，資本勞工，交受其弊，則殊非國民黨諸志士之始意矣。俄國終至拋棄舊有政策，而行其新經濟政策。然大饑之後，元氣大傷，百年難復。國民黨諸公，不可不引以為殷鑒。則提倡精深不偏不黨之經濟學研究，逐漸訂定可行之稅則，實為要圖。故就社會改革一方面而言，亦須提倡樸學也。

（五）提倡道德教育

自五四運動以還，孔子變為眾矢之的。凡舊社會舊風俗之罪惡，一切皆歸諸孔子。夫以孔子之聖，霄壤間自有不可磨滅者存。胡適之、吳稚暉之攻擊，固不能損其毫髮。如「言忠信，行篤敬，雖蠻貊之邦行矣。言不忠信，行不篤敬，雖鄉里行乎哉？」之語，誠萬世八荒皆準之名論。無論在專制政體，或共產政體下，皆能適用者也。近世文明之大癥結，在凡百罪惡皆委之環境。一若一國之興衰，與人心之良窳無與者。實則環境之影響尚屬其次，人心之誠譎乃最要之關鍵。軍人官僚之罪惡固大，方本仁乃已附民黨者，其在贛之罪惡，且過蔡成勳、馮玉祥之掠奪清官寶器，詹大悲之贓私數十萬，皆彰彰在人耳目者？黨軍得勢後，招收黨員，已投機之是防，宜知舊黨員中已不乏投機之輩。苟於教育不提倡道德，則在在皆投機之輩。胡瑛、孫毓筠、柏文尉、孫武，非其例乎？公固治船山學者，寧待驌之曉曉。第恐積憤已深，或竟以抱殘守缺為不適於今之世耳。夫章句訓詁之學，誠非今日救國之良圖，而反為時下談國學者之所喜。然我國民族不可磨滅之精神，足以使吾國文化幾廢幾興，終不

失墜者，仍為昔聖昔賢道德學說之精粹也。故在此人慾橫流，國維久馳，叔季之中國，捨政治組織之徹底改革外，人心之改革，端為要圖。誦中山遺囑，與熟讀《三民主義》《建國方略》諸書，雖能鼓動青年於一時，究不能使為確不投機，真為黨國之志士也。道德教育之說，蘊諸懷者有年，在處皆有曲高和寡之歎。公章得主持教育，又夙寢饋於儒學，甚望能為吾贛提倡氣節，藉承文謝之墜緒也。即以公自身而論，非德操過人，焉能以七十垂暮之年，冒刑戮縲絏之危機，毅然入國民黨乎？國民黨最後之成敗姑勿論，公此種為眾生入地獄之精神，全國殆無其匹。公造成繼成公志之人才，亦不可不提倡道德教育也。

　　上述五端，自謂皆吾贛革新教育之要圖。江山遙隔，身處敵邦，不能趨侍左右，一罄所懷。幸三思其言，逐漸施行，雖政治軍事之利鈍不可知，鄉邦教育受公之惠，要無窮既矣。

　　天寒歲暮，諸為珍攝。

專此敬頌

　　冬安

　　　　　　　　　　　　　　　　　任　胡先驌　頓首

　　　　　　　　　　　　　　　　　十二月十三日〔註257〕

1926 年赴日本參加第三次太平洋科學會議期間，與日本植物學家合影，後排左 1 胡先驌

〔註257〕張大為、胡德熙、胡德焜合編《胡先驌文存》（上卷），江西高校出版社，1995年 8 月版，第 321～326 頁。

1926年赴日本參加第三次太平洋科學會議期間，左起，前排：任鴻雋、秦汾、胡先驌、翁文灝；後排：薛德焴、竺可楨、王一林、魏嵒壽、陳煥鏞、沈宗瀚

　　10月，第三屆太平洋科學會議在日本東京召開，中國代表有胡先驌、秦汾、翁文灝、任鴻雋、竺可楨、陳煥鏞、魏嵒壽、章鴻釗、沈宗瀚、李思廣、薛德焴等十二人參加。提交論文有，翁文灝的《中國東部地殼之動作》，章鴻釗的《中國溫泉之分布》，胡先驌的《中國東南諸省森林初步之觀察》，魏嵒壽的《新發現木材屋腐朽菌兩種》《浙省甘薯之分布及其釀造工業上之價值》，李思廣的《中國北部古生代含炭層之時代及其分布》，沈宗瀚的《對中國棉花選種之意見》，竺可楨的《中國東部天氣之種類》，薛德焴《日本動物性進步之經歷》等九篇。論文收錄在《東京第三次泛太平洋學術會議論文集》（Proc. 3rd Pan. Pacific Sci. Congress, Tokyo 2：1904～1905）。「1926年，曾與翁文灝、陳煥鏞等出席在日本舉行的第三屆太平洋學術會議，宣讀論文。這是中國科學工作者第一次參加的國際學術會議。」〔註258〕

【箋注】

　　太平洋科學協會（Pacific Science Association PSA），成立於1920年，旨在聯合太平洋地區的國家開展資源調查和保護等，增進太平洋沿岸人民的友誼。每三年召開一次，討論關於太平洋區域內地質學、生物學、氣象學、地理學、海洋學、天文學、人類學、農學、無線電學等種種問題。正式會員是太平洋地區國家或地區的科學院、研究會、科學機構或科學團體。準會員分為科學機構、團體和個人三種：科學機構準會

〔註258〕胡先驌著《自傳》，1958年。《胡先驌全集》（初稿）第十五卷人文科學文章，第656～659頁。

員可以是科學院，研究會、教育委員會，也可以是科學學會或科學學會的聯合體、圖書館、博物館等；團體準會員可以是工商組織，研究發展機構或實驗室等；個人準會員是 PSA 終身會員等。歐美國家及亞洲太平洋沿岸的一些國家或地區均成為永久組織太平洋科學協會的會員，並實行輪流舉辦制。泛太平洋學術會議於 1920 年在美國檀香山召開第一次，1923 年澳大利亞的悉尼和墨爾本舉行第二次，中國無學術團體派員參加，自第三次東京會議開始正式參加該會，並爭取到會員國地位，為該會的中國代表。這次大會通過太平洋學術會議章程，將泛太平洋學術會議改為太平洋學術會議。在會上選舉產生了太平洋科學評議會，包括美國、蘇聯等 12 個國家在內，經過全體中國代表的抗議才增補為該組織會員。

10 月，A Preliminary Survey of the Forest Flora of Southeastern China（中國東南諸省森林植物初步之觀察）刊於 Proc. 3rd Pan. Pacific Sci, Congress, Tokyo《東京第三次泛太平洋學術會議論文集》（第 2 集，第 1904～1905 頁）。同月，轉載於 Contr. Biol. Lab. Sci. Soc. China《中國科學社生物研究所論文集》（第 2 卷第 5 期，第 1～20 頁）。

10 月，第三屆太平洋科學會議在日本東京召開，會議期間，和陳煥鏞參觀日本植物研究機關，如東京帝國大學的小石川植物園與植物研究所及農林省目黑林業實驗場，瞭解日本植物機關開展那些研究，而且與這些著名的機關進行聯絡，以便將來交換標本和種子，日本的植物科學家把自己的專著送給他們，胡先驌也把個人研究成果的論文寄給他們，並與日本植物界建立聯繫。

10 月，「A Preliminary Survey of the Forest Flora of Southeastern China」《中國東南諸省森林植物初步之觀察》英文論文在「Proc. 3rd Pan. Pacific Sci, Congress, Tokyo」《日本東京第三屆太平洋科學會議論文集》（第 2 集，第 1904～1905 頁）發表。同年 10 月，《中國東南諸省森林植物初步之觀察》英文論文在「Contr. Biol. Lab. Sci. Soc. China」《中國科學社生物研究所論文集》（第 2 卷第 5 期，第 1～20 頁）。摘錄如下：

> 作者此文除將作者與其採集員在浙江、江西、安徽、江蘇諸省實地研究森林植物之情形敘述外，得有以下九條之結論：
>
> （1）中國南部，至少在多山之區，尚富有溫帶與半熱帶之森林植物各類。
>
> （2）在作者所論之區域中，其山嶺皆被有極蔥蔚之大森林。苟不任意砍伐，其居民管理森林，多合森林學原理，其故在由於材木

之高價，人民之勤勉與智慧，有以使然。故在此區域林業甚為發達。

（3）多種植物如福建柏、油杉……等，或為半熱帶植物，或為中國西部之種類，素未在此區域發現者，今乃獲得之。

（4）在此區域中曾發現有多種有趣之新種如加氏榧、沙氏榧……等等。

（5）吾人證明中國東南部為榧屬（Torreya）之策源地。在比鄰兩省之地方，至少有五種榧。在中國東南部發現一具長而彎曲之葉與美國加州所產者相似之種類，引起植物分布學上一大問題。蓋美國加州之植物，通常認與智利國者相近，而亞洲東部之植物，則與北美洲東部植物相近也。

（6）在中國有一種銀鐘花（Halesia macgregon）為東亞與東美植物相似之一新證。與鵝掌楸（Liriodendron）、檫木（sassafras tzumu）、山核桃（hicoria）、肥皂莢（Gymnocladus）、棍薩（nyssa）諸屬同。

（7）中國東南部與中部、西部之植物無絕對之區別，如……沙堅木，刺葡萄諸種植物，此兩區域皆產之。吾人可斷言昔日此兩區域之植物，大致相同。但以東南各省農業發達，森林砍伐，有多種植物已被摧滅，惟幸留有數種以證明其往史而已。

（8）有數種中國西部與中部之種類，分布至臺灣，……可見自中國西部至東南部以達臺灣，植物常成連貫之分布焉。

（9）自此觀之，可見中國東南諸省之植物，尚有待於發現，而他日必能得有多種新奇之種也。

11 月，派社員竺可楨等代表中國科學界，參加在日本舉行的第三次泛太平洋學術會議。

　　1931 年，中國科學社概況，對中國科學社參與國際科學會議進行介紹。是年十一月初第三次泛太平洋學術會議在日本東京開會，並承認本社為中國學術團體出席代表，本社派竺可楨博士為代表赴日參與會議。〔註259〕

12 月 11 日，周岸登致胡先驌信函。

〔註259〕林麗成、章立言、張劍編注《中國科學社檔案資料整理與研究——發展歷程史料》，上海科學技術出版社 2015 年版，第 241 頁。

步曾老弟：

　　得書自慚疏懶，幸知我者恕之也。自病後意思灰懶，百不用心，所患雖痊，根蒂未拔，現膚革已漸充盈，而精神未復。月來癡好鼎彝文字，因無心之間買得周王孫遺者鐘、武王告成太學鐘、商虎鑒、周無惠鼎拓全形本，二鐘為各金文家著錄所無，因釋其文涉獵此類之書，引動舊癡，惟此事最費錢，非窮措大所能辦也。奈何。

　　承詢以居停不來，作何自處。此事籌之已熟，實無他法，雖函屬京友設法，未知效力何以。今年因病客中，積蓄為之一。其勢不可一日無事，如教育界南京有可託足，幸為我一謀之。彼中軍署雖有友人，亦恐無插腳之際。省長雖屬同年，向無雅故，亦難於干求。

　　其詞久不填，偶作一二應酬之作，亦無足述。署中無事，攤書聽雨，日夕忙碌，亦自哂也。相見匪遙，先此致問。

　　順頌

道安

　　　　　　　　　　　　　　　　　　　　　小兄　岸登　頓首

　　　　　　　　　　　　　　　　　十二月十一日（1926 年）〔註260〕

12 月 26 日，王易致胡先驌信函。

步曾惠鑒：

　　夏間得尊夫人訃音，曾寄一聯，未得復書，不識收到否。嗣聞弟有上海之行，又聞赴日，故未上函，頃得手書，殊慰殊慰。此次省垣大劫，為三百年所無。中秋後三日，鄧軍復陷省垣，搜搶極甚。舍間幸免。乃九月初，聞革命圍城時，北軍守者換班搶掠，寒舍遂於初五一天被劫三次，損失約千餘金，人口幸未受傷。嗣乃一日敞驚，終日閉門，有時水亦不可得，每日一粥一飯，猶恐斷炊，直至十月初三，北軍勢蹙而降革軍，入城始見天日。在此恐怖中，歷一月有半，為有生以來未經之痛苦，曾作數事，附錄一覽。尚有記亂五古數首未成。《詞曲史》已成十分之八。亂中閉戶編稿三萬餘言，亦一可喜事也。此書自覺思精體大，中國從前言詞曲者，似尚無如

〔註260〕胡宗剛撰《胡先驌先生年譜長編》，江西教育出版社，2008 年 2 月版，第 121 頁。

此有統系之作，將來擬將稿呈疆邨先生審定後，始敢問世。又七月間曾作疆邨壽詞一章，未寄去，茲錄上請代寄呈。省中此次變亂，吾人直接間接損失殆難數計，學校欠薪一概抹殺。省志局當然停辦，年內不能開學，擬通盤改組，改組前當然無薪。易損失一千四五百元，真不易維生計。十餘年來未嘗一日失業，此日竟有歧路之憂，固憶暑假時，潭秋以滬江大學事徵我同意，乃以心中服務桑梓，不事外人之一念而謝絕之，由今觀之，可為放棄機會。殘冬已迫，明春滬上如有機會，頗擬他往，但須月入二百元，即可敷衍。望弟代為留意耳。

　　熊純老經省黨部推為政務委員，但二中校長不免放下。仲詹既先後兩次被劫，又將教廳及通志局事失去，目前處境與易略同。辟疆自暑假回里後，迄未來省，聞渠家頗安靜。季瀛前亦被劫最苦，近得委為吉安煙酒分局長。惟癸叔賦閒太久，近尤無活動方法，易勸其從學術界謀生，如大學教師及書館編輯之類，渠將通函託弟代謀，望為留意。省垣鈔洋低落，每元只值三角，日用昂貴，如米每石三十餘元，油每石八十餘元，洋油每箱廿元，豬肉每斤六七角，他可類推。戰後金融猶不開市，元氣無法恢復，可慨也。弟近有何詩文，暇時錄示一二為盼。餘後述。

　　即頌

近安

易　拜

十二月一日（1926 年）〔註 261〕

是年，1926 年～1927 年度中國科學社生物研究所植物部職員名單。

　　正式職員 4 人：胡先驌（主任兼植物研究教授）、耿以禮（研究助理兼標本室管理員、標本採集員）、葉宏舒（研究及製造切片標本助理）、李鍾茵（採集員）；非正式職員 2 人：陳煥鏞（東大植物系教授，分類學）、張景鉞（東大植物系教授，形態學）。〔註 262〕

〔註 261〕《胡先驌全集》（初稿）第十七卷下中文書信卷，第 542 頁。
〔註 262〕張劍著《科學社團在近代中國的命運——以中國科學社為中心》，山東教育出版社，2005 年 10 月版，第 209 頁。

是年，在日本召開的泛太平洋學術會議上，胡先驌聽到日本學者宣讀到首次發現舉世稀有的川苔草科植物的報告，日本學者在日本南部島嶼發現有南太平洋島嶼上的川苔草科植物分布。這是專靠海鳥傳播的川苔草植物分布，因為該植物分佈在熱帶，亞熱帶地區，是一種個體僅有數毫米至數釐米的很小沉水藻狀草本，根部變成片狀或葉狀，形似苔蘚或地衣，喜生於水流湍急的水底岩石和小石塊上，特別喜在水質澄清，浪花四濺和陽光充足的急流中，發現和獲得它確實不是一件容易的事。胡先驌根據該植物分布特點、生活習性、生存的生活環境、溫度、適應作出科學推測，認為我國東南沿海各省，如廣東、福建、浙江等多山省縣，以及長江上游都可能有川苔草植物，發現它只不過是時間早晚的問題。1944 年 2 月廈門大學趙修謙教授在福建長汀縣東北隅龍門的岩石上採到該科植物 1 種。一年之後，趙教授又在汀江、晉江和閩江流域發現 2 種，後經鑒定均為我國特有的 3 種：川藻，中國川苔草，福建川苔草。1954 年林英教授在海南島弔羅山的三角山瀑布潭邊也發現了川苔科植物。

是年，吳昌碩致胡先驌信函。

　　步曾姻仁兄講席：

　　　　奉示並見贈長什，發函忻彰，得未曾有。以文為詩，象宕橫口，氣逐東坡，而神似杜老，復與浙西寐叟、疆邨諸公相提並論，尤為悚愁。海內凶凶，文藝日落，兄捨藝術之論，推述行誼，此不克承，幸知我有人，謹拜嘉矣。長什因病一時不能奉和。專布、盼口。

　　　　即頌

　　臺祺

　　　　　　　　　　　　　　　　　　　　　　　昌碩　拜

　　　　　　　　　　　　　　　　　　　　　　（1926 年）〔註 263〕

是年，社員選舉理事會結果揭曉，胡先驌得票 34。

　　　　1926 年社員選舉理事記錄，十五年選舉理事記錄，共收到選舉票 104 張。開票結果為：任鴻雋 84，丁文江 80，胡明復 75，秉志 73，周仁 51，何魯 38，胡先驌 34，姜立夫 29，李仲揆 26，丁燮林 23。

　　　　故此次當選理事為任鴻雋、丁文江、胡明復、秉志、周仁五人，合舊理事翁文灝、趙元任、竺可楨、楊銓、王璡、過探先共十一人，

〔註263〕《胡先驌全集》（初稿）第十七卷下中文書信卷，第 557 頁。

新聘總幹事路敏行照章亦為理事。〔註264〕

是年,《科學》編輯部主任王璡,編輯為秉志、翁文灝、胡先驌、李熙謀、竺可楨、任鴻雋、楊銓、楊端六、孟心如、吳有訓、過探先、黎國昌、朱亦松、何衍璿、美國分社總編輯薩本棟。

是年,國立東南大學生物系分為動物系和植物系,胡先驌繼續擔任植物系主任,陳楨擔任動物系主任。

是年,胡先驌夫人王蓉芬因病去世,享年33歲。

> 由於母親多年操持家務,辛苦度日,終於積勞成疾,已患肺病多年,到1926年定居南京不久就一病不起了。當她自知不久即將離開人世時,她望著這一對可愛的兒女,尤其是我那時還不滿八歲,心中萬分痛苦。母親不願在她臨終前見到我而增加悲痛,便請人將我送到曹家干外婆家暫住。因此,母親臨終前只有昭文姐姐和父親在她身邊,姐姐記得十分清楚,我則全然不知。據說,父親看到母親痛苦萬狀,實不忍睹,不得不請醫生給她注射一針麻醉劑,讓她好安然離去,父親這樣做,完全出於真誠的愛啊!

> 母親去世以後,父親悲痛欲絕,但他又極繁忙,有時還要出國開會,只好把我們姐弟倆寄養到上海一位遠房親戚家代為照顧,誰料這家重男輕女,對我姐百般折磨,猶如丫環,父親知後心裏更加難過,一籌莫展。〔註265〕

編年詩:《讀蝸牛舍詩即贈範君彥殊》《休沐郊遊感興即寄王簡庵吳雨僧梅迪生》(三首)《呈吳缶盧丈》《赴粵東中國科學社年會紀遊》(八首)《讀缶盧丈重九之作》《得簡庵書知被劫甚苦並盡失所刻石報以長句》(二首)《讀凌滄集感賦》(十一首)《暇日小齋有紀》《四月二日始遊秀山公園有作》《去住》。其中《登日本箱根半山至富士屋精舍小憩》《飯罷登箱根絕頂探大湧谷之奇兼望富士》《繞箱根湖謁箱根神社》《日光禮東照宮是為德川氏家廟》《日光登山

〔註264〕何品、王良鐳編注中國科學社檔案資料整理與研究《中國科學社董理事會會議記錄》,上海科學技術出版社2017年版,第92頁。

〔註265〕胡德熙、符式佳著《懷念慈父》。胡啟鵬主編《撫今追昔話春秋——胡先驌學術人生》,北京燕山出版社,2011年4月版,第373頁。

至中禪寺》《由中禪寺沿湖縱遊日晡始驅車返東京旅舍》《京都嵐山》《石山寺》
《金閣寺》《謁京都宮殿》《奈良一名南都為日本最古之都城風景幽絕》《謁宮
幣大社春日神社》等 12 首詩結集，詩集名《蜻洲遊草》出版，蜻洲代表日本，
日本地圖形象蜻蜓、雲南地形似火雞、江西地形象老翁。這是第一本詩集，廣
送文朋書友。

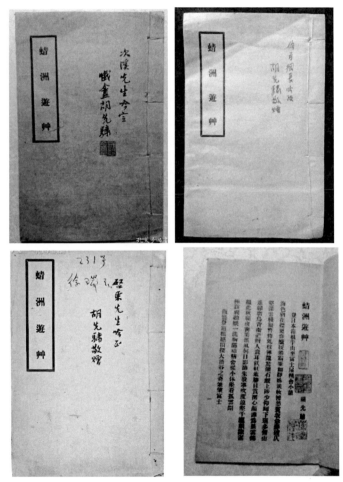

1926 年 10 月出版《蜻洲遊草》詩集，廣送朋友

民國十六年丁卯（1927） 三十四歲

2 月 10 日，董事會會議，胡先驌被推舉科學獎金委員會乙組委員。

理事會第 58 次會議（理事大會）記錄（1927 年 2 月 10 日），
南京社所開寒假理事大會，出席者：竺可楨、任鴻雋、周仁、胡明
復、過探先（早退）、秉志、王璡、楊銓（胡明復代）、路敏行。

一、理事會議事細則案。

推路敏行擬定草案，俟下次理事會通過以後，每月各地理事通信均寄社所，油印後分致各理事。

二、科學獎金應即成立案。

推舉秦汾、姜立夫、葉企孫、李宜之、王璡為獎金委員會甲組委員，李四光、唐鉞、秉志、竺可楨、胡先驌為獎金委員會乙組委員，由社通信各委員籌備一切，定期宣告成立。

三、本社職員薪水標準案。

議決：新聘職員如為大學畢業者，薪水最高月四十元，最低二十元；非大學畢業者，最高月二十元，最低月十元。至少一年以上。各主任可根據職員之成績酌加薪水。提出理事會通過。職員如願讀書時，須由各主任核准。加聘職員，須經理事會通過。辭退職員如不及通過理事會時，須由理事會追認。每年六月底致送各職員聘書並服務規則。

四、社員證書及社章均應制定，分寄社員。

五、各種特別捐款（如秉志、王璡所捐之薪）均歸會計管理。

六、胡先驌提議：今春東南大學植物系入川採集標本，本社如出資八百元加入採集，可得標本全份，此款即由十五年秋間植物部與標本室、實驗室薪金雜用項下移撥。又，耿以禮往浙北採集，需款約六百元。

議決：照支，名義上應為東南大學、科學社合採。

七、動物部入川採集費四百金。

照支。

八、推秉志、胡先驌、王璡、過探先、路敏行為社所委員會委員，路敏行為委員會長，委員會細則另定。

九、會計、生物研究所主任、總幹事報告各部現狀。〔註266〕

2月，與陳煥鏞編撰《中國植物圖譜》（Icones Plantarum Sinicarum）（第一卷），共50頁，有50圖版，商務印書館初版。

〔註266〕何品、王良鏞編注中國科學社檔案資料整理與研究《中國科學社董事會會議記錄》，上海科學技術出版社2017年版，第97～98頁。

《中國植物圖譜》（第一卷）

春，經堂兄胡湛之和張孟春介紹，相識其妹張景珩，後與其結婚。張景珩（1901～1975）畢業於北京首善醫院護士學校。相識時，曾作《贈景珩》長詩：

張夫人景珩1927年攝於北平，張夫人生次女昭靜、子德燿、德輝、德焜

瓠落幾半坐，迍邅窮百難。遍遭折翼痛，孤子等蓬斷。

令兄豪傑士，藻鑒矜月旦。與俗殊酸鹹，於我獨無間。

恭承嚴父旨，青眼及樗散。以子撫寒素，不惜世嘲訕。

聞命初驟驚，靜思益惶汗。生無食肉相，短翰同斥鷃。

窮年卉木細，自度老伏案，陋巷固吾分，累子寧不赧。

惟子冰雪姿，沖懷切雲漢。荊布絕纖塵，澹靜夙所慣。

昕夕論素衷，傾心共憂患，中藏何可言，永矢香一瓣。

梁孟知可師，相守老藜莧。

　　《年譜》載：唐燿從南京東南大學理學院植物系（理科生物系）畢業，期間受到東南大學生物系教授胡先驌指導。〔註267〕

　　4月，《泛太平洋學術會議植物組重要論文絜要》介紹性文章發表在《科學》雜誌（第12卷第4期，第507～518頁）發表。摘錄如下：

　　　　此次泛太平洋學術會議植物組論文頗多，全部論文之印行尚需時日，茲特就其重要絜錄其要旨以饗讀者。

　　　　1. 美國加州大學色絜爾教授〔Prof. W. A. Setchell〕的《移殖與特產，證以太平洋群島之植物區系》（Migration and Endemism with Reference to Pacific Insular Floras）。

　　　　移植與特產有密切之關係。蓋特產種或其最近之祖先常藉各種傳播之方法，得由某部分侵入現時以彼等為最特異之地域。

　　　　通常植物之分布，頗能顯示具分類上各種等差之東西或南北隔絕。關於東西之隔絕，普通之風與水以及暴風與傳帶種子之鳥類，似皆有關係。關於南北之隔絕，則似多由於鳥類季候之遷徙。鳥類之遷徙與暴風，在白堊紀，至少在三疊紀初期，已開始分布種子或芽胞於地上。就滅亡之種類中之幸存者，乃古代之遺物。突變發生之新種，至少在大陸上曾數數發生，在海洋島嶼中或亦有之。直至今日尚未發明所以發生大不相似之生物之道，而能發生微小之差異之道，則似已證明，此乃吾人最不瞭解之原素也。

〔註267〕王希群、傅峰、劉一星、王安琪、郭保香編著《中國林業事業的先驅和開拓者——唐燿、成俊卿、朱惠方、柯病凡、葛明裕、申宗圻、王愷年譜》，中國林業出版社2022年3月版，第003頁。

吾人在今日應多研究分類上與生態上之分布，同時須精研分布原素與氣候生物之合原素精密之比較。至發生分類學上備群巨大形態上變異之道，則尚有待於育種學之研究也。

2. 日本東京帝國大學中井猛之進教授（Prof. T. Nakai）的《Tsusima 與 Quelpart 兩島之植物區系，為日本與高麗植物區系之連續物》（How the Flora of Tsusima and Quelpart Connected That of Japan and Korea），《Dagelet Island 之植物其成分及其日本、高麗植物區系之關係》（Vegetation of Dagelet Island, Ist Formation and the Floral Relationship whit Koreaand Japan）。

此兩文皆以日本與高麗植物之分布，證明昔時此二國陸地之相連。在第一文中作者證明在 Quelpart 所有三十二固有之植物屬中，十三屬於高麗植物區系，十屬屬於日本植物區系，而在 Tsusima 所有三十一固有之植物屬中，只有一屬屬於高麗植物區系，十九屬屬於日本植物區系。此兩島植物種之大多數皆日本、高麗所共有，其中大多數若昔日此兩國無陸地上之連絡，則必無法移植，由 Quelpart 島中多高麗植物，Tsusima 島上多日本植物，作者乃斷定 Tsusima 海港先在 Quelpart 與九州間成立，後乃成立於 Tsusima 與高麗之間。

作者在第二文中敘述 Dagelet 為日本海中一孤懸之海島，上有三百七十二種維管束植物，其中三十四種為此島所特產。島上木本植物八十九種，其中十四種為此島所特產。因此類植物種皆原始種，而島上日本、高麗植物頗多，作者遂認定此島為日本海中大陸之一部，而其上植物亦彼已沉沒之大陸上之孑遺也。

3. 瑞典葛登堡格（Gottenborg）植物園長司恪自堡博士（Dr. C. Skottsberg）的《太平洋群島上獨立之植物屬》（On Pacific Plant Genera of Independent Position）。

作者此文中以為平常植物學者對於太平洋群島植物區系之發源問題，每欲搜求與之相近之大陸上之植物種類以解決之，結果每每牽強不確。

作者以為吾人宜視太平洋各植物區系為一體，其中有一部分種屬不屬於亞、澳、美三洲，而為特屬於太平洋者。彼乃已經破碎之古昔植物區系之遺，較現為所託足三疊紀後期之火山石為更老者也。

　　在此關於太平洋植物，更有一事可以注意，即有數植物屬在太平洋乃呈特殊之現象。夏威夷之風露草（Geranium）即其一例。此屬全世界皆產之，各種之形態皆相似，何以夏威夷乃有特產之特殊組，而遠與自北方來之遠祖大有差異乎？故就所見者而言，夏威夷乃與任何分布之中心隔絕，其年齡與之等或尚較長也。

　　4. 巴黎國立自然科學博物院格約曼（A. Guillaumin）的《按特產與少數種子植物之分布而得之太平洋區域植物區系之分類》（A Floral Classification of Pacific Regions Based on Endemism and on the Distribution of Some Phomerogamous Plants）。

　　太平洋之海洋植物區系，分布於較低之島嶼全部，與高島嶼之海岸。其植物之分布由於種子之為水流、人類、鳥類、食果之蝙蝠所攜帶，而禾本科與菊科之種子與蕨類之孢子，則風亦能為之傳播焉。

　　……吾人可見以下各區域有關係：

　　（1）澳洲區與非洲南部、巴布亞、馬來由、南美洲有關。

　　（2）堪那加區與澳洲、巴布亞、南非洲有關。

　　（3）新西蘭區與歐洲、南美洲有關。

　　（4）馬來由、巴布亞區最與亞洲相近，但與澳洲亦微有關，其關係向東則漸微。太平洋區域地質上與海洋測量上之研究，頗能解釋此種事實，但與古植物學則有歧異之處也。

　　5. 美國明利梭達大學狄爾登教授（Prof. Josephine E. Tilden）的《海洋藻類植物之分布與太平洋之藻類》（The Distribution of Marine Algae, with Special Reference to the Algac o Pacific Ocean）。

　　作者云，海洋中植物具有差異極著之色素，至使人可分為數大群，稱之為藍綠藻、紅藻、褐藻、綠藻等，實足令科學界深思之事。其理由將賴物理化學家對於此數種色素之研究而判明；至於今日對此現象之解釋約有兩種假設：（1）由於不同源之生物並行發達，（2）由於荒古時代水氣與空氣變遷，致太陽光力逐漸增加，而影響於原始生物之天演。

　　吾人可知無論何種原始生物，苟能自行製造食物，則必具有葉綠素。然在含有極濃厚之水氣之大氣中日光變為暗淡，則僅有葉綠

素，尚不敷利用日光製造食物之用。於是發生附屬之色素，以吸收各種光線，使葉綠素能利用之，以供營養之用。

今日太平洋中藻類之分布，與此假設吻合。紅藻與褐藻盛產於雨量甚大陰黯之日甚多之區域，綠藻則盛產於日光極強之熱帶海洋中云。

6. 美國農部植物實業局植物生理技師施永高博士（Dr. Walter T. Swingle）的《東亞為有用植物之淵藪》（Eastern Asia, A Reservoir of Useful Plants）。

作者謂吾人通常不注意世上惟亞洲東部熱帶與溫帶間，無重要障礙物以阻止植物自由之移植。在中國之南為安南半島，亦無重要之橫列障礙物。而此北半球之他部分則沙漠、高山或大海，皆將北部之溫帶與南部之熱帶隔絕，南美洲與南非洲所有小面積之溫帶地域，皆為沙漠或半沙漠區域使之與北部之熱帶隔絕。

數千年來一偉大民族生活於此膏腴之區，或以天性之所近，或為環境之所迫，彼等曾盡力利用其植物之富源。結果吾人乃見世上最大多數之食用、藥用與工業用之植物，發現於此區域之中。吾人尚可希望此天產異常宏富之區，繼續貢獻有最大價值之農產物於世，如稻、橘、菊花之類之為西方數百年來所栽培者也。

作者於此曾歷舉在西方未經詳細試驗之多種農產物，而尤喚起世人注意近日關於東方藥用植物之大發明……宜加意研求東亞之藥用植物焉。

7. 中國東南大學植物學教授胡先驌的《中國東南諸省森林初步之觀察》（A Preliminary Survey of the Forest Flora of Southeastern Chian）等八篇國際重要學術論文。供中國學者們瞭解，參考，學習，研究。〔註268〕

4月，《參觀日本植物森林研究機關小紀》一文在《科學》雜誌（第12卷第4期，第538～543頁）發表。全文分兩部分：一、小石川植物園與植物研究所；二、目黑林業試驗場。摘錄如下：

〔註268〕張大為、胡德熙、胡德焜合編《胡先驌文存》（下卷），中正大學校友會出版發行，1996年5月，第73～82頁。

一、小石川植物園與植物研究所

此植物園之職務，在搜集栽培國內外之植物，以供東京帝國大學學生與教授學習研究之用，與國外植物研究機關與植物學者交換種子與臘葉標本；而為廣布植物學知識計，植物園乃每日開放供大眾遊覽。

此園中最是引人注意者，厥惟植物研究所，本為東京帝國大學之一部，1887 年始移植於此，植物學教授與研究，皆在此行之。有一甚富之藏書樓，足供師生研究參考之用；有一標本室，內有臘葉標本十五萬紙，國內外之植物皆有之，而以日本、朝鮮、臺灣之標本為尤富。現任植物系主任教授早田文藏（Bunzo Hayata），即以研究臺灣植物著名者，其所著《臺灣植物誌料》十餘冊，繪有極精之圖多幅，久享世界盛名。助教授中井猛之進（T. Nakai）則研究朝鮮森林植物編十五輯，亦日本有數之植物學家也。此標本室所藏中國植物殊罕，可稱憾事；惟英人亨利博士（Dr. Augustine Henry）所採之中國植物標本，則有一全分，亦至可貴者。植物研究所限於經費，故尚無鋼骨水泥保火險之建築與鋼制標本櫥，即標本紙品質亦不佳，以視日本植物學家努力之成功如是之大，而庋藏之法如是之疏，殊為遺憾。1923 年地震之災，以植物研究所移出帝國大學，致免付之一炬，亦天幸也。

其溫室分舊室、新室、藥用植物室、電育室、煙室、保護室、磚室、蔭室八部分。

總而論之，日本自維新以來，植物學進步異常之速。其分類學之著作，高可等身；不但於其本國植物研究已極精詳，對於東亞之一部分，如朝鮮、臺灣等亦有極大之貢獻。惜自甲午戰後，與吾國猜忌甚深，其植物學家無機緣研究吾國植物，故知之不詳，其所搜集中國之植物亦不富。吾國青年欲研究中國植物，不能就日本之便而須就教於歐美，即以其植物園規模之宏大，而栽培中國植物亦不多。幸此次作者與陳煥鏞教授赴會時，曾與其著名各植物學機關連絡，以便將來交換標本與種子；彼邦植物學家亦爭以研究著作圖籍相贈，自後交誼日密，研究植物學之利便，亦將與日俱增也。

二、目黑林業試驗場

此林業試驗場設立於東京府荏原郡目黑町下目黑，隸屬於農林省。在此期內，屬行森林栽培管理利用各種研究與試驗，復設有分場、木工廠、森林氣象臺等，至今事業蒸蒸日上，試驗場之前途，尚未可限量焉。

此次所參觀者為其總場，全場除建築外，共分為三部分：（1）為標本樹木園，（2）為試驗苗圃，（3）為試驗林場。標本樹木園中植物，日本樹木三百六十種；外國樹木九十種。在試驗苗圃，計施行有樹籽發芽、幼苗育苗與栽植，林木之施肥、伐枝、保護、嫁接等各種試驗。今日苗圃中植有日本產闊葉樹苗一百五十五種，針葉樹五十五種，外國闊葉樹二十五種，針葉樹四十六種。試驗林場則供本國外國重要林木生長，移殖距離，灌木栽培，重要林木天然繁殖，竹類栽培等等。

試驗場之陳列所，實為大觀，一切與森林有關之物，靡不畢具。竹類基幹之標本林立，其大者如麻竹，徑逾半尺。森林中鳥獸標本亦夥。至森林利用，如木製家具下至中國之虎子、樂器、建築材料、香蕈栽培、植物油漆、軟木、鞣質原料，無不應有盡有。樹木種子與木材標本亦極夥。又有林場模型，日本森林氣候帶大掛圖等等。洵為陳列之大觀也。〔註269〕

5月，《化生說與生命之起源》一文在《科學》雜誌（第12卷第5期，第571～583頁）發表。摘錄如下：

《化生說與生命之起源》在《科學》雜誌發表

〔註269〕張大為、胡德熙、胡德焜合編《胡先驌文存》（下卷），中正大學校友會出版發行，1996年5月，第83～87頁。

所謂化生說（heterogenesis）與自然發生說（spontaneous generation），義雖略異而旨則同歸。蓋皆承認世間生物可於無中生有，或各種生物可以遞嬗蛻變也。所以有此種觀念者，由於昔人不明宇宙間之科學公律，而於繁賾離奇之生命現象尤難瞭解。加以觀察欠明晰，試驗欠精確，遂未能脫初民之迷信，至謬論流傳至今，大足為知識上實用上之障礙，此生物學家不可不以其所知起而辯剖以為世之棒喝者也。總計此謬解流傳之故約有三端，茲臚舉於右：

（一）在生物學未發達之先，世人不知生物與無生物有根本上不同之點也。……故熊氏之鬼或竟變為熊，雨氏之鬼，且得變為雨焉。此固後世輪迴說之所肇始，亦化生說之所由來也。

（二）以哲學之推求，見生命之現象有始有終，遂推論其必出於無始無終之無生物；蓋即自然發生說之所由來。由自然發生說，而至化生說，相去只一間耳。……

（三）昔人習於輕信，疏於觀察，見生物界現象之奇異，不悉其理，而強為解說，遂多荒誕不經之言。……

以上為化生說深入人心之三大原因，細析其所以形成此項信仰之要素，又可分為以下各類：

（一）以哲學上理想而得化生說之推論者，如上所說《莊子》程生馬馬生人之說是也。……

（二）齊東野人之傳說或文人墨客之狡獪而取得世人之輕信者。……

（三）觀察不確，試驗不清，據爾武斷而得離奇之結論。……又有生物現象，在生物學未發達前，礙難索解，因而引起化生說之信仰之事。……自是較大生物不能自然發生之說漸為人所公認。

迨至十七世紀之末，顯微鏡之構造日精，遂發現無窮之微之生物。於是自然發生說又大作，以為較大之生物雖不能自然發生，此類微生物，則為例外。當時英教士倪丹母（Needham）與法國哲學自然科學家布方（Buffon）並創生殖力學說，以為所有一切生物，皆有最終不變之部分存。……

自然發生之說，既為試驗所否認，科學家乃求以他說以解釋地球上生命之起源，於是有一種宇宙生命起源論（Theory of Cosmozoa or Panspermia）。此一類假說以為生命不由地球上發生，為自他星球傳來者，或認為生命與物質自始即存在，或謂生命在他星球上發生而藉某種方法以傳佈於地上。……在十九世紀中葉英國大化學家葛拉罕（Thomas Graham）首先注意膠質物之性質，而認明其與生命現象有關。當時人鮮注意，直至近二三十年間始群起研究此問題而生機化學一科賴以成立焉。

先是吾人已知有多數原子組合已經飽和之分子，已不能再增加一原子者，乃能與他原子連合而釋放能力，且不變更其固有之原子排列。此種現象，原子價學說不能解釋之，於是淺見之化學家乃推之為物理現象而不過問，物理學家亦不加以深究僅視以表面張力、表面凝結一類現象而已。然須知在此種情形之下，其分子乃如尋常之原子而為化合之單物，於是在原子價外，更有分子價。此類分子結合之性質非某特殊原子或某群分子為有之，而為一般分子所同具。某數種分子不能結合，某數種分子則結合極劇烈而發生多量之熱。分子價每較原子價為高，原子價恐無逾六數者，分子價則可高二十四。分子連合非皆為膠質體，大多數皆為結晶體（crystaloids）。

結晶體之化合為結晶現象之初步。膠質體之特殊性質為其分子間之連合不穩固而不釋放多量之能力，無機與有機之膠質體皆具此同等之特性。以其不穩固，故外緣之接觸時時可分之合之，故膠質體可謂為物質之動的狀態，其能力之變遷，殆即生活現象之泉源也。
……

近年來關於光合作用（photosynthesis）有空前之成績，通常吾人皆知葡萄糖以及他種糖不能用化學方法造成之，而植物則以葉中之葉綠素吸收日光使水與炭氧 2 分解化合而為葡萄糖；集六葡萄糖減去水分即為澱粉。此等作用稱為光合作用。……可見有機氮素化合物至少在某種狀況之下，可直接由無機物由光合作用造成，不必經過生體物中之生理變化，則生命自無機物自然發生之說，並非不可信也。

惟於此又有一種爭論：究竟生命之起源，必須經過極複雜之分子結合，使成為極易變動之龐大不能穿過濾器之蛋白質分子，始能發生歟？……其意蓋謂噬菌物為有生命之物質之單元，而為造成其他生物之基礎者。雖其說尚待多人與長期之證明，然亦可見近來科

學界對於自然發生解答之趨勢矣。

　　總而論之，普通之人所信仰之化生說與自然發生說，已經芮第、司巴蘭峻利、巴斯德諸人證明其非。然生命之起源終出於一種方式之自然發生。此種生命之秘密，當由光之作用與膠質物之天演中求之。以近人之研究，似此極神秘之宇宙之謎，已將有答案。不但生命之自然發生，為地球上必經過之一段天演歷史，甚且此現象在今日仍在進行之中。造化之神秘知之愈詳，其神秘之程度亦覺其愈甚，此為談有機天演者所不可不知，亦即有機天演之發端也。〔註270〕

5月，為紀念孫中山先生，國立東南大學、上海商科大學等9所工學合併為國立第四中山大學，任生物系教授。

6月，胡先驌在杭州西湖和臨安東、西天目山等地進行植物標本採集。

9月3日，丁文江與黃炎培談，如今科學界有成就的人物。

　　《黃炎培日記》：皆在君（丁文江）、萬里參觀雲崗展覽會。至醫院與在君長談。在君數今之學者：王靜安、羅叔蘊、梁任公、陳援庵、顧頡剛、馬叔平、翁詠霓、李四光、趙承嘏、林文慶（生理學）、秉農山（動物學）、陳煥鏞（植物）、胡先驌（生物）。〔註271〕

9月4日下午2時，參加在上海總商會舉行中國科學社第十二屆年會社務會議，社員到者四十餘人，任鴻雋主席。議決組織籌備參加太平洋科學會議，胡先驌為五人委員之一。

　　（一）報告。主席謂今年因時局關係，交通不便，各地社友重要事務報告俱未收到，茲幸南京社友徐尚帶來會計報告、總幹事報告、圖書館及基金監胡敦復報告（報告見後）。任鴻雋代為報告，眾無異議；惟總幹事報告最後一款提議各節，未通過。

　　（二）討論。1. 先由竺可楨報告北京社友翁文灝來函提議：（甲）各社友如有關於海洋學及太平洋之氣候生物等著作，請寄美國太平洋學術會議辦事處；（乙）本社歷年章程應譯為英文。任鴻雋主張第一提議不成問題；第二提議最好交總幹事辦理，或組委員會專司此

〔註270〕張大為、胡德熙、胡德焜合編《胡先驌文存》（下卷），中正大學校友會出版發行，1996年5月，第88～97頁。

〔註271〕宋廣波編著《丁文江年譜》，黑龍江教育出版社，2009年版，第315頁。

事。何尚平主張總幹事主持，社友幫助。議決推定竺可楨、胡憲生二人幫助總幹事於最短期間，將本社歷年章程譯成英文。2. 主席謂：北京社友翁文灝來信提議本社參加太平洋學術會議。何尚平主張由本社發起聯絡中華農學會、工程學會、青島氣象學研究會及其他國內之重要學術團體，共同籌備。竺可楨主張組織委員會，專辦籌備發起事宜。議決組織籌備參加太平洋科學會議，推定竺可楨、秉志、翁文灝、過探先、胡先驌五人為委員，竺可楨為委員長。〔註272〕

9月16日，董事會會議，從事中國科學社生物研究所研究工作，八月起支全薪。

理事會第59次會議記錄（1927年9月16日），南京社所圖書館開理事會，出席者：楊杏佛、過探先、秉農山、周子競、路季訥。

一、通過路季訥起草之理事會辦事細則，以後通信表決時由社所發出明信片，該片上載明議案條數，理事接到後只需寫明贊成或不贊成，以省時間。

二、印行科學社月訊，以資聯絡。

三、秉農山、胡步曾兩先生，均自八月起支全薪。

四、秉農山先生至廈門採集標本時，應請代理人指導動物部研究。

以上議案後經竺藕舫、王季梁二理事同意。〔註273〕

9月，與鄒秉文、秉志等三位致中華教育文化基金董事會幹事長范源濂信函。中華教育文化基金會邀請美國康奈爾大學生物系主任、著名昆蟲學家尼丹（J. G. Needham）來華進行學術交流和講學，時間為期一年。鄒秉文、胡先驌、秉志等抓住尼丹訪華的契機，設想在北平成立生物調查所，故聯名寫信給中基會總幹事長范源濂，說明創辦研究所的重要性及四件具體辦法，利用北京其他單位的優勢，採取最少的投入，取得最大的收穫，故提請中基會要求尼丹幫助計劃成立。

〔註272〕 王良鐳、何品編注中國科學社檔案資料整理與研究《年會記錄》選編，上海科學技術出版社 2020 年 12 月版，第 142 頁。

〔註273〕 何品、王良鐳編注中國科學社檔案資料整理與研究《中國科學社董理事會會議記錄》，上海科學技術出版社 2017 年版，第 99 頁。

1927 年美國康奈爾大學生物系主任、著名昆蟲學家尼丹博士（J. G. Needham 1868～1957），攜夫人及女兒訪華，在南京與中國生物學家合影。後排左 1 胡先驌、2 秉志

靜生先生大鑒：

　　美國生物大家尼丹博士日昨來華，現已乘船北上，不日可與先生在京相見矣。尼氏為世界著名之專家，此次基金會邀其來華，將來影響於吾國教育前途，決匪淺鮮。秉文等思乘此最好機會，利用尼氏三十餘年之經驗，為吾國作一最有價值之事，可以收永久之利益。謹貢其愚見如下，願先生留意焉。

　　今日歐美各國科學發達，人民深受其賜，而於自然科學皆有調查所之設立，以此種學問與國內之天產有關，設專門之機關以策研查之進行，其影響所及，實業及教育皆受其裨。吾國北京地質調查所，即其證也。歐美各邦除於國內之地質設所調查外，而於生物一方面，亦有相同之研究機關，所謂生物調查所 Biology Memorial Institute 是也。地質有關於礦務，生物有關於農業及醫學，此兩者皆自然科學，於事業之發達及人生之幸福關係最大。吾國之地質調查所成績卓著，蜚聲海內。今宜乘此機會，設立生物調查所，以為研究國內生物之提倡，總其便利，約有四端：

　　（一）尼氏平生所長，可以為吾利用也。氏學問淵博，生物學上貢獻甚富，而於調查生物尤其所長，基金會即聘其來華，若只在學校授課及往各處演講，其影響較小，若請其組織生物調查所，本其平生之經驗，大約一年之內，可以訓練人才，使該所之工作漸有端倪。當在京時，為該所作一永久之計劃，將來尼氏離華後，其研究者可以與其計劃進行，數年以後，必須較大之成績也。

（二）該所之成立可以輕而易舉也。現北京既立中央圖書館，生物之調查可借該館之書籍以為參考之資，美國生物調查所借助於中央圖書館，即一最好之前例。今如此辦理該所，購置圖書可省去甚巨之經費，且北京各處或有公產之地皮房屋，若因陋就簡，稍加修葺，即可用為生物學之實驗室，則此所之成立，更覺節省矣。

（三）該所之工作可以得相當之人選也。中國從事生物學者已不乏人，多係尼氏弟子，該所成立可擇數人使之在內負責，與尼氏共同工作，各校之憂材學生，盡可令其從事學習，尼氏去後，其弟子數人可以蕭規曹隨，繼續調查事業，尼氏在京雖只有一年，將來不憂無繼焉。

（四）生物學之教材，可以藉此貯備也。吾國生物學之教材極少，各大學聘任此學之教授，頗感困難，大學此門功課既不甚佳，中等學校之教材遂益減裂。該所若立，大學畢業生對於生物學有興趣者，可在內練習，俟其經驗較富，出而應學校教課之需，該所成立日久，人才愈多，較之尼氏在京教課一年，只有少數學生受其教誨者，其利益不啻倍蓰矣。

以上四端，僅舉其近者言之。生物與人類息息相關，此所既為科學之研究，亦即經濟問題之基礎。天產之利用、貨殖之改進，均可連類而解決。其施甚薄，不勝枚舉。故秉文等覺生物調查所之設立實為最美之舉，特此敬求先生及基金會諸公與尼丹博士從長計議，每年由基金會酌予相當之款項，俾該所早日成立。秉文雖不在京，凡能為該所效其棉薄，促其發展，在所不辭，驌、志等在南京從事研究，可使科學社生物研究所與該所合作，互相提攜，庶凡尼丹博士在華之時雖暫，而所成就者實大，且運基金會所費之款無多，而所收之效果至為美滿。與此特行奉商，諸希亮察是荷。

此頌

大安

鄒秉文　胡先驌　秉志　同上〔註274〕

〔註274〕鄒秉文、胡先驌、秉志致范靜生，1927 年 9 月，南京：中國第二歷史檔案館，484（981）。胡宗剛著《靜生生物調查所史稿》，山東教育出版社，2005 年 10 月版，第 9～11 頁。

【箋注】

范源廉（1875～1927），字靜生，湖南省湘陰縣人，中國近代著名教育家，著名化工專家范旭東之長兄。早年就學於長沙時務學堂。戊戌變法失敗後流亡日本，入東京高等師範學校學習。1911 年任清華大學總辦。1917 年與蔡元培等人組織中國（華）職業教育社。1918 年冬，與張伯苓、嚴修一同赴美國考察教育，回國後即致力於南開大學的創辦。1922 年任北京師範大學校長。曾於 1912 年、1916 年、1920 年三度出任中華民國教育總長。1923 年赴英與英政府商洽將庚子賠款用於教育事業。1924 年任中國教育文化基金會董事長，旋被推為幹事長。曾多次到美國考察教育，並邀請外籍學者到中國講學。

【箋注】

中華教育文化基金會（China Foundation for the Promotion of Education and Culture，原名中華教育文化基金董事會，簡稱為中基會）20 世紀 20 年代用美國退還的「庚子賠償」建立起來的一個民間文教機構。1924 年 5 月，美國國會通過議案，決定將庚子賠款之餘額及利息約一千二百萬美元退還給中國，9 月 18 日，中華教育文化基金會在北京外交大樓召開成立大會，推范源廉為會長，孟祿為副會長。該會的主要任務是負責保管、分配、使用美國退還的庚子賠款，用於支持中國文化教育事業，如設立圖書館，在高等學校設立自然學科的教育，成立科學研究機構，設置科學研究獎金等。基金會由顏惠慶、張伯苓、郭秉文、蔣夢麟、范源廉、丁文江、黃炎培、顧維鈞、周詒春、施肇基 10 人及美籍人士孟祿、杜威、貝克爾、噶理恒、白納脫 5 人為董事，聯合組成董事會。

秋，胡先驌在中國科學社生物學研究所兼任植物部主任。〔註275〕

10 月 28 日，董事會會議，落實秉農山致胡步曾函內所提議。

理事會第 60 次會議記錄（1927 年 10 月 28 日），社所圖書館樓上開理事會，到會者：竺藕舫、楊杏佛、周子競、王季梁、過探先、路季訥。

一、關於秉農山致胡步曾函內所提議者，討論結果如下：（此函由胡步曾交路季訥，囑提出理事會討論，函附後。）

〔註275〕胡先驌著《自傳》，1958 年。《胡先驌全集》（初稿）第十五卷人文科學文章，第 656～659 頁。

（一）照辦，惟商務書館售出圖譜時，所得版稅應歸第四中山大學及科學社均分。

（二）維持原案，仍由八月份起支全薪。

（三）例假仍定六星期。

（四）研究所職員至第四中山大學讀書支全薪者，以五學分為限；支半薪者，以十學分為限。

二、商務書館函請《科學》每份每年加價為三元，請竺藕舫先查看以前合同後再議。

附秉農山致胡步曾函提出各條如左：

（一）言明馮澄如可從速起首工作。（二）吾二人之月薪，應由七月起補付全部。（三）吾二人每年應有例假四個月。（四）所中與大學繼續合作，以後所中研究生須在大學補讀時，生物系應容納之，請社中向大學交涉此事。

理事會諸同人大鑒：

敬啟者，現在生物研究所中進行研究諸生，其成績較有可觀者為方君炳文、歐陽君翥、謝君泚成、喻君兆琦，此數人皆東大畢業，上學年方、謝、歐陽三君曾受本所之補助，得在所中從事研究而無生活之憂，今補足之期將行告完，而此數人之研究方進行未已。志恐其一旦無助，所研究者或受影響，願將志今秋所捐之四個月薪水提出一部，以維持此數人之研究。此四人皆屬寒畯，志切向學，而從事研究又頗有成績，吾社以提倡科學為志職，宜對於此種有志之青年有以獎勵之也。特此敬請會中同志斟酌施行，無任感荷。此上

大安

秉志 頓首

九月十六日

再者，歐陽、謝、喻三君皆任大學助教之職，倘開課之後，彼等受大學薪水，則社中補助即行取消，亦彼等所情願也。

理事會諸同人大鑒：

敬啟者，生物研究所目下除做實驗室內各種研究之外，仍對於沿海動物作總括之調查，此事自五年前已起首進行。今夏志為照料所中各研究生之功課及為年會預備論文，終日在所內工作，未得外

出，今擬於十月初旬往海濱調查海產動物，兼為本社採集標本，大約在海濱四閱月可以竣事，然後回所從事室內之研究。當此調查採集期內，志已另籌他法維持此項工作及個人之生活，請將四個月之薪水捐入社中，做為生物研究所維持各研究生之費及增購書籍或儀器之用，似此於所中之事業既有裨益，而於經費一方亦毫不發生困難。且泛太平洋科學會數年後將在南洋開會，志之調查海產，屆時或有報告，亦於吾社名譽上有益也。特此敬請會中同志酌量情形，准其成行，無任感荷。又，此次志之外出，研究所中一切普通事件，託步曾兄照料。至於各生之研究進行，志於未動身前先為規劃大綱，以後仍可通信，以策其前進，想亦不至發生困難也。

　　此上

大安

秉志　頓首

九月十七日〔註276〕

　　11月30日，《天演論最近的趨向》文章在《南開大學週刊》雜誌（第46期，第14～21頁）發表。此文為胡先驌於1925年11月25日在南開大學所作的演講，由殷宏章、薛邦祥記錄。摘錄如下：

天演論的小引

　　天演學說，近年以來，頗引起世界各國學者的研究，所以進步極速。蓋天演與人生哲學有密切關係。今天因時間有限，故僅述其概要。天演觀念，人人皆有，蓋人類皆欲知自身的來源，即野蠻民族，亦有開天闢地的神話。天演學說發生於古代希臘，後來宗教勢力漸大，有上帝七日造宇宙的說法（special creation），天演學說的發達，因受阻礙，但是教徒也有覺得天演是有理解的學說。到了文藝復興時代，天演與宇宙兩說並立，這兩種學說爭論的很激烈。直到法人 Lamarck 才首創天演。在他以前，法人 Saint Hilaire 等也曾提倡過，但沒有他那樣說的詳細。當時反對者有動物學家 Cuvier，他的學說是所有動物綱（phylum）中，各綱皆有其特別的性質，與別綱

〔註276〕何品、王良鐳編注中國科學社檔案資料整理與研究《中國科學社董事會會議記錄》，上海科學技術出版社2017年版，第101～102頁。

的動物沒有關係。二人曾開了一個辯論會，因為學問不相等，Cuvier
勝了。

Lamarck 的天演學說

Lamarck 經過長時間的研究，得出以下有系統的天演學說：

一、適應環境：一因為環境不同，生物遂有變化，故生物的進化，皆由適應環境而起。

二、用與不用（useanddisuse）：譬如鐵匠的手臂，因為常用，就特別發達。又如長頸鹿，生長在沙漠上，因仰首食樹葉，所以頸部越用越長了。人的盲腸，因為不用，所以漸漸退化。我們身體內，因無用而退化的器官很多，據現在解剖學上的研究，計有百餘件。

三、後得性可以遺傳（inheritance of the acquired characters）：若長頸鹿，因長用，而頸變長了。這種特點，便傳到後代，故後代的長頸鹿，頸也長了。不幸當時的人都反對他的學說，他因此鬱鬱不得志。

Darwin 的天演學說

十九世紀 Darwin 在生物學界占很重要的地位。他的學說，好處在完全用歸納法。他在南美考察五年的生物，得了很多天演的證據，後來又加上長時間的研究，所以後人很難駁倒他。同時 Wallace 在馬來群島研究動物，也想到天演學說，他在病中把他的學說寫成一篇論文，寄到王家學會，植物家 J. D. Hooker 看過這篇論文後，覺得 Wallace 的學說，完全與 Darwin 的學說相同，但是當時 Darwin 還沒有發表他的學說。Hooker 就告訴 Darwin，他以為既然有人同他發明一樣的學說，便欲自廢其說，後來經朋友的勸阻，寫了一篇文章，和 Wallace 的論文，一同在王家學會宣讀。Darwin 學說的發生實由於以下二端：

一、Lyell 的 Principle of Geology，他這個學說說明地球的變遷與演化。Darwin 由此就相信天演是對的。

二、Malthus 的人口論（on Population），他說人口依幾何級數增加，而物產依算術級數增加，譬如象的生殖最慢，若是沒有淘汰作用，則百年後能布滿地球。又如生殖最快的如蟻牛，一年的時間，若個個生存，則由地球連一線可直達月球。據歷史看來，天災人禍，

皆因生殖日繁，有人滿之患，而淘汰作用，是以由戰亂而死亡，而減少人口，乃能趨於和平。

從 Malthus 的學說，推到生物學上，Darwin 因得：「物競天擇」，「適者生存」（struggle for existence, the survival of the fittest）兩個學說，此即天演學說也。Darwin 又有人工選種學說。他說野鴿與家鴿本是同類，巴狗與野狗也是同類；但是因為經過人工選擇，所以就不同了。假使將 New foundland 的大狗同中國的小巴狗比，不但不像是同類（species），並且不像是同屬了。此皆人工選擇使然也。在 Darwin 時代，遺傳學（genetics）尚未發達，他用人工選擇法，來證明自然選擇（natural selection）。在長頸的鹿，從先也有長短的差別，天災以來，長頸的能多吃樹葉而生存，短頸者遂致滅亡。能生存者即能傳種，頸長的子孫平均數就比前代長，歷經淘汰，乃有今日之長頸鹿。由此推之，萬物的演進，由於此種淘汰。Darwin 承認生物的不同不是由於用與不用，他主張生物有一種 variability 的特性，世界上沒有相同的生物，即孿生兄（即從一個 fertilized egg 由 cleavage 而生的）也有不同處。生物有了不同，一部受自然的淘汰，一部不受自然的淘汰，所以就有演化了。

Darwin 的附屬學說

一、性擇（Sexual selction）：他說生物皆有生殖的欲望，而且還極大。如有一種蜘蛛，雄者較雌者弱小，交合後，雄者則被雌者噬食，然其性慾則不少減。動物中之美者強者最易得配偶，故善鳴之雞，善舞之鳥及力大之虎，皆易得配偶，此種求偶欲望亦可改變生物。

二、Pangenesis：Darwin 以為生物有自然變化的傾向，環境亦有影響。故謂生物每個細胞，皆有一種物質為代表，將環境勢力，傳與生殖細胞，而得遺傳。此兩種學說，皆無根據，故很受批評。

Weismann 的學說或 Neo Darwinism

德人 Weismann 首創 Germplasm theory。此說謂生物細胞可分兩種：一曰身體細胞（Somatic cells），一曰生殖細胞（Germplasm orgermcells）。一種動物當卵子分裂之時（cleavage），一個細胞成為身體細胞，那一個成為生殖細胞。二者分離，不生關係。生殖細胞，

更不受外界影響，彼曾以老鼠試驗，將老鼠尾部切斷，生一代切一代，一直切到十七代，結果並無變化，斷尾並不遺傳。

當時遺傳學已發達，如 Darwin 的表弟 Galton 他說：人的遺傳性，二分之一受之父母，四分之一受之於祖父母及外祖父母，以此類推，愈遠則影響愈小。Galton 更注重優生學（Eugenics），他羨慕中國狀元家世，定多才子。後有奧國教士 Mendal 研究豌豆雜交，他拿長的同短的相配，黃的同黑的相配。所得的結果，遺傳的單位是特性（Unit character）而非 individual，若眼的黑或黃，髮的曲和直，皆為單位。他用黑黃相配得結果如下：

每種特性，有兩個 Determiner 為屬性（Dominant）為隱形（Recessive）。故黑黃相配第一代子系皆黑（隱性），二代子孫則三黑一黃，而三個黑的中間，又有不同，黑（a）同其祖父為純種，黑（b）同黑（c）同其父母為雜性，黃的同祖母為純種。試以圖表其關係：

Mendal 的定律可以總結如下

1. Unit character

2. Dominance

3. Segregation Mendal 當時將他的文章在一個不出名的雜誌上發表，未經世人注意。迨十九世紀末，才被發現，名聲大噪，故在生物界上，十九世紀是 Darwin 時期，二十世紀就是 Mendal 時期了。

突變學說 Mutation theory

發現 Mendal 定律的荷蘭的生物家 DeVris，他首創突變學說（Mutationtheory），就是說生物會自然突起變化與外界無關，不若以前學說以為變化是因環境而起的，是漸次的，他的學說的大意就是生物都有忽然的變化，環境只可以加以選擇或淘汰，而不可以改變其趨勢。（故謂 Darwin 學說無大價值）。DeVris 的試驗是取野種的 Oenothera lamaikiana 種在園子裏，結果得了許多的變種（mutants）。

Neo-Weismannism

關於突變的性質，後人有許多的學說：今欲明其真相，須先知細胞的組織及其分裂的方法。細胞核裏有一種 Chromatin，當分裂 Chromatin 變成一條，後分為數斷而成染色體（Chromosomes）。染色體的數目在每種生物是有一定的。細胞的分裂有兩種：（1）尋常的

分裂 Mitosis，分後的細胞與原細胞的 Chromosome 數目是一樣的。
（2）建樹分裂（Reduction Division），分後的細胞只有原來
Chromosome 數目的一半。如原來是 48 個，分後即成 24 個，生殖細
胞只有一半。Chromosomes 卵子受精作用（fertilization）之後，
Chromosome 又成原數。所以 Chromosome 在遺傳上極為重要。
Oenothera Lamaskiana 之所以發生突變的原因，就是因為
Chromosome 的分配不同，有的生殖細胞未經過減數分裂，生來的子
孫 Chromosome 便要多上一倍；有的分配不均，或多或少，都足以
引起變化，這叫做染色體的突變（Chromosomal Mutation）。近來關
於遺傳學的試驗很多，最著者如同哥倫比亞大學教授 Morgan 研究，
Drosophila，他說每一個 Chromosome 上有許多 loci，這些 loci 中又
有 genes，這些 gene 就是特性的代表，在生物生殖的時候 Chromosome
隨時不變，genes 則會發生變化，變化的結果便成 gene Mutation。現
在這種學說非常的通行，就是所謂的 Chromosometheory 或 Neo
Weismannism。

　　同時我們還要說的就是性的染色體（Sex Chromosome）生物之
中，雄雌所有的 Chromosome 數目不同，有的固然是相同，有的雌
的比雄的多一個，在人身上，女子較比男子多一個。性（Sex）的遺
傳，可用下圖來代表。假使一種生物雌的有 12 個 Chromosome，雄
的只有 11 個，所以生物的生殖，成雄或成雌的機會是一樣的。

　　nism 與 Neo Weismannism 都很懷疑，尤其是植物學家，因為在
植物中並沒有 somatoplasm 與 germplasm 之分，一部分的植物插在
土裏，便可生長，下等動物這樣的情形也是很多。新近又有一種學
說 Neo Lamarckism，主張環境在遺傳上是有勢力的。美國加利福尼
亞省得一位教授養一支貓，貓的尾巴被壓扁了，生下的小貓，尾骨
也是扁的。但是因為什麼原因，中國女子纏足數千年，中國女子的
腳生來仍是不小？西洋女子束腰，她們腰也不小？再者這只貓尾巴
扁了可以遺傳，為什麼 Weismann 的鼠尾巴，切了十七代還不遺傳？
所以他們說環境的勢力可有可無，如同吾人記憶一樣。世界萬事萬
物天天在我們身體過去，有的偶然被他們注意，就可以記下，有的
就記不下。環境的適應也是如此，有的變化有影響，有的沒有。這

種學說叫作 neo Lamarckism 或 mnemonictheory。他們的證明，如同脫光腳皮較別處皮厚，是因歷代的遺傳。最近奧國學者 kammerer 用蠑螈（Salamander）研究的結果，變換環境可以改變蠑螈的顏色，且可遺傳，但是有很多人反對他的學說，誣他假造，他就憤而自戕了，至今這學說還是鬧得很利害。Endocrinal theory 人身上原有許多無管的腺（duetless glands），起初不知有何用處。近來知道他對於生物的生長、生殖，都很有關係。若 sexualglands 與人類男女性很有關係，別的與人的高矮有關係。下等動物中此種 glands 不發達。所以有人主張在高等動物方面，有兩種遺傳：

一、染色體的遺傳（chromosomal inheritance），下等動物只 chromosomal inheritance。

二、內分泌的遺傳（endocrinal inheritance），此種分泌的無管腺與遺傳固有關係，並受環境的影響。性的決定 sexual determination 有兩種學說有人以為：

一、染色體的多少（chromo some numbers）。

二、營養的分別（Metabolism），因為女子的營養以建設作用為強（Anabolism），而男子的營養以破壞作用（Catabolism）為強。此說謂之 Quantitativetheory，關乎性的一點，有很稀奇事實，若同性的變化（sexual reversel），男子有女性或女子有男性。又有所謂中性者（intersex），如希臘陰陽體之神像 hermaphrodite，一個男身有大的乳房；德國科學家 Humbolf 在南美地方曾見男子以乳哺兒；芝加哥大學教授 Riddle 發現一個生過卵的雌雞，竟漸變成雄雞，也能和雌雞交構，後解剖之後，乃知其卵巢為結核病的破壞，睪丸乃逐漸發達，變成雄雞。此種事實可反證 Chromosomaltheory。

生命的現象與起源（Origin and Nature of Life）

近來對於這個問題的學說很多，茲擇要述之：

一、Mechanism：德人 Loeb（現在美國）等，他們主張一切生命現象可以用物理或化學的原理來解釋。這種說法，未免太武斷。

二、Vitalism：以為生命在宇宙中是獨立的，自己造成的，自己演進的，非用物理化學的原理，可以解釋。此種學說，則過於籠統，使人捉摸不著。

　　三、Organism：此說很新，知者尚少，大意謂一種組織
（organization）即有一種性質。所以電子（electrons）皆同；因為他
們的組織不同（或者數目不同，排列不同，）成為各種原子 atoms，
各有各的特性。及原子相合組成分子（molecules），則性質又變，與
原子的性質又不同了。所以說，在一種組織情形之下，即有新增的
特性。故化學中炭質化合物（carbon compounds），有有機物的特性。
後經變化而成膠質化合物（Colloiya compounds），新特性益增，力
（energy）牧放極易，而有生命現象。生物之中更漸次演進，及乎人
類，遂有心理現象發生（Psychological Phenomena），而人類之各種
活動，如政治、社會、法律、道德等遂因之而起矣。〔註277〕

　　12 月，Synoptical Study of Chinese Torreyas with Supplemental Notes on the
Distribution and Habitat（中國榧屬之研究附分布及產地）（與 R. C. Ching（秦
仁昌）合著）刊於 Contr. Biol. Lab Sci. Soc. China《中國科學社生物研究所論
文集》（第 3 卷第 5 期，第 1～37 頁）。

　　是年，1927 年～1928 年度中國科學社生物研究所植物部職員名單。
　　正式職員 4 人：胡先驌、方文培（替耿以禮）、余維堅（助理兼
標本採集員）、馮澄如（繪圖員）；非正式職員 4 人：陳煥鏞、張景鉞、
秦仁昌（中大講師，分類學）、嚴楚江（中大助教，形態學）。〔註278〕

　　是年，錢崇澍對中國生物學家研究贊許。
　　1927 年錢崇澍任教於清華大學，是年在《清華學報》第四卷第
一期發表《近年來中國新生物的發見》一文。此係綜述之文，為其
瀏覽其時國外生物學期刊所載關於中國植物新類群文而寫。首先列
舉此類論文目錄，有十二篇之多，分別載於七八種期刊，出版時間
在 1922～1926 年之間。其後錢崇澍言：「以前中國新生物的發見，
幾全由外人在中國覓得的。近年來國人始注意調查生物，於是自己
發見的生物亦漸漸多了。但國內尚缺少大規模的博物院、標本室和

〔註277〕《胡先驌全集》（初稿）第十四卷科學主題文章，第 62～68 頁。
〔註278〕張劍著《科學社團在近代中國的命運——以中國科學社為中心》，山東教育出
　　　　版社，2005 年 10 月版，第 209 頁。

生物學的圖書館，故所搜得的材料，因無標本和書籍可資比較及參考，自己不能考定名稱，只有送往外國專家，求其鑒別，始能得到確切名稱，故新生物雖有由國人覓得的，仍不能不借助他山，此亦過渡時代不得已的一法。但比較的不能不算中國研究生物學的進步。雖然如此，近來亦有新發見的生物由國人自己發表的，外人亦仍有在中國採集，因而發見新生物的。」〔註279〕

是年，錢崇澍對胡先驌研究的評價。

　　1920 年、1921 年胡先驌赴浙江、江西採集。他們所採，起初也不能鑒定，而是送往國外，請國外專家研究。但是他們並沒有止步如此，而是作深入研究。1920 年，陳煥鏞本計劃將所得標本攜往美國阿諾德樹木園進行研究，但不幸前後遭遇二次火災，大多標本被焚毀，而不得不放棄。胡先驌所採也遭其中一次火災，幸存了一些，1923 年即攜其中疑難種類往美國阿諾德樹木園研究，並攻讀博士學位，對中國有花植物作系統研究。錢崇澍對胡先驌赴美之後，作這樣綜述：「胡先驌在浙江、江西兩省，曾作深度較詳細的採集，所得標本存在東南大學標本室，被毀於火，甚為可惜。發見的新種曾在他處發表，今以手頭無卷可查，僅胡君在美時自己所發表的，及前人發表的列下：*Elaecapus Kwangtungensis, E. yentangensis*，前種產廣東，後種產浙江平陽之雁蕩山，係胡君自己所採得的。*Eriolaena azemaoensis, E. glabrescens*，這二種均產雲南。*Maesa henryi* 產雲南、四川。此篇中尚有數種係異名者。」〔註280〕

　　編年詩：《威海衛》《重入舊都》《贈景珩》《金陵遊覽詩玄武湖》《金陵遊覽詩莫愁湖》《壽熊純如丈六十》《攜景珩返金陵》。

民國十七年戊辰（1928） 三十五歲

　　1月1日，周岸登致胡先驌信函。

〔註279〕胡宗剛著《上世紀二十年代中國動植物分類學》，公眾號註冊名稱「近世植物學史」，2023 年 04 月 22 日。
〔註280〕胡宗剛著《上世紀二十年代中國動植物分類學》，公眾號註冊名稱「近世植物學史」，2023 年 04 月 22 日。

步曾詞長史席：

　　得北京賜書，備誦新什，高柔愛玩，德曜相莊，曷勝健羨。賤軀秋杪病起，校課□□，講座尚非所難，惟編講義之為苦。公前書所陳極是，然不能行者，主其事者，務在多開專門之班，以撐門面，學子實際非其所急，此等高深學術，妙在無人問難，隨我信口開河。茶陵絃歌，於今再見。此期因病曠課四十餘日，故楚辭未能卒業，《管子》敘錄講畢，尚有通論等篇，輟而未授，先授本文《牧民》一篇未竟也。詞曲一課學生幾滿，大衍之數能詞者約有十餘人，有沈奎閣、包樹樘、葉書德、丘立塔、吳大玠諸人尚好，略有興趣，現課僅至溯源第二。詞選則令慢兼授，今尚在五代，慢初授至蘇長公而已。張真如經陳嘉庚特聘，膺副校長，而廈派鼓動本地無知學子反對之。張大不願意，就職後三日，匆匆赴南京，為本校立案事有所接洽，現尚留滬未歸。我在此間授課之外，日惟閉戶讀書，百事不問，是非之地，深不願淆其餘波，見人裝呆最是好事。意緒百惡，欲託於音，輒復中止，故竟未能成一篇什也。稍暇當將所編講義各理一份寄上，以求教正。

　　《管子》舊注夆陋，意欲新為訓注，聞近人為之者已有二三人，均未出書，同事瑞安李竺，字雁晴，樸學專家，人亦甚好。其弟子陳準，有《管子補注》。又有他友，不知其姓，在江南亦為是學，已排印數十部，微友人之益，而非售品，李代我求之，尚未至也。我意現搜集材料，先為一長篇，俟有成書，再剪裁鎔鑄為注。然此事甚苦，往往因一字而審書數十本，結果未能得一二行，若講義如此編法，真勞而寡獲矣。遇太忙時，注中未能茲書出處，職是故也，總之，藉以自寄其心而已。現在尚無所苦，惟每日晨初醒，覺腦中不寧，起而盥漱畢，則忘之矣。稍暇當為詞贈公及新夫人。因農山回金陵，買得福州漆器首飾匣一個，壁掛二事，託其帶致，略效芹獻。

　　敬希雙笑，並頌
新釐不備

　　　　　　　　　　　　　　　　　　　　　岸登
　　　　　　　　　　　　　元月元日（1928 年）〔註281〕

〔註281〕胡宗剛撰《胡先驌先生年譜長編》，江西教育出版社，2008 年 2 月版，第 129～130 頁。

1月，范靜生先生為靜生生物調查所（簡稱靜生所）作出貢獻。

　　尚志學會為紀念其創辦人范源廉，決定與中華教育文化基金董事會合作創辦靜生生物調查所，並向中基會提出《合作辦法》。據周詒春回憶，丁文江在其間曾積極參與策劃。周氏說：「他還有一件事，也值得記載的，就是向尚志學會募集了一筆基金，創辦靜生生物調查所，來紀念教育界前輩范靜生先生。現在這個調查所對於生物學的研究，在我國科學家界中，也得到了相當的地位。」〔註282〕

1月，尚志學會與中基會達成共識，支持靜生生物調查所的事業發展。

　　尚志學會為謀求一項永久事業。用「靜生」二字是以紀念已故的「以提倡自然科學為職志」的范靜生先生，以其「廣布生物學知識，旁及生物學之致用方面以利民生」之遺志。他們草擬了合作辦法，由中基會負責組織實施。甲、為紀念範靜生提倡生物學未竟之志，特設靜生生物調查所。乙、尚志學會囑託中華教育文化基金董事會全權計劃，組織辦理靜生生物調查所。丙、為維持該調查所永久起見，特撥基金若干萬元之於中基會，儲存生息或酌用其他方法生利，俟若干年後，即以每年所得息金作為該所維持費之用。丁、中基會在調查所創辦之若干年內，每年應按照該會訂立之計劃負責補助，作為該所經常費之用。〔註283〕

　　2月16日，董事會會議，呈請大學院每年補助本社生物研究所經費提議諸事。

　　理事會第64次會議記錄（1928年2月16日），南京成賢街大學院開理事會，到會者：周子競、過探先、王季梁、竺藕舫（主席）、楊杏佛、胡剛復、路季訥（記錄）。

　　一、竺藕舫提議：每次開理事會前，應將上次理事會議決案記錄朗讀，以昭鄭重。

　　通過。

〔註282〕周詒春《我所敬仰的丁在君先生》，《獨立評論》第188號。宋廣波編著《丁文江年譜》，黑龍江教育出版社，2009年版，第321頁。

〔註283〕《尚志學會初擬與中基會合組靜生所辦法》，南京：中國第二歷史檔案館，609（2）。胡宗剛著《靜生生物調查所史稿》，山東教育出版社，2005年10月版，第15頁。

二、關於出席四屆太平洋學術會議事，由本社先函中央研究院
請主持一切，如本社承中央研究院委託進行時，由本社太平洋學術
會議委員會盡二個月內召集學術團體代表商議進行辦法。

三、議決：本社上海科學圖書館定名為中國科學社明復紀念圖
書館，胡明復先生紀念捐款用途由上海社所委員會及圖書館委員會
議定，建議於理事大會。

四、議決：函復科學名詞審查會，本社贊同該會執行部之議決
案，即俟大學院譯名統一委員會正式成立後，即將科學名詞審查事
業及科學名詞審查會現存經費自動移交大學院接辦。

五、范靜生先生在北京逝世，推舉孫哲生先生為本社董事，請
年會追認。

六、議決：於三月初開理事大會時，本社發起為本社董事范靜
生先生開追悼會，推舉過探先、任叔永、路季訥為追悼會籌備委員
會委員。

七、以下議案均歸三月二日理事大會討論：

（一）范旭東先生前曾允以每月一千元津貼辦一《科學週刊》，
此事社中可擔任，由編輯部請專人主持，以後通俗文字及社員通訊、
社聞等即可登週刊上。（竺藕舫提議）

（二）呈請大學院每年補助本社生物研究所六萬元。（秉農山、
胡步曾提議）

（三）本社呈請大學院行文川黔當局，請保護本社生物研究所
人士四月間至川黔二省採集植物標本案。（胡步曾提議）

（四）聘前東南大學植物系畢業生金維堅為本社生物研究所植
物部助理案。（胡步曾提議）〔註284〕

2月28日，尚志學會與中基會簽訂協議，共同管理十五萬基金。

中基會和尚志學會共同成立「北平靜生生物調查所」。組織大綱
合作內容如下：一、甲條所定名稱可表同意。二、撥定基金十五萬
元，由董事會保管儲存生息，其首四年生利息，因尚志學會已指定

〔註284〕何品、王良鏞編注中國科學社檔案資料整理與研究《中國科學社董事會會
議記錄》，上海科學技術出版社 2017 年版，第 108～109 頁。

用途予保留，俟基金本利合成三十萬元後，既以每年所得息金作為調查所永久維持之費，可表贊同。三、囑託性質屬於永久，至一切組織即按照乙條所規定（由董事會得全權處理）。四、中基會接受尚志學會囑託後，即設靜生所委員會，以主持其事，委員會委員擬分三部分：一部分由尚志學會推舉，一部分由董事會推舉，另一部分由兩部分委員共同推舉，其章程另定之。五、調查所在創設期間，董事會當按照委員會擬定之計劃設法維持，俾可助其成立，以符同共提倡之初旨。六、此事進行方針當力從審慎周密處入手，總期基礎極臻鞏固。〔註285〕

2月，國立第四中山大學改名為江蘇大學，胡先驌任生物系教授。

3月4日，中國科學社的同人開會追悼範靜生。

在南京社所，中國科學社的同人開會追悼範靜生，由蔡元培主席首先致詞，繼而竺可楨宣讀祭文，柳詒徵做演說，會上胡先驌講述了范公在抱恙之際，在病榻間，仍置有生物標本及圖書等物，潛心觀察，未嘗片刻忘之，以證先生好學求知之力矣。並言：「先生久欲創設生物研究所於北京，幾經籌劃，以經費之梗，迄未完成，病革前二三日，猶津津詳論其組織焉。今先生既歿，同人應盡力助成此事，以竟先生之志爾。」胡先驌對範靜生始終懷有敬仰之情，曾有為其做傳之願，抗戰勝利後，在北平曾囑卞孝萱代為收集材料，終因世局變動，而未能如願。〔註286〕

3月，《種子植物分類學近來之趨勢》一文在《科學》雜誌（第13卷第3期，第315～323頁）發表。摘錄如下：

吾人知近代植物分類學大家首推林奈（Corl Linne），其所發明之「生殖器官分類系統」（sexual system）曾風行一時。然終被認為「人為系統」（Artificial system）以示與表示植物界血統關係之自然分類系統（Natural system of Classification）異者，即以其分類之法

〔註285〕《中基會對尚志學會所擬合組靜生所辦法的修正》，南京：中國第二歷史檔案館，609（2）。胡宗剛著《靜生生物調查所史稿》，山東教育出版社，2005年10月版，第16頁。

〔註286〕《本社董事范靜生追悼會記略》，《科學》，1929，13（1）。胡宗剛著《靜生生物調查所史稿》，山東教育出版社，2005年10月版，第14～15頁。

但知表面上之相似，每以關係甚遠之植物，歸入一群，圖檢查鑒定之易，而全不顧其真正之關係也。

裕蘇（Antoine de Jussieu）承芮（John Ray）之緒，重振自然分類之旗鼓，德堪多（A. P. De Candolle）修正裕蘇之分類系統，至 1863 年邊沁（Benthem）與斛克（Joseph Hooker）刊行其《植物誌屬》（Generum Plantarum）時，則又修正德堪多之系統而分種子植物如下：

一、雙子葉區（Dicotyledons）

（一）離瓣亞區（Polypetalae）

    1. 托狀花系（Thalamiflorae）

    2. 盤狀花系（Disciflorae）

    3. 萼狀花系（Calyciflorae）

（二）合瓣亞區（Gamapetalae）

    1. 下位花系（Inferae）

    2. 上位花系（Superae）

    3. 二心皮系（Dicarpeae）

（三）一重花被亞區（Monochlamydeae of Incompletetae）

二、裸子植物區（Gymnospermae）

三、單子葉區（Monocotyledons）

上述之德堪多與邊沁、斛克兩系統，除少數之差別與邊、斛二氏修正德氏之錯誤外，大要相同。即認定雙子葉區較單子葉區發生為早，而離瓣亞區托狀花繫之毛茛科（Ranunculaceae）為最原始之科；同時認一重花被亞區之有一重花被或無花被者為退化之科而非最原始者。此系統風行一時，至今猶為英、法兩國所尚，復乃為恩格勒（Engler）之系統取而代之。

恩氏之系統，分種子植物如下：

一、裸子植物（Gymnospermae）

二、被子植物（Angiospermae）

（一）單子葉植物區（Monocotyledonae）

（二）雙子葉植物區（Dicotyledonae）

    1. 原始花被亞區（Archichlamydeae）

    2. 變形花被亞區（Metachlamydeae）

　　恩氏此系統較邊、斛二氏之系統為勝者；為將裸子植物提出與被子植物相對。其以單子葉植物置之雙子葉植物之前，由於設想單子葉植物較雙子葉植物為原始。其系統中雖無一重花被亞區之名，然在其原始花被亞區中，此分限仍然存在。

　　恩氏大體之主張認無花被（Achlamydeons）之植物較具一重花被（haplochlamydeons）者為原始，而具二重花被（diplochlamydeons）者又較進步。韋特士坦（Von Wettstein）之主張亦同。彼以為風媒單性花在被子植物中為最簡單，認一重花被之小蕊花，為小蕊花序每一苞片有一小蕊者退化而成（第一步），再則小蕊之數增加（第二步），三則一部分小蕊變為花瓣（第三步），大蕊花發達之程序亦然。至兩性花之來源則由於大蕊偶然發生於小蕊花之中云。韋氏承認其學說必須有生態學上之解說以證明之，乃謂小蕊花序之退化為小蕊花，為與裸子植物中花序退化之同一現象，而謂由於柱頭發達後傳粉利便之故（第一步）。此時期之植物猶為風媒者，彼謂小蕊增多之故，由於昆蟲之傳粉，小蕊愈多，則昆蟲傳粉愈易，於是收天擇之功效（第二步）。再則一部分小蕊變為花瓣或花糖瓣（第三步）。而偶然發現之兩性花，以傳粉較易之故，遂得存在，浸而成普遍性。

　　韋氏之說可議之點甚多：（1）風媒花之趨勢為小蕊花密集，庶得同時散佈多量之花粉，而小蕊花序退化為小蕊花，結果將恰相反。（2）風媒花既散佈極多量之花粉，昆蟲採取少量之花粉似不能使小蕊花增加小蕊之數。（3）韋氏未說明山毛櫸科、樺木科等複雜之小蕊花序，如何由單生之小蕊花演化而成。（4）此學說不能解釋如何在某原始花被區中，外部之花被片逐漸變為內部之花被片。（5）大蕊之發生於由小蕊花序退化而成之小蕊花中，必為極異常之事，而此極異常之事，必須同時在多種植物中發現，此乃甚可疑之事。（6）韋氏之說與恩氏之說同苦於缺系統上之例，若謂一重花被之大戟科植物為原始而非退化者，則違背一般分類學家之主張，如密削里士（Michoelis）與拔格斯（Pax）皆謂最初大戟科植物之花皆具有二重花被者也。

　　恩氏系統之視單子葉植物為較雙子葉植物為原始，亦經形態學之研究而否認。……

關於雙子葉植物之分類，近年人多主張以毛莨部（Ranales）為現存之最原始被子植物，而一重花被亞區之植物皆為退化而成者。白希（Bessey）與哈利葉（Haliier）即主是說者。……

在此分類統中，吾人得知白氏認毛莨部為原始有花植物，單子葉植物由之而出。無花被與一重花被之植物，乃由二重花被之各科退化而成。……彼又認明合瓣植物出於離瓣，而按其他種之特點分納之於離瓣各科之後。此分類系統可謂與恩格勒系統絕對不同矣。

哈利葉與羅塞（lotsy）之主張與白希略同。……

阿培爾（Arbor）與巴金（Parkin）曾取哈利葉之說為一被子植物發源之學說。……

最近英國之郝經生（J. Hutchinson）又修改邊沁、斛克系統創一新分類系統，其要旨與上述諸家相同，皆認毛莨部為最原始之被子植物，而原始花被繫為退化而成者。……此種主張頗能表示植物各部科屬自然之關係，而形態上之構造，每由平行發達（parallel development）而致相同；然為辨認便利起見，多源之部區如大戟科如合瓣亞區仍不妨任其存在焉。

自近年形態學、解剖學、古代植物學之研究盛行以來，毛莨部認為原始植物之學說，日為人所宗仰，然亦有主張過偏之弊，蓋未有能將穗狀花系與其他一重花被之各科之關係解釋明晰恰當者也。故另有一派分類學家如外士（Weiss）、宛咸母（Wernham）、任德爾（Rendle）諸人，皆持異議。外士以為被子植物之營養與生殖器官之複雜，不但在今日為然，在其初出現之白堊紀時已如此，可以證明此類最高等之植物來自多源。宛咸母以為被子植物在未成被子狀態以來，或已分為數大支；至少一部分之原始花被區，不發源於毛莨部一類之植物。任德爾亦謂穗狀花序之植物，可謂為較老之植物之與毛莨部植物之祖先同時或較早者之後裔。近代被子植物之天演必有數時期，而一部無花被之植物，或即此天演某時期所遺後裔云。

總而論之，近年植物分類學之新趨勢，已漸認恩格勒分類系統之不當，群趨於改良德堪多與邊沁、斛克系統，仍認毛莨部為最原始之被子植物，而原始花被各科為退化而成者。形態學、解剖學與

古代植物學之研究，益足以證明其說之不誤。雖有入主張被子植物來自多源，穗狀花植物非由毛茛部退化而成者，然毛茛部之為原始植物，直接由本勒蘇鐵一類植物蛻化而來之說，固顛撲不破也。恩格勒系統雖風行一時，恐終將被人拋棄。哈衛吉布孫（Harvey Gibson）至謂恩氏系統妨礙被子植物之真正之血統分類之成立，一如林奈之生殖器官系統，可見近日分類學之趨勢矣。〔註287〕

4月3日，胡先驌致任鴻雋信函。談了自己的打算，決定辭去中國科學社生物研究所植物部主任，由錢崇澍（字雨農）來擔任，全力以赴做好靜生所的事業，指示購買專業圖書和實驗室的各種儀器。

叔永吾兄惠鑒：

農山兄回寧，知靜所將告成立，欣慰奚似。此間補助費事亦將成熟，決邀錢雨農兄來。雨農兄來，弟可北上代為開辦調查所植物部，以及計劃一切。如諸事適宜或可長居北方也。

農山兄云：所有調查所應用之書報歸基金會辦之，圖書館購置，可由弟開單，由基金會交圖書館購買，大望幸事。竊計購買轉運需時甚多，茲特擇最需要者，開一單即請告圖書館刻日訂購，愈速愈妙。待弟等來京，若無書參考，結耗時日，無事可作，殊不合算也。

此單內所開書款大約值一萬元，內以 Curtis's Botanical Magazine 為最貴，約值四千元，然此志與日俱貴，並須爭先購買，否則日稀。能商諸圖書館，此單內之書此次一律購買，則大幸矣。

基金會董事會如已通過補助靜生所案，望即電知，以便代為籌購各物，以免開辦時再函購之耽誤時日也。

專此祇頌

臺安

弟 先驌 拜啟

四月三日（1928年）〔註288〕

〔註287〕張大為、胡德熙、胡德焜合編《胡先驌文存》（下卷），中正大學校友會出版發行，1996年5月，第98～104頁。

〔註288〕胡先驌致任鴻雋，1928.4.3，南京：中國第二歷史檔案館，484（981）。胡宗

【箋注】

　　任鴻雋（1886～1961），字叔永，重慶市人。著名學者、科學家、教育家。1911年任孫中山臨時總統府秘書。赴美求學，獲得美國康乃爾大學化學學士和哥倫比亞大學化學碩士學位。1918 年任北京政府教育部教育司司長、北京大學教授。1922 年任東南大學副校長。1925 至 1935 年任中基會專門秘書、董事、幹事長等職。1935 年任四川大學校長。1938 年任中央研究院秘書長、總幹事兼化學所所長。其妻陳衡哲（1890～1976），中國第一位公派女留學生，中國第一位以西洋史為專業的留學生，中國第一個白話文小說家，中國第一位新文學女作家，中國第一位女博士。

　　4 月 7 日，吳韞珍致過探先信函。

　　　　探先夫子大人尊前：

　　　　　　生前次來京，得聆教義，幸何如之。刻由陳宗一先生示知，謂科學社生物研究所植物系需人，囑生將詳細履歷開示，並託夫子大人代為介紹。彼所需者為植物專家，生本不敢以此自命，而冀有所請託。此特為夫子告者：生在外求學始終以植物分類學為職志，即如一九二三年投考清華專科，亦即為植物系；及至康校雖以園藝為主科，植物分類學為副科，然生之致力專攻，果未嘗以此分主副也。生自知對於後者反較前者為長，及後請求延長官費一年，亦由植物部主任教授 K. Wiegand 致函述意。前年世界植物學大會，教授即囑以專攻植物分類學資格范會。及臨行時，教授亦諄諄以繼續研究植物分類學相勸勉。生若不以家事而即行回國者，本已由 A. B. Stout 招至 N. Y. Botanical Garden 做事，奈事與願違。以上云云，不過稍言志趣所在而已。再者，南京方面對於植物分類學自胡、陳、錢、秦諸先輩之科學教育，已大有基礎，若有機遇得步後塵，是所深冀，不知夫子其亦有以提攜之否乎？尚祈鼎立介紹為禱。餘不盡言，肅此，敬請教安

　　　　　　　　　　　　　　　　　　　　　生 吳韞珍 敬上

　　　　　　　　　　　　　　四月七日 自青浦縣朱家角鎮發〔註289〕

　　　　　　剛著《靜生生物調查所史稿》，山東教育出版社，2005 年 10 月版，第 18 頁。
〔註289〕胡宗剛著《吳韞珍放洋歸國求職記》，公眾號註冊名稱「近世植物學史」，2022年 02 月 17 日。

4月30日，秉志致任鴻雋信函。

叔永吾兄如晤：

　　所寄來之審查稿件，現審評告竣，專此奉上，望察收。任光處弟已去函催其不可耽誤時間，若將來渠擔任此事，有不便處，可暫由樹人代之，惟須兄與之料理清楚，不使發生誤會耳。

　　調查所事最好於六月間開辦，七月間即可起首工作，步曾甚願來京作永久之工作，查調植物及所中其他一大部分事業，可由渠擔任。弟每年來京四月，廈門之事暫託伍君獻文代為照料。弟在寧所八個月，社中同人不至不滿意。調查動物，弟不在京時，由壽理初執行，弟所規劃者，寒暑假中或他假時，席山、經甫、覺民等均可來所研究，想進行必甚順利。惟望北京同志勿為外事所影響，積極將此學業上之事業放入軌道。弟來北京組織此事，最好由基金會表示合作。每年將弟調京四個月，理事會必樂於贊成。雨農已受此地之聘，六月底可來此地。動物方面弟擬俟至王家楫、宗彭、盧於道等回國，擇一聘之。他人之願來者，弟暫不滿意，不敢羅致也。惟此間限於款項，添人甚難，外間雖有幫忙之說，弟不敢希望過甚。惟盼調查所工作起首，弟在京可為此間省款；在此可為京所節支，以補原款之不足。

　　地質調查所每年經費六七倍於此間，從事研究者凡廿餘人，又有外國專家工作，十餘年始得國際之聲譽；北京協和之多材善賈，尤非此間所敢望，然則此間一勺之水，欲蜚聲國際學術界，弟即耗盡心血，其前途尚邈遠也。尼丹先生來此兩周，弟皆與之俱，因此，弟之工作不免受影響。然先生此來得標本甚多，於渠之研究上大有補助。弟所以報先生者，在是望其此次來寧可以影響於吾國學術者，亦在是今日渠來社演講，亦惟今日渠始得暇來所參觀，所中同人涉於昆蟲者甚少，渠未必觀之有興味耳。

　　日內即將各稿件寄還，為在此存放莫若仍存基金會較妥，且定後仍須發還。弟恐發表後眾議譁然。弟等受人攻擊，有其中得頭彩者，多係大人物也。

　　專此，即頌

弟　秉志

四月三十日〔註290〕

5月1日，胡先驌致任鴻雋信函。

　　叔永吾兄惠鑒：

　　　　四月二十日手書敬悉。前次所開書目，俱屬最需者，如經費無
設法之可能，則按此次寄上之單未有＊號者，全數購買，其他則明
年無論如何須買齊。如此經費大約可減半數，然苟經費有法可想，
仍請設法全購為要，尤以 C. B. M.為重要也。調查所事農山意欲六
月著手組織，七月起手工作。經費問題似宜先有權宜辦法，庶早日
可寄款至國外，預為購置一切應用之物，七月即可全力做事。目下
弟可代為作函致美國傑克教授，代為購置標本紙等物也。組織辦法
及詳細預算，弟與農山商量妥帖，想已寄呈。

　　　　聞董事會以人數不足，未能開會，則調查所將如何進行乎？又
農山與弟同為科學社職員，調查所既係與此間合作，則弟等之入京
裏理，應由調查所來一正式公文與此間函商，方為妥帖。此事農山
屢以為言，尚望照辦為荷。

　　　　此間補助費尚未得到，希望不至落空，是在杏佛之力矣。廣西、
四川兩採集隊已出發，大是佳事。特此附聞。

　　　　專此即頌

　　綏安

弟　先驌

十七年五月一日〔註291〕

5月22日，共同討論參加第四屆太平洋科學會議人選諸事。

　　　　中國科學社宴請各學術團體代表，討論出席將於 1929 年 5 月
16 日〜6 月 9 日在爪哇舉行的第 4 屆太平洋科學會議事宜，到會者
有蔡元培、楊杏佛和來自中國天文學會、氣象學會、地質學會、工

〔註290〕秉志致任鴻雋，1928.4.30，南京：中國第二歷史檔案館，484（981）。胡宗剛
　　　　著《靜生生物調查所史稿》，山東教育出版社，2005 年 10 月版，第 17〜18 頁。
〔註291〕胡宗剛撰《胡先驌先生年譜長編》，江西教育出版社，2008 年 2 月版，第 132
　　　　頁。

程學會、農學會、學藝社、桑蠶改良會、中國科學社等 8 團體的竺可楨、謝家榮等 20 多位代表。本社宴請各學術團體代表討論出席第四屆太平洋科學會議記事：「太平洋科學會議，乃沿太平洋諸國之學術機關所組織。約每三年開會一次，討論關於太平洋區域內之地質學，生物學，氣象學，地理學，海洋學，天文學，人種學及農學，無線電學等種種問題。第一次會議於民國九年在檀香山舉行，第二次於民國十二年在澳洲舉行；我國均未派正式代表。第三次會議於民國十五年在日本東京舉行，我國有代表十二人列席，一切情形，已詳志本刊。第四次會議已決定於民國十八年五月十六日至六月九日在爪哇舉行。本社已收到爪哇政府第一號通告，邀請屆時派代表參與並囑將代表人名住址及提出之論文早日函告。本社以大學院已設中央研究院，故呈請該院主持其事；大學院以中央研究院組織尚未完竣，明年爪哇會議仍請本社籌備一切。本社以值全國教育會議在京舉行各學術團體多有會員出席之便，乃於五月二十二日下午五時邀請各學會職員在本社社所討論明年爪哇會議出席事宜。到會者有大學院蔡子民、楊杏佛二君及天文學會，氣象學會，地質學會，工程學會，農學會，學藝社，蠶桑改良會及本社八團體代表高魯、孔韋虎、竺可楨、胡先驌、陳立夫、胡剛復、周仁、王璡、沈宗瀚、鄭貞文、錢寶琮、朱義農、周昌壽、姚傳法、謝家榮、楊開道、張心一、何尚平等二十餘人。蔡子民主席。由竺可楨報告太平洋科學會議之經過。繼乃討論下屆出席問題，當議決各項如下：（一）由科學社函各學術團體負責籌備，並早日通知科學社以代表人名及論文題目，以便轉達中國政府。至明年開會時，科學社當向大會聲明以後執行委員會改由中央研究院出名參加。（二）未到會之各學術團體由科學社等發起登報通知，請其加入籌備。（三）各學術機關代表所提出之論文須於本年十一月一日以前交中央研究院，由中央研究院聘請專家審查。（四）參加會議之代表以提出論文者為限。議畢歡宴而罷。（《科學》第 13 卷第 4 期，第 583～584 頁）〔註292〕

〔註292〕張立生編著《謝家榮年譜長編》（上下冊），上海交通大學出版社，2022 年 12月版，第 105～106 頁。

5月～8月，江蘇大學改稱國立中央大學，胡先驌任生物系教授。

5月，靜生生物調查所的主要工作進行確定。

　　靜生生物調查所（簡稱「靜生所」）的名稱、所址、事業、組織作了周密計劃安排：（一）命名。本所為紀念范靜生先生提倡生物學未竟之志而設，故定名為靜生生物調查所，於民國十七年十月創建。（二）所址。總所擬設在北京，並在其他相當地點設立分所，俾便就地調查及研究。（三）事業。本所事業可列舉如下：（甲）調查國內動植物之種類並加以研究；（乙）設立生物標本陳列室以供眾覽；（丙）發行生物專刊以供國內外學者之參考；（丁）製造標本以供學校教課及生物學者研究之用；（戊）舉行通俗講演以傳播生物學知識。（四）組織（甲）……（乙）所內組織。本所擬分動物、昆蟲、植物及植物病害四部，設所長一人（由一部主任兼任）總理全所事務。各部設部主任一人，研究員、助理員、事務員各若干人。擔任採集、整理各種標本，並部中一切事務。初開辦時可依經費情形先設動物、植物兩部，兼辦各四部事務，以後按年擴充。〔註293〕

6月9日，中央研究院（Academia Sinica），簡稱中研院，第一次院務會議在上海召開，蔡元培主持宣告該機構正式成立。集自然科學和人文社會科學為一體的國家科學研究院，集研究、管理、經費保障三種體制於一身，成為中國最高學術機關。代表中國與國際學術界對話，其在建院之初曾在體制上試圖模仿法國皇家科學院和蘇聯國家科學院。11月，國民政府公布《國立中央研究院組織法》11條。規定中央研究院直隸國民政府，為全國最高學術研究機關。宗旨為「實行科學研究，並指導、聯絡、獎勵全國研究事業，以謀科學之進步，人類之光明。」

6月19日，成立靜生生物調查所委員會，通過多項議案。

　　中基會第4次董事會，正式通過接受尚志學會囑託，組織靜生生物調查所，議決聘請江庸、陳寶泉、王文豹、翁文灝、祁天錫、周詒春、丁文江、任鴻雋、范旭東為靜生所委員會委員，秉志為所

〔註293〕靜生生物調查所創辦緣起。中國第二歷史檔案館，全宗號609，案卷號6。羅桂環著《中國近代生物學的發展》，中國科學技術出版社，2014年1月版，第202頁。

長。〔註294〕7月，秉志、胡先驌即赴北京，負責組建該所。7月18日，靜生所委員會第1次會議在南長街22號中基會事務所舉行，陳寶泉、王文豹、翁文灝、祁天賜、周詒春、任鴻雋、范旭東諸委員出席會議，所長秉志列席會議。會議由周詒春代表中基會為臨時主席，通過的議案有：1.《靜生生物調查所委員會章程》。2.《靜生生物調查所計劃及預算》。3. 推舉任鴻雋為委員會主任、翁文灝為書記、王文豹為會計等，這些職位皆為名譽職位。4. 秉所長提出請胡先驌為植物部主任，月薪300元；壽振黃為動物部副教授，月薪250元，劉崇樂兼任動物部教授月薪150元。次會議主席說明秉所長不能常居北平，其不在時所長一職由胡先驌代理。5. 討論決定靜生所正式成立日期為十月一日。靜生所在籌設時，除秉、胡兩人外，還聘請壽振黃、劉崇樂兩人，在正式開幕前又延攬了沈嘉瑞、唐進兩人。〔註295〕

6月21日，董事會會議，推定審查之科學名詞（醫學除外）委員會委員。

　　理事會第69次會議記錄（1928年6月21日），南京成賢街本社社所開理事會，到會者：王季梁、周子競、秉農山、過探先（路代）、路季訥。

　　一、推定葉企孫、饒育泰、錢雨農、薛良叔、胡步曾、秉農山、胡剛復、王季梁、何奎垣、陳慕唐、曹梁廈、段調元為整理已審定及已審查之科學名詞（醫學除外）委員會委員。

　　二、科學名詞審查會函請於最短期間延聘專家，整理已審定及已審查之科學名詞出版，並請於一個月內先將經費預算開出案。

　　議決：函復科學名詞審查會，本社現已推定葉企孫等十二人擔任整理名詞出版，請函中華博物學會接洽一切，決定開會日期、地點（以上海為最相宜），函告本社，推定各人赴前與會，與會人應給以相當川資，無他種費用。

〔註294〕《中基會第三次報告》，1929。
〔註295〕《靜生所委員會議記錄》，南京：中國第二歷史檔案館，609（3）。胡宗剛著《靜生生物調查所史稿》，山東教育出版社，2005年10月版，第18～19頁。

三、議決：年會地點決定蘇州，請理事中有友人在東吳者，先
函借東吳大學為開會地點，再由本社正式函商，開會日期定八月二
十日左右，開會五天。〔註296〕

6月，撰寫《靜生生物調查所創辦緣起》一文中，認為中國地大物博，古
代對生物研究取得豐碩成果，只是在近代落後，生物研究機構不多，利用國家
發展的好時機，積極發展科研機構。范先生一生致力科學發展，「吾國當以農
學為提倡科學之嚆矢」，積極發展生物研究，其執著精神、遠見卓識令大家深
受鼓舞。摘錄如下：

吾國幅員廣袤，庶物繁賾，天時地利、甲於寰中，據五嶽三江
之勝，動植飛潛種類之富，為溫帶各國之冠。群芳百卉多由發源，
海錯山珍，盡人企羨。並世利用厚生之資，蓋鮮有能逾越於吾華者
也。資藉既厚，研求遂精。黃龍雖云偽託《山海》，或由臆造，然《爾
雅》之詁，已昉自成；周本草之興，寧後於三代？故多識鳥獸草木
之名，為聖門之常訓。大哲如朱文公，睹石中蛤蚌而悟滄桑之理，
已開古生物學、地質學之法門；名賢如李時珍、吳其濬修《本草綱
目》《植物名實圖考》，尤能奠藥物學、植物學之基礎。在歐洲十八
世紀林奈以前，博物之學於吾國殆無以相尚也。旁如禽經、果譜、
荒政、農書、桂海虞衡、南中草木，在賢士大夫，初本政余之涉獵、
在科學史每開萬國之紀元，西人競譯《荔枝譜》《洛陽牡丹記》諸書，
其旨可知矣。

吾國天賦之厚既如此，前哲之創作復如彼。丁此二十世紀文明
大啟，科學競昌之世，得友邦先進之典型，庶物之研幾尤不可復。
范靜生先生常謂日本以醫學為昌明科學之導師，吾國當以農學為提
倡科學之嚆矢，蓋已深見其大矣。溯自民國奠基以來，十有六載，
政局雖云俶擾，學術頻啟曙光，博物之學尤見著效，政府之學術機
關則地質調查所，公團之學術組織則有中國科學社生物研究所，皆
在窘困環境之下勉為其難，漸能有成績昭示於遐邇者也。惟中國版
圖既廣，探討維艱，在他邦每每以吾國什一之方輿，而研究所林立，

〔註296〕何品、王良鐳編注中國科學社檔案資料整理與研究《中國科學社董事理會會
議記錄》，上海科學技術出版社2017年版，第116頁。

在吾國以十倍他邦之地域，學術機關反寥若晨星，則欲求盡其寶蘊，寧無河清難俟之感乎？

範靜生夙治博物之學，繼秉教育之衡，堅貞勤劬，世所罕睹。退食之暇，輒攀芳騫茝，探研其名實，數十年來，未嘗或倦。當其漫遊新陸，察其教育，所三致意者，厥為自然研究與公民教育二端，蓋其雅好自然，賦性則爾矣。當其主持教育文化基金董事會，亦孜孜以補助自然科學為職志，嘗以為中國地大物博，生物學之搜討實為要圖，雖華南（著者注：華東）有科學社生物研究所之設，然經營方面驟難遍及，過莛鞋轕，力殊不逮。華北沃野千里，東控遼瀋，西接陝西、蒙古、新疆，作北方之屏蔽；川、滇、江漢為南服之接壤，山川富厚，物種繁茂。鑒於邇年歐美人士探討成績之優異，益覺生物調查所與自然博物院之創設為不可緩。每欲糾資興辦，以為全國之倡。曾與某某等屢屢商榷。茲事彌留前數日，在醫院中猶與某擬議生物調查所具體計劃，如何集資、如何設立博物院、如何廣布生物學知識、如何旁及生物學之致用方面，以利民生言猶在耳。人琴遽渺，後死者安敢不勉求竟先生未竟之志，乞邦人君子襄助，俾得在華北立一生物學研究機關，以永久紀念先生哉。

某等以為范先生既為博物名家，而又三致意於生物學之提倡，吾人允宜糾資，於北京城中設一生物調查所，附設一博物院，冠以先生之名，請先生之家屬以先生歷年所搜集之動植物標本及所購閱之博物書籍，捐於所中，以為博物院圖書室之嚆矢。聘請專家，注重全國動植物種類之調查，一方發表專刊，以研究所得，昭示於世；一方以博物院之陳列，供群眾之觀覽，復可於相當地方，如水產豐富等處，設立分所，以資特別研究，庶茲學大昌於中國，而明賢之遺念永垂於將來。諒海內明達，必樂於匡助以觀厥成也。〔註297〕

7月18日，中華教育文化基金董事會靜生生物調查所委員會成立會議。

〔註297〕靜生生物調查所創辦緣起。中國第二歷史檔案館，全宗號609，案卷號1。羅桂環著《中國近代生物學的發展》，中國科學技術出版社，2014年1月版，第201頁。胡宗剛撰《胡先驌先生年譜長編》，江西教育出版社，2008年2月版，第135～137頁。

　　會議由周詒春主持，出席者有翁文灝、王文豹、陳寶泉、祁天錫、任鴻雋等該所委員會委員。會上，翁文灝提議由中基會幹事長兼任該委員會委員長，獲得通過。經任鴻雋提議，翁文灝被推舉為委員會秘書。〔註298〕

胡先驌1928年夏攜長女昭文、長子德熙（王蓉芬夫人所生）合影於南京

7月18日，會議確定秉志不在北平時，胡先驌代理所長。

　　靜生生物調查所委員會成立，由中基會周詒春、任鴻雋、翁文灝、丁文江與尚志學會陳寶泉、王文豹、江庸、祁天賜及范源濂弟范旭東組成，負責對重要事務做出決定。第一次會議在北平南長街22號中基會事務所舉行，除江庸和丁文江外，其餘委員均出席。會議通過《靜生生物調查所委員會章程》《靜生生物調查所計劃及預算》，推舉任鴻雋為委員會主任，翁文灝為書記，王文豹為會計等。秉志提議胡先驌任植物部主任。會議主席說明，秉志不在北平時，由胡先驌代行所長職權。會議決定，靜生生物調查所成立日期為10月1日。〔註299〕

〔註298〕李學通著《翁文灝年譜》，山東教育出版社，2005年10月版，第55頁。
〔註299〕王希群、楊紹隴、周永萍、王安琪、郭保香編著《中國林業事業的先驅與開拓者——胡先驌、鄭萬鈞、葉雅各、陳植、葉培忠、馬大浦年譜》，中國林業出版社，2022年3月版，第031頁。

1928 年中國科學社在蘇州召開十三次年會合影，倒數第二排右 4 胡先驌

8 月 18 日，中國科學社生物研究所揭幕。

中國科學社生物研究所在南京成賢街文德里社址舉行開幕典禮。開幕式由科學社社員、北京大學生物學教授譚仲逵（熙鴻）主持，所長秉志講話，科學社社員、著名學者梁啟超做題為「生物學在學術界之位置」的報告。〔註300〕《中國科學社生物研究所第一次十年報告》是這樣言述其源起的：民國十一年夏，秉農山博士歸國任教東南大學，既二年間嘗循海採集動物；而胡步曾博士又嘗遣人遠旅青藏，以搜求奇花異卉。所獲動植物標本，蓋已蔚然爛然矣。乃謀於科學社曰：海通以還，外人竟派遣遠征隊深入國土，以採集生物，雖曰志於學術，而藉以探察形勢，圖有不利於吾國者，亦頗有其人。傳曰：貨惡其棄於地也，而況漫藏海盜，啟強暴覬覦之心。則生物學之研究，不容或緩焉。且生物學之研治，直探造化之秘奧，不拘於功利，而人群之福利攸繫之。進化說興，舉世震躍，而推源於生物學。蓋致用始於力學，譬若江河，發於源泉，本源不遠，雖流不長。向使以是而啟屬學之風，惟淬志於學術是尚，則造福家國，寧有涯際。至於資學致用，進以治菌蟲藥物，明康強衛生之理，免瘟癀疫癘之災，猶其餘事焉。社中同人，感之於其言，眾議僉同，

〔註300〕薛攀臬，《中國科學社生物研究所——中國最早的生物學研究機構》，《中國科技史料》，1992，13（2）。

即推秉、胡及楊杏佛三君擘畫生物研究所事，是年八月十八日，生物研究所開幕禮於南京中國科學社，名賢畢集，一時稱盛，載《科學》中。生物研究所成立，推定秉誌主持。所內設動物部、植物部，分別由秉志、胡先驌各司其事。〔註301〕

8月18日～22日，參加在江蘇蘇州舉行中國科學社第十三屆年會人員。

本屆年會前後到會社友為：朱少屏、翁文灝、錢寶琮、過探先、朱庭祜、吳谷宜、路敏行、賀闓、竺可楨、陳儁人、王琎、胡步曾、蔡堡、錢崇澍、王金吾、丁緒寶、高均、吳旭丹、朱斌魁、宋梧生、何尚平、胡剛復、秦汾、徐淵摩、徐仁銳、嚴濟慈、朱其清、任鴻儁、徐作和、紀育灃、曹梁廈、汪典存、潘慎明、周仁、楊銓、趙修鴻、徐世大、曾昭掄、錢端升、張奚若、吳元滌、張正平、朱籙、高魯、丁緒賢、顧翼東、吳正之、何德奎、羅家倫、葉企孫、莊長恭、蕭純錦、程孝剛、段育華、許植芳、張紹忠、趙元任、劉大鈞、黎國昌、郗重魁、丁燮林共六十一人。〔註302〕

8月20日，胡先驌參加在江蘇蘇州舉行的中國科學社第十三屆年會，並提交論文兩篇。

本屆論文共有下刊十九篇，其題為：

（一）《中生代地殼變動之時期》　　　　　　翁文灝
（二）《南京音系》　　　　　　　　　　　　趙元任
（三）《中國科學研究趨勢之一斑》　　　　　任鴻儁
（四）《北平一帶穀類黑穗病之研究》　　　　陳儁人
（五）《蠶之研究》　　　　　　　　　　　　蔡堡
（六）《金魚之孟德爾遺傳》　　　　　　　　陳楨
（七）《軟質體變化程中之索隱》　　　　　　黎國昌
（八）《捷克木中國東南部安息香料之新屬》　胡先驌

〔註301〕《中國科學社生物研究所第一次十年報告》，南京：中國第二歷史檔案館，284（195）。胡宗剛著《靜生生物調查所史稿》，山東教育出版社，2005年10月版，第3～4頁。
〔註302〕王良鐳、何品編注中國科學社檔案資料整理與研究《年會記錄》選編，上海科學技術出版社2020年12月版，第151頁。

（九）《中國榧屬之研究及其分布及產地之記述》 秦仁昌 胡先驌

（十）《安徽黃山植物情狀之初步觀察》 錢崇澍

（十一）《半趾蜥蜴舌部之觀察》 秉農山

（十二）《螃蟹之蛻皮與復生》 喻兆琦

（十三）《蛙腎細胞各季之變遷》 崔之蘭

（十四）《白鼠之生活史》 張春霖

（十五）《白鼠脊髓中動作神經細胞之發長》 歐陽翥

（十六）《螞蝗肌肉系之解剖》 謝淝成

（十七）《鴛鴦腸部之迴旋》 張宗漢

（十八）《廣西賓陽縣鉍礦》 朱庭祜

（十九）Development of a Method for Synthesizing Heterocyclic Compounds Containing Condensed Pyrimidine Rings 紀育灃

（一）（三）（四）（五）（十）（十八）（十九）七論文，以次宣讀討論，其餘十二篇以著者均未到會，遂未宣讀。諸論文均得由本社各印刷品發表，茲略而不述焉。〔註 303〕

8 月 21 日，吳韞珍致過探先信函。

探先夫子大人尊前：

八月六日生曾上一函，諒蒙鑒及矣。生即於是日復馬名海先生之信，想至早須於月底方可得廣西回音。生以一言之誤，致徒廢一月光陰，尚未得絲毫眉目。生實致之無復何辭。近由劉崇樂先生之介，已接清華合約，囑任普通植物學、植物形態學及分類學，生以以下理由決舍彼就此。一、學科已派定，且不悖生之所學；二、清華生物系已稍有基礎，措施較易；三、路途較近，生於北方情形亦較為熟悉。故生於今日（二十一日）午擬致電馬君，大意「已接清華約，卻聘為歉」。於聘字或不者，以廣西始終只提「歡迎」二字，未曾言聘也。此次有負先生厚意之處，尚祈原宥。至於廣西繫鈴解

〔註 303〕王良鐳、何品編注中國科學社檔案資料整理與研究《年會記錄》選編，上海科學技術出版社 2020 年 12 月版，第 156 頁。

鈴之罪,生獨任之。種種費神,本當來京一行面謝一切,惟時日局促,又恐申海道北上,不果所願為歉。先生係老前輩,生之有待於先生之助者,尚多,暇祈時賜教言為盼。

　　肅此,敬請教安

　　　　　　　　　　　　　　　　　　生　吳韞珍　頓首
　　　　　　　　　　　　　　　　　　八月廿一日

宗一、雨農先生前,代為致候。〔註304〕

8月29日,胡先驌致劉咸信函。

　　仲熙老弟惠鑒:

　　　　到平後竟慳一晤,悵何如之。聞壽理初云,足下已拋棄改習人類學之計劃,甚善!甚善!人類學在中國尚非要圖,而足下植物學基礎已立,捨之殊為可惜。至於赴英赴美,鄙意仍以先赴美為佳,以學位之獲得較有把握,日後再赴英未遲也。若恐辦入學手續費時,驌已代作一介紹函(可用快郵寄出)與加利福尼亞大學 Prof. Setchell,請其與大學辦好入學手續,並由彼電告上海美國領事,並電告足下,庶幾十月內可以成行。足下可在加校研究藻類植物及植物生理學、植物解剖學、菌學等(Setchell 教授對於藻類、菌類研究極深)。如欲研究中國之種子植物,可就 E. D. Merrill 學習。如是者兩年可得碩士學位,而造詣亦不淺矣。以後或繼續在該校研究得博士學位,或至英、法、德諸邦繼續研究,或治種子植物,或治孢子植物均可。如赴英,鄙意則以 Edinburgh 大學為佳。愛丁堡植物園之 Smith 教授亦研究中國種子植物有經驗者也。

　　　　總之,治學之法宜對植物學各科目均有相當之造就,而對於一門為精專之研究,則回國之後,或為教授,或事研究,皆有左右逢源之樂也。如萬一恐赴美手續在短期間不能辦好,不妨先辦赴英護照,能赴美則改赴美,不能則徑赴英,不知尊意以為然否。首途之日,望來一函告知行止為盼。

　　　　專此祇頌

　　旅祺

〔註304〕 胡宗剛著《吳韞珍放洋歸國求職記》,公眾號註冊名稱「近世植物學史」,2022年 02 月 17 日。

先驌 拜啟

〔十七年〕八月廿九日

回信寄北平宣外七十四號〔註305〕

8 月，1928 年 8 月～1949 年 7 月，北京師範大學生物系兼職教授，主講植物分類學，1947 年成為北師大博物系主任教員，並擔任研究部主任。1940 年 8 月至 1946 年在江西期間中斷。在教學中，有兩位傑出學生俞德濬、王文采，均受到胡先驌關心與培養。1928 年俞德濬考入該校生物系，因學習成績優秀，受到胡先驌器重。1931 年大學畢業後，擔任胡先驌的助教，負責北京大學和北京師範大學植物分類的實驗教學工作。1980 年當選中國科學院生物學部委員。1949 年王文采畢業於北京師範大學生物系。1993 年當選中國科學院院士及鳥類學家鄭光美院士。

9 月，北平靜生生物調查所成立，有秉志、胡先驌、壽振黃、唐進、沈家瑞、何琦、汪發瓚、馮澄如、張東寅等 11 位職員。地址：石駙馬大街 83 號。胡先驌任植物部主任。「1928 年尚志學會與中華教育文化基金董事會在北京創辦靜生生物調查所，秉志任所長，我任植物部主任。」〔註306〕

9 月，Sinojackia, a New Genus of Styracaceae from Southeastern China（捷克木，中國東南部安息香科之新屬）刊於 Journ Arn. Arb.《花木栽培雜誌》（第 9 卷第 2、3 期，第 130～131 頁）。

秋，派員採集植物標本。

《靜生所第一次年報》有這樣記載：「十七年暮秋，唐君進曾往北平附近西山一帶採集。十八年春，汪君發瓚繼續此項工作，復往南口及塘沽等處採集。李君建藩往小五臺山、門頭溝等處採集。九月中李君又往東陵一帶森林中採集木材標本，約得百餘種。此關於植物標本之採集也。」〔註307〕

〔註305〕周桂發、楊家潤、張劍編注中國科學社檔案資料整理與研究《書信選編》，上海科學技術出版社 2015 年 10 月版，第 48～49 頁。
〔註306〕胡先驌著《自傳》，1958 年。《胡先驌全集》（初稿）第十五卷人文科學文章，第 656～659 頁。
〔註307〕《靜生生物調查所第一次年報》。胡宗剛著《靜生生物調查所史稿》，山東教育出版社，2005 年 10 月版，第 63 頁。

暮秋，派靜生生物調查所職員唐進在北平附近西山一帶採集。

10月1日，靜生所開幕前夕，收到同仁捐贈的生物標本及書籍。

　　靜生生物調查所正式開幕。是日，秉志、胡先驌引導來賓參觀所中的動植物標本、書刊。此時已經收到國內外一些機構和學者贈予和交換的標本和圖書，中國科學社生物研究所與之交換標本情況在《科學》雜誌上有載：「北平靜生生物調查所位於我國北方，其工作擬自調查北方生物入手，將來羅致之標本，定必豐富，可以預卜。本所所藏標本，大多採自南方，前約以一部分重複標本與彼交換，已付寄者有鳥類、魚類標本各約七十種，又螃蟹十五種，以後本所若以全力搜討南部生物，再將重複者交換，可期各臻巨觀，收合作之效，不勝欣盼焉。」至於靜生生物調查所開幕典禮，任鴻雋寫有《開幕記》載於《科學》雜誌中。〔註308〕

10月1日，靜生生物調查所開幕，諸多學者蒞臨，並寄予厚望。

　　北平靜生生物調查所正式開幕，任鴻雋在《科學》發表當天開幕的盛況：「是日上午十時，行開幕典禮，到會者有中華教育文化基金董事會職員、尚志學會職員、本所委員會委員、本所職員、北平博物會職員、各學校生物教授，中西來賓五十餘人。首由主席周寄梅先生報告開會，繼由范旭東先生陳述范靜生先生少年時代留學東瀛，即極感科學之重要，但當時因留學生失學者多，忙於學校組織，後來從事教育行政，致無暇深研科學，常引為憾。晚年對於生物科學特感興趣，因由於欲補少年時代之缺憾，亦因更事過多，深感社會許多事業變化無常，不如研究科學，較有安心立命之地云云。言時聲淚俱下，聽者動容；次由江翊雲先生代表尚志學會，說明設立生物調查所以紀念靜生先生之理由，並對於基金董事會及所內職員之熱心贊助，深致感謝；次由中華教育文化基金董事顧臨君代表董事會說明董事會與尚志學會合辦靜生生物調查所之旨趣；次由所長秉農山先生報告靜生生物調查所此後進行這計劃及希望，大意以生物科學在中國之希望最大，以中國地大物博，又尚未經人加以研究

────────────────

〔註308〕《科學雜俎》，《科學》，1929，13（9）。胡宗剛著《靜生生物調查所史稿》，山東教育出版社，2005年10月版，第21頁。

也。至將來進行計劃，則擬由近及遠，首先須注重於北方動植物品
之調查，次乃及於遠方各省，至調查所與各學術團體之關係，亦純
為互助的、合作的，務期於最短時期內，於國內生物之研究有相當
之貢獻。末言吾人紀念范靜生先生，當注意范先生之誠信待人，蓋
誠實無欺，亦即科學精神也云云。來賓演說者，有北平博物學會會
長祁天錫先生，言十餘年前，彼初來中國時，所見新奇動植物甚多，
然無一研究所及書籍足資考證，故研究極感困難，即目前動植物類
之新種，仍隨處可發見，由此可見在中國研究生物學機會之大。又
研究生物於經濟亦大有關係，美國全年農作物約值千兆元，而蟲害
損失約十分之一，中國目下尚無統計，恐不止此數，甚望此生物調
查所於科學及經濟兩方面同時注意，將來並造一全國天然物品博物
館云云；次前博物學會會長金叔初先生演說，對於生物調查所之希
望；最後古生物學家葛利普先生手挾兩杖，扶掖而至，為極誠摯之
演說，力陳研究純粹科學之重要，並言中國科學雖屬幼稚，然世界
科學仍同在幼稚之境，望中國學者不必氣餒，聽者掌聲雷動。會畢，
攝影而散。」〔註309〕

1928 年 10 月 1 日參加北平靜生生物調查所成立典禮來賓合影，前排左起：
1. 胡先驌、5. 范旭東、6. 葛利普、7. 任鴻雋、8. 秉志

〔註309〕任鴻雋，〈靜生生物調查所開幕記〉，《科學》，1929，13（9）。胡宗剛著《靜
　　　　生生物調查所史稿》，山東教育出版社，2005 年 10 月版，第 22 頁。

12 月 1 日，范旭東致靜生生物調查所信函。

范旭東對生物調查所的支持可謂不遺餘力，在抗日戰爭之前，出資甚多。此在創辦之際，首先將其范家所屬石駙馬大街 83 號住宅一所，捐調查所做所址。此有范旭東捐出時做出字據：

逕啟者：本戶所有坐落在北平石駙馬大街八十三號房地產，現經捐贈貴所作為學術研究之用，除將原執范景星堂契紙壹張交由貴所接管產權外，特再具函證明。

此致

靜生生物調查所

范景星堂 范旭東啟

十七年十二月一日〔註 310〕

1928 年北平靜生生物調查所成立所內人員合影，左起，前排：何琦、秉志、胡先驌、壽振黃；後排：沈家瑞、馮澄如、唐進

12 月 31 日，中基會和尚志學會根據組織大綱，成立靜生所委員會，以決定靜生所的研究方向。委員會由三部分人士組成：一部分由尚志學會推舉，另一部分由中基會推舉，還有一部分由雙方委員共同推舉，靜生生物調查所第一

〔註 310〕旭東致靜生生物調查所，1928.12.1，南京：中國第二歷史檔案館，609（33）。胡宗剛著《靜生生物調查所史稿》，山東教育出版社，2005 年 10 月版，第 21 頁。

次年報，委員會委員長：任鴻雋；書記：翁文灝；執行委員：祁天錫、江庸；
委員：周詒春、陳寶泉、王文豹、范旭東、丁文江、秉志（當然）。

靜生生物調查所設在北平文津街 3 號的所址

靜生生物調查所印（徐自豪提供）

12 月，Reviewed Work: Icones Piantarlim sinicarum, Fase. I by HU Hsen-Hsu,
CHUN Woon-Yong 刊於 Osterreichische Botanische Zeitschrift（第 77 卷第 4 期，
第 310～311 頁）。

靜生生物調查所 20 年來，採集生物標本數量全國領先。

　　靜生生物調查所成立之時，即以調查我國動植物資源為職志，
同時對所採集到的標本主要予以分類學的研究。此項事業在其 20 年
的歷史中，初期發展迅速，中後期因受抗日戰爭的影響，時有中斷，
但始終未曾放棄，至 1948 年，靜生所動物部採集到大批華北、西北、

華南等地的鳥類、獸類、魚類、甲殼類、昆蟲類、軟體類標本共計約 30 萬件，甲於全國；植物部則採自華北、東北、四川、雲南等地之種子植物與蕨類植物的臘葉標本約 15 萬，淡水藻類、菌類標本共約 3.5 萬號，尤以在雲南 10 餘年所採植物標本，數量之多，甲於世界，從中發現新屬新種甚多。〔註311〕

1928 年～1929 年度中國科學社生物研究所植物部職員名單。

正式職員 5 人：方文培、馮澄如（與靜生所合聘）、錢崇澍（主任兼植物學教授）、金震（標本室助手）、劉其燮（標本室助手兼採集員）；非正式職員 5 人：張景鉞、嚴楚江、陳煥鏞（中山大學植物學教授）、秦仁昌（中央研究院自然歷史博物館研究員）、胡先驌（靜生所植物教授）。〔註312〕

是年，國民政府對公路、鐵路、科技等建設獲得認可。「我對於蔣介石觀感的轉變起於他積極從事建設，以鞏固他的政權的時候。他在各省修建公路，修建浙贛鐵路，粵漢鐵路，改良兵工廠，創辦大學等等，我對於他漸漸有點佩服了。」〔註313〕

是年，利用植物標本，建立靜生生物調查所植物標本室，作為所內設機構，專人負責，設立標本室主任一職務。

是年，日本遠藤誠道則根據水杉化石植物毬果擁有上下交互對生排列的果鱗等。另立新種 Sequoir Chinensis Endo。

民國十八年己巳（1929） 三十六歲

1 月 16 日，星期三，國立清華大學校刊，第 34 期，第 1 版。科學社十五周紀念大會誌盛，胡先驌先生演講，各系同學變戲法（節錄）。摘錄如下：

〔註311〕胡先驌，《靜生生物調查所狀況》，1948。南京：中國第二歷史檔案館，609（46）。胡宗剛著《靜生生物調查所史稿》，山東教育出版社，2005 年 10 月版，第 62 頁。
〔註312〕張劍著《科學社團在近代中國的命運——以中國科學社為中心》，山東教育出版社，2005 年 10 月版，第 209 頁。
〔註313〕胡先驌著《對於我的舊思想的檢討》，1952 年 8 月 13 日。《胡先驌全集》（初稿）第十五卷人文科學文章，第 629～640 頁。

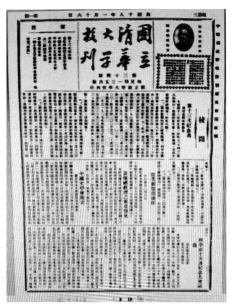

國立清華大學校刊載科學社十五周紀念大會，胡先驌先生演講

　　本校科學社成立已有十五年，本年又重新行改組，包括物理，化學，生物，數學，及工程各系全體同學，規模日見宏大，而精神亦漸見奮進。本星期六（十二日）在後工字廳開本學期全體大會並慶祝十五周紀念。下午一時余各系主任及教授均先後出席，生物系劉崇樂先生亦抱病而來；同學到者四五十人。一時半即正式開會，主席丁君先致開會辭。今天是十五周紀念大會，今天也是本學期改組後的第一次大會，所以他的意義是非常重大！今天開會的意義盡於此，不願再贅，以煩諸位。現在請全國聞名之胡步曾先生演講，先生是研究生物學的，前東南大學的教授。胡先生於是在熱烈的鼓掌聲下，來述其治學的經過（其詞附後）。

　　1月21日，《中國科學社在清華大學召開年會上演講詞》文章在《國立清華大學校刊》雜誌（第34期，第1頁）發表。本文為胡先驌於1929年1月12日的演講詞，由諫伯記錄。摘錄如下：

　　　　到清華來演說是非常榮幸的！美國退回庚子賠款來辦清華，這是新中國歷史上的大事，我不是清華的人，現在以第三者來觀察，來講話也許不至有成見。中國最初主張留學是唐紹儀和曾文正等，但是他們所派的結果是落了一個空。我還記得當我們在美國出《科學》雜誌時，詹天佑見了很駭異的說：「現在的留美學生可以辦這種

東西嗎？」這是因為他感覺得以前學生從來不能做的，由這點可以證明最初派留美的情形。

中國革命是日本留學生之功；中國有新式陸軍，有新政治制度，也是日本留學生的功績；但是在科學教育上則沒有。換句話說，關於物質科學教育是根本沒有。但自清華辦後，大勢就變了，到現在雖不能云有若干巨大的成功，然而說起來總不能不給留學生相當的成績。清華的地位實在是重大，她與新中國歷史更有關係！我們對於留學發源的清華自然重視而寶貴，來清華說話，自然會覺得痛快！這是我說痛快原因之一。

今年來清華說更為高興，現在清華已改為正式大學。自新校長來校後，日在謀造成完美的大學，研究中國學術的大學，這實在是可以注意而高興的事情。在座熟人很多，我以前在東大教書，現在遇著了舊友，好似還在東大說話，這是何等的痛快！同時還承羅校長邀余來清華教書，余因清華已有人，故沒有允許；然而很願意盡我的力量來相助。所以現在的我不能說和清華沒有關係。以有關係的人來說話，自然更覺得痛快。

科學社已成年了，主席剛才報告！然而我的事業還不過十年，沒有成年！不過還覺得有希望！以前東南每年不過四十幾萬，事實上辦五六個 college，所以常覺無錢，然而我們還做了相當的事業。當時鄒秉文長於宣傳，他向人說：「胡某能夠認一切的植物，你們何不捐些錢，使他去採集呢？」因此得了不少的捐款，我們因此可以走一萬多里，採遍東南各省的標本！然而只化二千元！當時外國人嘗說中國東南沒有標本，新異的標本大概在雲南一帶。我也被迷了，想去雲南採集；不過後來終究在東南一帶得了無數的新異的好標本！曾將一份送給德國植物院，一份則留在東南大學，不幸後來火燒的乾淨！現在我的成績，只有在德國可以看見了！以後我們又在江蘇、安徽、湖北、四川、廣西、峨眉山採集得了幾千箱的標本，凡此種種，都是苦幹的結果。

我們採集的結果，發現中國之東部與亞洲之西部是沒有關係，但與美國之東北則有關係，同時與日本也有關係。這種原因是以前的北冰洋很暖和，故一部的植物種子流至美之東北，一部流至中日。

有一位外國人叫 Willson 說，中國之東部植物與西部植物是完全沒有關係，然而我們知道浙江的三合桃，貴州和雲南都有。後來又於四川、江西、福建、安徽、臺灣一線發現許多相似及相同種，這可以證明中間不一定完全沒有關係。以上為我最近的事業，以後還希望永遠這樣的繼續前進！

南京、上海及蘇州是我的家，然而我們從來沒有注意過。我們常以為這樣一片平原是沒有什麼的，但是事實不然。最近我就在南京的燕子磯發現了一株沒有過的樹，世界上也許沒有第二也說不定。我曾培養了，收種子！但是何等的不幸，最近接得南京來信說為開馬路而被掘去了！我的發現從此完了！所以我現在把種子給德國的植物院，並請他們快快的培植，最後還告訴他們說這樹也許是世界上最末的一株！在國內又分送了各大學，清華也送二粒種子，燕京大學亦然！希望各處都好好的栽培它！

當初郭秉文先生辦東南時，以辦學當作辦青年會，所以我在那裏得著他的幫助，我們都辛辛苦苦自己來進行。我與秉農山先生為了要研究，想造標本室，竭力的去募捐，但是結果是分文沒有！張謇雖允捐一萬，不過到現在還沒有！然而我們卻辦了科學社生物研究所，造成了不少可以研究的學生，出了十卷生物學的雜誌，怎樣可以說沒有成功呢！

我第二次自美回來，深覺得植物圖解是重要不過的。但向郭秉文先生要是無望的，他只拿生物學系的人做牌子，有錢就用在改良農事上，從不會來做印書費的。後來同王雲五先生商洽，我情願不取稿費，請他出版。他是商務印書館的主人，他是會打算的人，他一算之後，知道用鋅板印要花四千元，所以表示不幹。後來我請他就用石印，並擔保這種書外國都要買的，他才允許了，然而還要求我們出四百元去買印出的書。現在第一冊已出來了，諸位也許看過，第二冊也印出，這書是中國第一本書，將來還預備出第三和第四冊。此外我還有一本巨著，但因錢的關係，不能出版，所以我的過去的事業都是很艱苦的，我希望以後五年能夠有成就。貴社已有十五年的歷史，是我的老大哥，還希望指教！〔註314〕

〔註314〕《胡先驌全集》（初稿）第十四卷科學主題文章，第81～82頁。

1 月，The Nature of the Forest of Southeastern China（中國東南部諸森林之特性）刊於 Bull. Peking Soc. Nat.《北京博物協會公報》（第 4 卷，第 47～56 頁）。

1 月，中央研究院自然歷史博物館籌備委員會成立，1930 年 1 月正式成立，錢天鶴為主任，李四光、秉志、錢崇澍、李濟、王家楫為顧問。1934 年博物館改為動植物研究所。1937 年抗日戰爭爆發後，動植物研究所遷廣西陽朔，1940 年又轉遷重慶北碚。1944 年動植物研究所分為動物研究所與植物研究所，1929 年創辦《國立中央研究院自然歷史博物館叢刊》（Sinensia），後改為《國立中央研究院動植物研究所專利》，至 1941 年第 12 卷後停刊。全館由研究、事務、顧問三部分組成，研究部分設動物組、植物組，每組由技師一人總其成。動物組技師方炳文，植物組技師秦仁昌。自然歷史博物館時期，該館的工作以動植物標本的採集和分類研究為主，在動植物研究所時期以動植物分類學、形態學及實驗生物學研究等方面為主要任務。

3 月 20 日，胡先驌致劉咸信函。

> 仲熙老弟惠鑒：
>
> 　　前奉自倫敦來函，備悉一是。以公私冗迫，延未作答。接三月三日惠書，知已轉學牛津，尤為欣喜。牛津為英國學術淵藪，潛移默化，較他校為強，若久居之，於所學必能大成也。現所入系何學院，從何教授治人種學？驌意治 Physical Anthropology 之外，亦宜治 Ethnology。驌對於後者，昔日殊有興趣。兩門學問回國之後，皆極有研究之機會，西南夷即最好之材料也。此外，考古學治學方法亦當注意，想於所學可以參證。牛津之碩士學位最有價值，恐較 Ph. D. 為更高，弟現在作何預備？Tansley 教授，植物生態學之開山祖，心儀之已久，若能從之研究以為副業，亦大佳事也。
>
> 　　調查所進行甚順利，唐進君今春將赴山西為大規模之採集。驌則於四月初偕馮澄如赴香港略事研究，五月中赴爪哇太平洋科學會議，七月將赴福州一行，七月底八月初回北平。秦子農與方文培兩採集隊均大告成功，秦在廣西採得植物三千餘號，方在四川採得植物四千餘號，其珍異之種當非淺鮮也。陳席山先生已來清華，清華生物系較前當有起色，然經費亦不充裕也。陳封懷現任該校植物助教，驌使之研究西山植物之生態，今年當可有結果也。

　　此頌

春祺

　　　　　　　　　　　　　　　　先驌　拜啟

　　　　　　　　　　　　　〔十八年〕三月二十日

〔陳封懷，陳寅恪侄均此問候〕〔註315〕

　　春，派靜生所職員汪發纘往南口及塘沽等處採集。李建藩到小五臺山、門頭溝等處採集。

　　兩年新建辦公場所，更好服務工作。

　　　　靜生所所長秉志就有興建新址的要求。因為石駙馬大街的房舍屬民居，且面積僅有 300 平方米，難以適應靜生所事業的發展。當初在這裡開辦只是一種策略，下一步便是圖謀發展。僅半年時間，秉志便在第 3 次靜生所委員會上提出興建所址的議案。《會議記錄》載：「所長報告現在所址過小，本年採集完畢，無餘屋可供整理、鑒定、陳列之用，應請委員會從速設法補救，庶期今秋工作不至停頓。經合眾討論，丁文江委員動議由委員長籌集建設費一萬，並請基金撥給一萬五千元，即在基金會所有之養蜂夾道迤西空地上建築新屋，得江庸附議，獲全體贊成通過，秉志的提案立即有了回答。」此議案從動議到建成只用了兩年時間，1931 年 4 月靜生所即搬入文津街 3 號新址。〔註316〕

　　4 月，赴山西各地進行植物標本採集。

　　　　該年《年報》又記有：十八年四月，唐君進往山西採集，曾到太原、太谷、平遙、介休、靈石、沁源等處。不幸於安澤遇匪，備嘗艱苦。事後病癒，乃往五臺山，折而北上，至獅子坪、繁峙、代縣、寧武、方山等處。此行為時五月，行程五千餘里，經過山西全省五分之三。得標本八百六十餘份，其中約五百餘份採自山西北部，其餘均採自該省南部。〔註317〕

〔註315〕 周桂發、楊家潤、張劍編注中國科學社檔案資料整理與研究《書信選編》，上海科學技術出版社 2015 年 10 月版，第 50〜51 頁。

〔註316〕 《靜生生物調查所委員會議記錄》，南京：中國第二歷史檔案館，609（3）。胡宗剛著《靜生生物調查所史稿》，山東教育出版社，2005 年 10 月版，第 28 頁。

〔註317〕 《靜生生物調查所第一次年報》。胡宗剛著《靜生生物調查所史稿》，山東教育出版社，2005 年 10 月版，第 64 頁。

4月，丁文江先生大力支持靜生生物調查所所址興建。

> 靜生生物調查所所長秉志在該所第3次委員會議上提出興建所址的議案，此案得到丁文江等人的支持（丁氏還提出具體辦法），順利通過。1931年4月，靜生所遷入文津街3號新址。《靜生生物調查所委員會議記錄》載：「所長報告所址過小，本年採集完畢，無餘屋可供整理、鑒定、陳列之用，應請委員會從速設法補救，庶期今秋工作不至停頓。經合眾討論，丁文江委員動議由委員長籌集建設費一萬，並請基金撥給一萬五千年，即在基金會所有之養蜂夾道迤西空地上建築新屋，得江庸附議，獲全體贊成通過，秉志的提案立即有了回答。」〔註318〕

4月，靜生生物調查所秉志所長在第三次靜生所委員會上正式提出興建所址的建議，獲得通過。因為舊址面積太小，僅300平方米，條件設施差，採集的標本不能有效保護，遠遠滿足不了靜生所發展事業。

4月，與鄒秉文、錢崇澍合著《高等植物學》，商務印書館第5版出版。

4月，靜生所與北平大學農學院合作，到山西採集。靜生所唐進在晉南採集，農學院夏緯瑛在晉北採集。為期5個月，行程2500多公里，經過山西全省的百分之六十，得標本860餘份，其中500餘份採自山西北部，300多份採自山西南部。唐進寫有《山西省植物採集記》，詳細行程及沿途所見植物狀況和植被類型。

5月16日，第四屆太平洋科學會議日程安排。

> 16日至25日，翁文灝作為地質調查所和中國科學社的代表，出席在爪哇舉行的第4屆太平洋科學會議。16日上午，會議在巴達維亞（Bata-via）舉行開幕式。18日至24日（除週日外），會議在萬隆（Bandoeng）的工程學校進行學術討論。每天上午舉行分組會議，宣讀論文及學術討論，下午舉行委員會會議。在會議期間，翁文灝做了題為《中國東部中生代造山運動》的學術報告。25日大會在通過各項議案之後閉幕。〔註319〕

〔註318〕南京：中國第二歷史檔案館，全宗號六〇九，案卷號3。周詒春《我所敬仰的丁在君先生》，《獨立評論》第188號。宋廣波編著《丁文江年譜》，黑龍江教育出版社，2009年版，第338～339頁。

〔註319〕李學通著《翁文灝年譜》，山東教育出版社，2005年10月版，第59頁。

印度尼西亞參加第四次太平洋科學會議，在萬隆機場合影，左起 1 胡先驌、2 沈敦輝、
4 陳煥鏞

印度尼西亞參加第四次太平洋科學會議，前排左 6 陳煥鏞、8 胡先驌與當地華僑合影

　　5 月 16 日～25 日，第四次太平洋科學會議在印度尼西亞爪哇召開，參加
代表有胡先驌、翁文灝、余青松、葛利普、蔣丙然、竺可楨、高曙青、黃國璋、
陳煥鏞、沈敦輝、壽振黃、沈宗瀚、鄔德生、陶烈、董時進、魏喦壽、馮景蘭、
黎國昌等 18 人，提交英文論文 14 篇。分別是，翁文灝的《中國之拉拉米特造
山運動》，余青松的《星球光帶攝影之研究》，葛利普的《中古時期東亞造山運
動》，蔣丙然的《青島溫度之研究》，竺可楨的《中國本部之氣候區域》，高曙

青的《沿太平洋建築海洋觀象臺計劃》，黃國璋的《上海商埠地理上之特點》，胡先驌的《中國東南諸省森林植物進一步之觀察》（Further Obes vation on the Forest Flor of Southeastern Chian），陳煥鏞的《廣東植物補遺》，沈敦輝的《絲蠶遺傳之研究》，壽振黃的《中國沿海魚類之研究》，沈宗瀚的《小麥產量之研究》，鄔德生的《中國古石器時代人類之研究》，陶烈的《脊皮類之生態生理》等等。

1929 年第四次太平洋學術會議中國與會者合影，前排左起：胡先驌、蔣丙然、翁文灝、竺可楨、沈敦輝、余青松

5 月，派社員竺可楨等六位參加在印尼舉行第四次太平洋科學會議。「十八年五月第四次太平洋科學會議，在爪哇開會，本社派竺可楨、胡先驌、翁文灝、黃國璋、壽振黃、陳煥鏞六君代表出席。」〔註 320〕

5 月，在第四次太平洋科學會議期間，胡先驌等代表參觀亞洲最大植物園。印度尼西亞爪哇亞洲最大植物園，即純粹植物學機關如茂物植物園。該園創建於 1817 年，包括植物園本部及支部，植物分類學標本室與博物院，突勒伯試驗室，動物博物院與試驗室，巴達威埠之水產試驗室及水族館，植物化學試驗室各機關。最重要的，規模最大的是植物園與植物標本室，本園的經濟植物非常可觀。最吸引胡先驌的是該園中最有價值的經濟植物，如油棕，木棉，各種咖啡，麻蕉，丁香油樹等等。更令人稱奇的是，經濟植物博物院把南洋一帶有經濟價值的植物，全部收集，包羅萬象，如穀菽類、糖、咖啡、可可、煙葉、

〔註 320〕林麗成、章立言、張劍編注《中國科學社檔案資料整理與研究——發展歷程史料》，上海科學技術出版社 2015 年版，第 241 頁。

西米、香料、油脂類、藥用植物、木材，工業用植物原料等等。所以說爪哇全島農業最發達，其糖業研究所規模最大，茶業研究所與橡膠研究次之，連美國人都望塵莫及。胡先驌認為對我國植物科學者最有參考價值。

5 月，靜生生物調查所創刊《靜生生物調查所彙報》（Bulletin of Fan Memorial Instituteof Biology），簡稱《彙報》。該所主辦的英文版學術刊物，附有中文提要。在初期為動物學和植物學合刊，1934 年第 5 卷起，植物學與動物學分別出版，但卷號連續不變。1940 年各出版至第 10 卷，動物學的第 10 卷是終卷。1941 年太平洋戰爭爆發後，《會報》被迫停刊。1943 年 7 月 1 日《彙報》在江西泰和縣杏嶺村復刊出版。卷號重新起算，即新 1 卷 1 號，靜生所復員後，《彙報》又分別於 1948 年 5 月，1949 年 12 月出版新 1 卷第 2 期，第 3 期。主要刊載本所研究人員對動植物研究論文，也有一部分所外研究人員論文。彙報之所以持續 20 年，而且在國際上有很大的影響，到 1935 年，國外已有 200 多個研究所與靜生所交換《彙報》。針對刊物，胡先驌寫道：「靜生所發刊的《彙報》與各種專門刊物，都是用英文刊布的，自己說是要爭取在國際學術界上建立靜生所的威信，實際還是以博得外國人的稱讚。」〔註 321〕出版著作，靜生生物調查所刊行有靜生生物調查所彙報，中國植物圖譜三至五卷，中國蕨類圖譜一至四卷，中國森林樹木圖志一卷，及河北習見樹木圖說。〔註 322〕

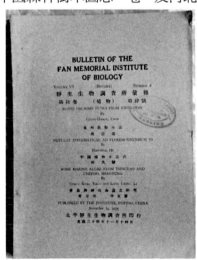

靜生生物調查所創辦《靜生生物調查所彙報》刊物

〔註 321〕 胡先驌著《對於我的舊思想的檢討》，1952 年 8 月 13 日。《胡先驌全集》（初稿）第十五卷人文科學文章，第 629～640 頁。
〔註 322〕 胡先驌著《植物分類學簡編》，高等教育出版社 1955 年 3 月版，第 5 頁。

6月30日，Prodromus Flora Sinensis（中國植物區系長編）刊於 Contr Biol Lab. Sci. Soc. China《中國科學社生物研究所論文集》（第3卷第5期，第1～37頁）。同年，**轉載於** Bull. Fan Mem. Inst. Bicl.《靜生生物調查所彙報》（第1卷第1期，第11～47頁）。

8月21日～25日，參加在北平舉行中國科學社第十四次年會。

> 此次到會社友前後74人，如下：陳衡哲、錢端升、顧翙群、李順卿、李繼侗、翁文灏、張正平、胡先驌、陳哲航、曾義、孫雲鑄、王恭睦、張克忠、樂森璕、何魯、朱廣才、陳燕山、胡經甫、謝惠、蔡翹、李汝祺、韋爾巽、何衍璿、張雲、黃巽、韓旅塵、張卓、沈宗瀚、謝玉銘、薩本棟、周仁、胡剛復、熊慶來、孫光遠、曾昭掄、唐鉞、吳有訓、楊克念、徐宗涑、董榮清、張奚若、紀育灃、黃人望。〔註323〕

8月22日上午8時，中國科學社第十四次年會開社務會議，以53票當選理事。

> 選舉委員會報告補選理事結果：胡剛復91票，楊銓83票，竺可楨81票，趙元任78票，翁文灏74票，胡先驌53票，當選。〔註324〕

8月23日下午2時，中國科學社第十四次年會開社務會議，介紹生物研究所研究成果及合作單位。

> 秉志報告生物研究所狀況：略云上年植物方面，有教授三人，動物方面四人，書記一人，共計八人。研究結果已印就者十二篇，已付印者二篇，尚未付印者六篇，共二十篇，內中偏重於分類研究居多數。並曾派人赴四川、青島、煙台、大連及南京本地等處彙集標本，現動物標本有六七千件，植物標本共有一萬五六千件，儀器購置在植物方面較多，動物方面較少。本年研究人員動植物雙方共有十八人，加書記一人，共十九人。其他機關與生物研究所之合作互助者如下：（甲）中央大學，（乙）靜生生物研究所，（丙）中央博物館，

〔註323〕 王良鐳、何品編注中國科學社檔案資料整理與研究《年會記錄》選編，上海科學技術出版社2020年12月版，第162～163頁。

〔註324〕 王良鐳、何品編注中國科學社檔案資料整理與研究《年會記錄》選編，上海科學技術出版社2020年12月版，第167頁。

（丁）曉莊鄉村師範，（戊）無錫民眾學院。所中研究生多數出洋，作更深之研究。本所於研究工作之外，猶含有訓練人才之意，故研究工作，不僅注重於專門方面，即廣博方面，亦極注意。本所創立於民國十一年八月，彼時常年經費僅二百四十元，故只能用一書記，教授不受薪俸，近年來得教育文化基金董事會補助，始得盡力工作。以上所述，為本所工作之大略，將來另有詳細報告發表。〔註325〕

8月24日上午8時，參加在北平舉行中國科學社第十四次年會，燕京大學文學館宣讀論文，由翁文灝博士主持，有兩篇論文宣讀。

各論文題目及著者姓名如下：

（一）Ser Determination in Some Common Eastern China Frogs and Touds　蔡堡

（二）A Preliminary Report on Physiological Regemerution in Oats　李繼侗

（三）《玉簪花胚之發育》　李建藩

（四）Tun New Species of Carpinus from Szechaan　胡先驌

（五）Three New Species of Ligneous Plants from Kangsi　胡先驌

（六）《中國沿海星魚類之調查》　秉志、伍獻文

（七）《豚鼠大腦皮動作區之測定》　秉志、張宗漢

（八）《廣西、四川之新爬岩魚類》　方炳文

（九）Etolution of Rhinoceros in the Late Tertiary Period　王恭睦

（十）《改良陳列館之意見》　王恭睦〔註326〕

8月，擔任北平圖書館購書委員會委員。

　　北平圖書館成立購書委員會，胡先驌即任該委員會成員，並長期擔任之。1933年圖書館委員會第9次會議正式通過《北平圖書館與生物調查所關於購置生物學書籍合作辦法》，此係成文之規章，其主要內容，該委員會有如下會議記錄：（一）圖書館之生物學書籍均

〔註325〕王良鐳、何品編注中國科學社檔案資料整理與研究《年會記錄》選編，上海科學技術出版社2020年12月版，第168頁。

〔註326〕王良鐳、何品編注中國科學社檔案資料整理與研究《年會記錄》選編，上海科學技術出版社2020年12月版，第169頁。

歸圖書館所有，生物調查所需用之書報得提至該所應用；（二）生物調查所提出之書籍應由圖書館派員管理，其薪俸由調查所當任之；所外學者需用此項書籍時，調查所應與以相當閱覽之便利；（三）關於生物調查所刊物之交換由調查所自行辦理，交換得來之書籍歸調查所所有；（四）圖書館以後購置及整理生物學書籍辦法仍依舊章辦理。〔註327〕

9月9日，在北平成立了國立北平研究院，李煜瀛為院長。體制完全仿照南京，僅行政級別稍低，隸屬教育部。

9月中旬，派靜生所職員李建藩又往東陵一帶森林中採集木材標本，約得百餘種。

9月，派員多處採集生物標本。

　　在汪發纘首次往四川採集的同時，靜生所還派新入所的陳封懷於夏季赴吉林採集，到達敦化、寧古塔及鏡泊湖等處，為時3個月，共得標本600號、木材5種。此後陳封懷又往其地二次，尤以鏡泊湖附近工作最為詳盡，寫有《吉林鏡泊湖及臨近植物生態之初步觀察》一文，刊於《靜生所彙報》。「我國東北植物，雖經日俄專家研究已歷多年，而國人前往採集者陳氏實為創舉」。〔註328〕陳封懷說：「鏡泊湖不僅風景著名，天然物產極為豐富，惜動植物方面無詳細之調查，蓋交通不便，遊人少至，故對此未加注意。」〔註329〕

9月，與陳煥鏞編撰《中國植物圖譜》（Icones Plantarum Sinicarum）（第二卷），共50頁，有50圖版，商務印書館初版。封面從右到左，上下排，印倆位著者工作單位，職務及畢業大學，專業，學歷等。中國科學社生物研究所植物部主任、美國哈佛大學科學博士胡先驌；國立中山大學植物學教授、美國哈佛大學森林學碩士陳煥鏞編撰。為紀念愛爾蘭科學家之獻詞。中國植物學家陳

〔註327〕《北平圖書館委員會會議記錄》，《北京圖書館史料彙編》，北京：書目出版社，1992年，第768頁。胡宗剛著《靜生生物調查所史稿》，山東教育出版社，2005年10月版，第60頁。

〔註328〕張肇騫，《中國三十年來之植物學》，《科學》，1948，29（5）。

〔註329〕陳封懷，《吉林鏡泊湖及臨近植物生態之初步觀察》，《靜生生物調查所彙報》，1934，5（1）。胡宗剛著《靜生生物調查所史稿》，山東教育出版社，2005年10月版，第68頁。

煥鏞與胡先驌出版《中國植物圖譜》第二卷時，著者特將此卷獻給 A.Henry，其獻詞云：「獻給愛爾蘭皇家科學院林學教授奧古斯汀‧亨利先生，通過您在中國華中和西南的艱苦採集，增加了我們關於植物誌的知識。」〔註330〕

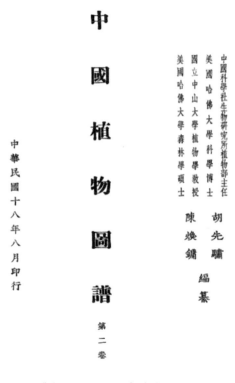

《中國植物圖譜》（第二卷）

10 月，著《細菌》，王雲五主編《萬有文庫》，第一集一千種，商務印書館初版。

10 月，中國科學社生物研究所秉志所長、兼任靜生生物調查所所長，秉志不在北平靜生生物調查所時，由胡先驌負責所務工作，代理所長。

10 月，Two New Species of Carpinus from Szechwan（四川鵝耳櫪屬之二新種）刊於 Journ. Arn. Arb《花木栽培雜誌》（第 10 卷第 10 期，第 154～156 頁）。

11 月，《經濟植物學與中國農業之關係》（上）文章在《農學週刊》雜誌（第 1 卷第 15 期）發表。本文為胡先驌在農學院的演講詞，由夏緯英、李象元筆記。摘錄如下：

〔註330〕 胡宗剛著《雲南植物研究史略》，上海交通大學出版社 2018 年 7 月版，第 14 頁。

中華地大物博，世所熟知。地大物博達於何種程度，則知者極鮮。今就幅員論之，西至於蔥嶺，東至於海，南至於海南，北至阿穆爾與外興安嶺。大部分雖跨於溫帶，惟南北兩端，一則已近於赤道，一則已列於寒區。地勢或矗或陷，殊不一致。有海拔一萬四千尺乃至二萬尺之高峰，有瀕於海濱之低地。因其幅員廣大，地勢不平，氣候亦隨之多變化。四境除蒙疆戈壁而外，罕有海灣或沙漠不毛之地為之間隔。東南西南諸省，氣候溫和，雨量充足，植物種類，尤見繁榮。論植物分布之支派，西南來自喜馬拉雅，東自日本及臺灣，南自馬來印度，北自西伯利亞，四方交錯，以云種類，遠較同緯度歐美諸邦為多。且多專有之種屬，故為全世界溫帶植物最繁盛之區，而有「花之天國」（Flowering Paradise）之稱。

中國以農立國，垂數千年，植物利用之饒，食品製造之精，世界各國，莫能與京。余嘗與友陳煥鏞君，因出席太平洋科學會議，居東京。陳君閒嘗謂余曰：「日本文明僅及於眼，中國文明，全在於舌。」陳君之語，洵屬洞悉實情之論。東瀛各地舉凡街道、房舍、公園等處，靡不燦爛奪目，謂其文明在眼，誰以為非。我國食品種類之繁多，烹調方法之奇巧，東西各邦，難與比倫，謂其文明在舌，夫豈謬言。試就植物方面論之，下等如菌藻植物，其中直接可供食用者有葛仙米（Nostoc edulis）等，既為藍綠藻，而髮菜一物尤為普通。至於嘉會盛筵非具不可之竹蓀，原為一種菌類，學名為 Phallusindusiatus，在歐美皆視為有毒，且惡其臭，故稱為「臭角」（Stink horn）；而在我國除去臭惡之孢子即可食。此物出自四川，異常珍貴。至於毒如毛茛科植物，亦有利用之以供食者，此更可從《救荒本草》中之記載而知者也。

由上述觀之，中國植物之類，如此其繁多，國人利用植物又如此其精巧，中國農業宜乎達於極高之程度；然苟細察，實有不盡然者。蓋中外植物未經國人利用者實指不勝屈。惟利用植物，則經濟植物學尚矣。彼農業之所經營者，大部分在乎植物，則其與經濟植物之關係，不難推想而知。中國現在之穀類雖多，但皆為數千年來固有之種類。晚近新利用者，幾無一種。考青海地方，有一種大麥，抵抗力極強，若移植於北方一帶，未始無成效之可言。夫移栽植物，

或使之風土化，或為雜交之試驗。此等工作，在重農之美國，甚為
重視。彼邦政府常派專家至各地調查植品者，亦無非為此。東鄰日
本，對此亦異常注意。以農立國之中國，對此能毋生愧。據近來某
日人報告，緬甸之稻，約有九百種之多，其中可供我國之試植者當
必不少，農學家所當特別注意者也。

農作物中穀類而外，最足重視者為能製糖之甜菜（常人以為蘿
蔔能製糖，實為甜菜之誤。蓋蘿蔔固不能製糖者也）。我國能栽甜菜
之地極多，若能廣事栽植，則糖業前途，殊未可量。此外玉蜀黍能
製右旋糖，菊芋能製左旋糖，此等能製糖之植物，業農者若能多為
種植，則不特農業為之進展，即工業亦為之發達也。

豆類中如江西廣東出產之花豆，既可為筵席上之用，又可作為
滋養品，實有提倡廣栽之必要。至於四川廣東出產之葛薯（Pueraria
tuberosa）、地瓜（Geniustikoua）等，均為特種之農作物，農學家所
宜注意者也。

關於牧草方面，中國因牛乳及肉用等事業，向不發達，以致間
接受其影響。因此一般人對於牧草，皆以為無足重輕。其實自外國
輸入牧草，遠始於漢代之張騫。惜後人不加改良，為可惜耳。在外
國，畢生窮究牧草之專家，大不乏人；國人對此，或以此種研究為
無用，亦未可知。我國產之香蒲，普通作為枕席之材，其塊根可為
乳牛之飼料，一畝之地年可出千餘斤。若我國農家能廣事栽培，則
於牧業方面，未始無相當之效益。不過牛食此飼料之後，其乳微有
特別之氣味，此則應稍改善耳。

關於庭園方面，在外國常有美麗之草地（lawn），草地之草，種
類甚繁。然我國野生草類，可為草地上之用者亦頗不少。浙江天目
山有一種長穗之野花，與園藝上所用之莒草相似，若移栽於庭園，
必為點綴，當必增色不少。

紡織植物中國自昔雖有棉花、苧麻、芒麻等，惟新增之種，則
鮮有聞。惟紐西蘭（New Zealand）出產之 Phormiumtenax，比普通
亞麻為佳。從事試植，若能成功，將必取棉花而代之。〔註331〕

〔註331〕《胡先驌全集》（初稿）第十四卷科學主題文章，第83～85頁。

11 月，確定南京中山陵植物園園址範圍及宗旨。

在南京正式創立總理陵園紀念植物園，劃定明孝陵前湖一帶240 公頃土地為園地，由林學家傅煥光、陳嶸勘定，邀請植物學家錢崇澍、秦仁昌詳細考察，園藝家章守玉主持總體設計。建園宗旨有六：（1）搜集及保存國產草、木本植物；（2）輸入外國產有價值之植物種類；（3）作植物分類形態解剖及生理生態繁殖之研究；（4）供學校學生實地考察；（5）引起一般群眾對於自然美及植物學之興趣，明瞭植物偉大之效用及對於人生之需要；（6）為城市民眾怡寄性情之所。〔註 332〕

12 月 5 日，董事會會議，提議科學社建築生物研究所案。

理事會第 84 次會議記錄（1929 年 12 月 5 日），飛霞菜館開理事會，出席者：任叔永、竺藕舫、楊允中、楊杏佛、周子競、王季梁、胡剛復。

一、教育部函送科學諮詢處辦法六條，並請在本社附設諮詢處案。

議決：照辦，由總幹事主持其事，所有問答每月在《科學》內發表。

二、北平理事翁詠霓、趙元任、秉農山、胡步曾、葉企孫、任叔永提議：

（1）科學社建築生物研究所案。（原提議人任叔永）

（甲）生物研究所建築，決在中華教育文化基金董事會所定之期限內動工，至遲明年三月內必須動工。

（乙）研究所盡在社中已買之地址內建築。

（丙）張姓地仍須從速購買，如社中無經費，得先向研究所經費內借用一千元。

（丁）此次三萬元之建築，認為全所建築四分之一。

議決：通過。

〔註 332〕王希群、秦向華、何曉琦、王安琪、郭保香編著《中國林業事業的先驅與開拓者——凌道揚、姚傳法、韓安、李寅恭、陳嶸、梁希年譜》，中國林業出版社，2018 年 11 月版，第 124 頁。

（2）關於科學社編輯建議案。（原提議人翁詠霓）

《科學》總編輯事務過多，擬另聘一編輯主任，輔助總編輯，專任編輯《科學》及論文專刊事宜，月薪二百五十至三百元。

議決：原則通過，從速物色人才，本社擬發行週刊及科學教材等書，概歸編輯主任負責辦理。

三、周子競提出：生物研究所前以經費不裕，經理事會通過，每年由總社撥助薪水及印刷費數千元，現在總社經費漸行困難，生物研究所以文化基金會增加補助尚能自給，以後薪水及印刷費兩項是否應繼續撥助案。

議決：生物研究所薪水與印刷費，概由所經費項下開支。〔註333〕

12 月 31 日，出版靜生生物調查所第一次年報。以後每年堅持出版。該年報內容豐富，工作詳實，印刷精美包括中文年報和英文年報。封面右上標明時間、中間靜生生物調查所第一次年報，左下落款北平靜生生物調查所印。正文內容。委員會名單、職員名單：（一）總務處：所長，秘書，會記，庶務，文牘。（二）植物部：主任，植物標本室主任，技師，特約技師，研究員，研究員兼繪圖員，助理研究員，採集員。（三）動物部：主任，名譽技師，技師，動物標本室主任，技師，名譽技師，研究員，助理研究員，會圖員，標本製造員，標本製造助理員。（四）圖書室：圖書管理員，圖書助理員。（五）通俗博物館：通俗博物館管理員。研究成果介紹，採集事項內容，出版著作及發表論文目錄，動物標本接受各科研機構捐贈名單，脊椎動物和無脊椎動物標本統計。植物標本室收到國內外捐贈和交換標本及自己採集標本數量。圖書室及通俗博物館等。

12 月，《經濟植物學與中國農業之關係》（下）文章在《農學週刊》雜誌（第 1 卷第 16 期）發表。本文為胡先驌在農學院的演講詞，由夏緯英、李象元筆記。摘錄如下：

（續）

我國素重蠶桑。桑葉為蠶兒之唯一食料，人所稔悉。惟苧麻之葉，可以飼蠶，則知者極少。據英人研究之結果，以苧麻葉喂蠶，

〔註333〕何品、王良鐳編注中國科學社檔案資料整理與研究《中國科學社董理事會會議記錄》，上海科學技術出版社 2017 年版，第 136～137 頁。

較用桑葉為佳。我國長江諸省皆出苧麻,倘能利用之,其收效當非淺鮮。蓋現在種桑只得桑葉之用,若種苧麻養蠶,則除葉外,且能利用其纖維也。

至于果品方面,中國向無小果(Smallfruit),此為一極奇之現象。其實茶藨子(Ribes)及懸鉤子(Rubus)之屬,中國山地,野生甚繁,此等出小果之野生植物,大可應用。此外如南方產之桃金娘(Rhodomyrtus Tomentosa),花既美麗,又能結一種漿果,在印度人皆用之為果醬,現在國人尚未有栽培之者。又長江諸省出產之獼猴桃(Actinidia)可以生食,味酸可口,以及湖北西部盛產之一種水果,西人稱為宜昌鵝莓(Ichang Gooseberry),均宜廣事培植。長江一帶野生之刺葡萄(Vitis Davidii),可為接枝上之用。宜昌產之宜昌檸檬(Citrus Ichangensis),為一種耐寒常綠之野橘,用為砧木或傳粉之用,結果當必極佳。

花卉方面國人最重視者為蘭,蘭之野生可以栽培者亦頗不少。而杜鵑花四川雲南等省遍野皆是,實可用人工栽培之。此外榆葉梅,以及松柏科中奇形怪狀之植物,都可供園藝上之用。又如雁蕩山產之一種球根類植物,經予命名為邵氏蔥蘭(Zephyranthest Souii)者,實為一美麗植物可以栽培者也。

至於行道樹方面,中國產者有元寶楓。此種樹木,甚得外人之賞識,以之為行道樹,實不亞於法國梧桐與洋槐。而吾國西部所產之大衛樹(Davidia Involucrata),實至美觀之喬木,大可用為行道樹也。

關於森林植物之種類,國人研究之者極鮮。前農商部出版之《造林須知》記載江西盛產針葉杉,其實江西境內,除廬山有二株針葉杉外,並未見有此種植物。而江西最重要之榆樹(Schima Confertiflora),反無人知之,則國人於森林植物知識之淺薄可由此窺知。以此而言造林,不啻嚮壁虛造矣。

總之中國農業如欲謀其發展,則有賴於經濟植物學之知識者正多。類於上述者,實不勝枚舉。至於何處應用經濟植物學之知識,使中國農業發展,現在提綱挈領,則有下列之數端:一、提倡採集植物;二、輸入外國有用植物;三、設立大規模之植物園,以輸入

試驗國產野生有用之植物。〔註334〕

是年，與胡經甫為中華教育文化基金會科學教育顧問委員會生物組委員。

是年，推舉為天然紀念物保存委員會中國代表。

　　前年由第四次太平洋科學會議推舉為天然紀念物保存委員會中
國代表。〔註335〕

1929年～1930年度中國科學社生物研究所植物部職員名單。

　　正式職員7人：錢崇澍、方文培、劉其燮、孫雄才（助理兼標
本室管理員）、鄭萬鈞（助理兼採集員）、汪振儒（助理兼採集員）、
王錦（標本室助手）；非正式職員1人：名譽研究員戴芳瀾（金陵大
學植物病理學教授）。〔註336〕

是年，《中國植物圖譜》出版受專家好評。

　　胡先驌與陳煥鏞合著《中國植物圖譜》Icones Plantarum
Sinicarum，共五冊。1927年商務印書館出版第一冊，1929年出版第
二冊。……胡先驌等購買寄呈國外植物學專家，得到良好評價。故
第二冊出版時，將專家評論作為廣告，今錄此廣告，以見《圖譜》
之影響，其云：本書係北平靜生生物調查所植物部主任胡先驌博士
與廣州中山大學植物學教授陳煥鏞先生所編纂，內有新發明之二屬，
永瓣花及傑克木以及多數新種之詳圖及中英文說明，洵為治中國植
物學者之要籍。當第一卷圖譜出版之後，德國柏林植物園園長笛而
士、奧國維也納天產博物院植物部主任馬策迪、英國克由皇家植物
園園長郗爾爵士、美國芝加哥大學植物系主任柯爾脫博士、美國哈
佛大學阿諾德森林植物園標本室主任芮德爾先生、日本東京帝國大
學植物系主任教授早田文藏博士著文稱讚，柯爾脫博士且在美國兩
種科學雜誌著文介紹，馬策迪博士為《圖譜》之精確而美麗且在日

〔註334〕《胡先驌全集》（初稿）第十四卷科學主題文章，第83～85頁。
〔註335〕《社友》第9號，1931年5月10日消息。張劍、姚潤澤編注中國科學社檔
　　　　案資料整理與研究《〈社友〉人物傳記》資料選編，上海科學技術出版社2020
　　　　年版，第28頁。
〔註336〕張劍著《科學社團在近代中國的命運——以中國科學社為中心》，山東教育出
　　　　版社，2005年10月版，第209頁。

本一般植物圖譜上，其價值可知。〔註337〕

是年，派北平靜生所職員李建藩、周漢藩在河北採集標本 11234 號。共著華北木本植物。

是年，韓馬迪主編《中國植物誌要》出版發行。

　　由韓馬迪主編撰成《中國植物誌要》（Symbolae Sinicae），全書共分七部分，分別為藻類、真菌、地衣、蘚類、苔類、蕨類和種子植物，從 1929 年開始出版，1937 年在維也納全部出齊。其中第六部分蕨類，第七部分種子植物主要是他自己完成的。此書共計述及 8015 種植物，其中至少有 1307 個新種；還有 35 個新屬。〔註338〕

民國十九年庚午（1930）　三十七歲

1 月，Further Obsevation on the Forest Floraof Southeastern China（中國東南諸省森林植物進一步之觀察）刊於 Bull. Fan Mem. Inst. Biol.《靜生生物調查所彙報》（第 1 卷第 3 期，第 51～63 頁）。

1 月，Notulae Systematicae ad Floram SinensemI（中國植物分類小誌一）刊於 Journ. Arn. Arb，《花木栽培雜誌》（第 11 卷第 4 期，第 48～50 頁）。

2 月 9 日上午，會議討論建設靜生生物調查所、社會調查所房屋案。

　　翁文灝出席在上海禮查飯店舉行的中基會董事會第 4 次常會。會議通過了執行委員會報告、會計報告、幹事長報告及建築靜生生物調查所、社會調查所房屋案等。〔註339〕

　　2 月 18 日，召開中基會第 25 次執行會和財委會聯席會議。通過了加撥中國科學社生物研究所等機構補助費議案。〔註340〕

3 月 23 日，胡先驌研究植物化石。

　　北平研究院地質學研究所成立，翁文灝任主任（後改稱所長）。

〔註337〕胡宗剛著《胡先驌陳煥鏞合著〈中國植物圖譜〉》，公眾號註冊名稱「近世植物學史」，2021 年 12 月 23 日。

〔註338〕羅桂環著《近代西方識華生物史》，山東教育出版社 2005 年 10 月版，第 312 頁。

〔註339〕李學通著《翁文灝年譜》，山東教育出版社，2005 年 10 月版，第 63 頁。

〔註340〕李學通著《翁文灝年譜》，山東教育出版社，2005 年 10 月版，第 64 頁。

南京政府成立後，在北平成立了國立北平研究院。本年 2 月 25 日，
北平研究院向農礦部提出，由該院成立地質學研究所附設於農礦部
地質調查所的建議，並於 3 月 9 日提出兩所理事會組織大綱。農礦
部 14 日函北平研究院，對該院建議表示同意。18 日，翁文灝將其
擬訂的兩所合作辦事細則送院，並告北平研究院所發聘函及圖章均
收到。22 日，翁文灝又提出地質學研究所職員名單報院，請予加聘。
23 日，兩所理事會第 1 次會議召開，標誌北平研究院地質學研究所
成立。翁文灝任主任，章鴻釗為副主任。該所實際與地質調查所為
同一實體。通過這種形式，地質調查所獲得了部分經費支持。時地
質學研究所有研究員：劉季辰、周贊衡、葛利普、譚錫疇、孫雲鑄、
楊鍾健、王恒升。圖書館主任錢聲駿，陳列館主任徐光熙。助理員：
王紹文、黃汲清、侯德封、裴文中、李春昱、王曰倫、孫健初、王慶
昌、王炳章、朱煥文、梁冠宇等。陳列館有各種標本 3 萬種；圖書
館有專業雜誌 25000 卷，參考書 5000 餘冊，中外地圖 1 萬張。時設
古生物研究室、礦物岩石研究室和儀器室。當時正在從事野外地質
調查的有譚錫疇、李春昱川邊西康調查組，黃汲清、王曰倫分別率
領的四川貴州兩個調查組和孫健初在多倫一帶的調查。室內研究的
有楊鍾健、裴文中等進行的周口店猿人及其化石研究，葛利普、孫
雲鑄、俞建章、王慶昌等人的無脊椎動物化石研究，胡先驌、張景
鉞進行的植物化石研究，王恒升、王炳章的岩石礦床學研究和侯德
封、梁冠宇等人的煤質研究。〔註 341〕

胡先驌英文信札手跡

〔註 341〕《國立北平研究院院務彙報》第 1 卷第 1 期。李學通著《翁文灝年譜》，山東
教育出版社，2005 年 10 月版，第 64～65 頁。

3月，派靜生所唐進、汪發纘遠赴四川採集植物標本。

春，派員赴四川採集，獲得重要成果。

　　　　該年《年報》記有：本所植物部於春間派汪發纘君赴四川作第
　　二次之採集，先至峨眉山、瓦屋山，西南折至峨邊、馬邊，復東南
　　行而入屏山縣境。汪君原定計劃本擬深入西昌、會理一帶採集，惟
　　該地山民猓猓與地方官時有衝突，保護無法，遂未成行，復折回峨
　　眉，不久即可返所，計得臘葉標本一千號，合二萬餘份，更有木材
　　標本二百餘段。〔註342〕

4月下旬，靜生生物調查所派員進行動物標本採集。

　　　　《第二次年報》：動物部於四月下旬派一採集員至河北、山東二
　　省沿海一帶採集。沈嘉瑞曾於夏間至遼東灣及渤海灣等處採集，特
　　別注意海產動物。何琦君於七月赴東陵採集昆蟲，所得標本甚多。
　　唐善康及唐瑞玉二君終年來東陵採集，共得鳥類標本千餘件，此外
　　尚有哺乳類、爬蟲類及軟體動物不少。〔註343〕

4月，著《植物學小史》，共130頁，王雲五主編《萬有文庫》，第一集一
千種，商務印書館初版。作者糾正薩格斯的《植物學史》諸多謬誤，採用各門
植物按時代分段敘述。增加了當時葉綠素和光合作用新知識，是一本瞭解植物
歷史發展的書。

　　　　　　　　　　　　　　自序
　　　　是書之編纂，十九取材於英國哈維吉布生教授（Prof. R. J.
　　Harvey-Gibson）所著之植物學史綱要（Outlines of the History of
　　Botany）。是書糾正薩格斯所著之植物學史之謬誤甚多，較之他人之
　　作簡明而詳盡。然為初學計，仍微嫌其過詳。且將各門植物科學混
　　合而按時代以敘述之，初學讀之不易明晰。故略加刪節而將其所述
　　之史料分納於各門植物學中而敘述之。同時關於隱花植物與顯花植
　　物分類學則較原書頗有所增益。而於最近所研究之原始葉綠素與光

────────────────────

〔註342〕《靜生生物調查所第三次年報》。胡宗剛著《靜生生物調查所史稿》，山東教
　　　　育出版社，2005年10月版，第64頁。
〔註343〕《靜生生物調查所第二次年報》。胡宗剛著《靜生生物調查所史稿》，山東教
　　　　育出版社，2005年10月版，第81頁。

合作用各問題，亦為原書所未及而增入者也。

編者識

目錄

導言

植物學之研究，在吾國託始於神農，在歐西或謂肇端於名王梭羅門，雖其言荒渺不可究詰，然人類之研究植物，必遠在有史以前。蓋在生存競爭問題中之食物供給，極為重要；而初民以其身歷之經驗，有意無意中，必分植物為有益與有害兩大類。逐漸則植物可供藥用之知識亦漸增，於是本草之學興矣。本草學立，醫師肇興，初民既每以疾病由於鬼物之作祟，醫師遂兼理巫職，其重要每過於酋長。證之今日蠻夷中，猶如是也。寖而文明日進，巫醫乃變為正式之醫師；然醫師之效，半繫於藥；方劑雖驗，苟藥品有誤，必至貽誤；於是乃有人專意於藥用植物之識別。寖而文字興，捨口耳之授受而筆之於書，本草之書於是昉，而植物學之基礎亦漸立矣。證諸萬國，靡不同然。吾國植物學不甚發達。昔賢如李時珍諸公，不過本草學大家。有清之吳其濬，始有純粹研究科學之精神，然尚未脫辨識種品之範圍，於形態解剖生理等學，初無貢獻。植物學得成今日之偉大，晳種人殆專其美。故述斯學之歷史，一以歐西為宗。非敢自菲薄，勢有不得不然也。

植物學之鼻祖，首推希臘之德阿夫拉司達士（Theophrastus）。氏生於西元前三百七十年，為亞里士多德之弟子，曾著植物史（Historia Plantarum）與植物原理（De Causis Plantarum）二書。彼定植物各器官之界說，認果實可比動物之胎兒，子房為果實所發源。

然彼殊不知植物之雌雄。彼所謂雄株乃不結實者，然彼於無花果與波斯棗（dates），似感覺其真有雌雄之別。關於無花果之懸野枝（caprification）以及波斯棗之人工傳粉之有利于果實之成熟，彼曾詳記其事。彼分植物為木本與草本，復分草本植物為一年生，二年生，與多年生。彼知常春藤（ivy）附麗器官非卷鬚而為根，又知地下部非皆為根。謂根為吸收養料之器官，莖為運輸養料之器官，彼且描寫各種不同之葉。彼知單子葉與雙子葉植物莖葉種子之區別，且粗知年輪成長之原因。彼雖不知花之各部之功用，然知有花冠與無花冠之花之區別，又知上位下位周位花以及各種花序之分別。其果實之界說，亦吻合科學原理。凡包有種子者皆稱為果。彼知山林沼澤江湖以及他種植物社會之不同，是則近代始昌明之植物生態學亦肇於彼。彼誠為植物學之鼻祖也。

德氏之後凡十八世紀，無純粹植物學家之可言。雖有治農學與本草學者，嚴格論之，皆不得認為植物學家也。

迪阿士柯雷帝士（Dioscorides）約生於西元六十四年間，為旅行小亞細亞最廣之醫師。其所著之本草，為世崇奉者至十六世紀之久。彼雖為本草學家，然頗能辨別尋常植物之各科。謂自十八世紀之林奈（Linnæus）始認識植物之科者妄也。此外西元第二世紀間之加倫（Galen）之治本草，白令尼（Pliny the Elder）之著自然史（Historia Naturalis），亦殊可稱。加倫之後則十四世紀間植物學無史可言。直至柯達士（Valerius Cordus）出，始重煥異彩焉。

柯達士生於西元千五百十五年，肄業於蘇格蘭之韋登堡大學（University of Wittenberg）。年未二十即刊行其藥局方（Dispensatorium），即不啻一部本草。卒業之後任本校助教，曾講迪阿士柯雷帝士之學。其在植物學之功績，為教世人勿迷信古人之書，而躬自採集記述野生之植物。彼在大學之時曾數數入深林密箐中為此項之工作，發見數百種新植物；故年二十五即著植物史（Historia Plantarum），其中記述植物四五百種。在未刊行之前，復周遊意大利各大學。至二十九歲患瘧疾而死。其記述植物之精密，極合後世之科學方法。其於形態學之貢獻尤巨。彼承德阿夫拉司達士之主張，認植物地下部非盡為根；花序亦經彼為科學之研究。彼為辨認苞片

之第一人，曾言及苞片构成總苞，及花萼與花冠地位之別。彼知所謂無花果之果實為花序。彼曾考求植物葉之時候運動及攀緣植物之游移運動。彼為發現茅膏菜葉之特殊性質與豆科植物根瘤之第一人。彼竟知蕨類植物以葉背發生之「粉」（孢子）以繁殖，可謂敏慧過人矣。

　　與柯達士同時而整理其遺著者有捷士納（Konrad Gesner）。其研究花與果之構造較柯氏為詳。彼有屬（genus）之觀念，彼且知有變種。在此世紀之末，有羅白里亞士（Lobelius），曾著有 Stirpium Adversaria Nova。彼開始以植物分為若干群，如十字花科，唇形科，至今猶仍之。其分類以葉為本，始以細長葉之單子葉植物，繼以雙子葉植物。此外則意大利之攝薩耳平樂（Caesal-pino）著有植物（De Plantis）一書，始將植物學與本草學分離。且主張以生殖器官，為植物分類法之基本。然其結果，乃每將絕不相關之植物聚為一群。其生理學之理論亦多謬誤，然攝氏之後，植物學之曙光已漸興矣。

　　自此以後，研究植物者益多。自顯微鏡之發明，以及物理化學之進步，於是進而研究植物內部之构造，與夫其生活之方法；於是植物形態學解剖學與生理學興焉。自地質學大昌，而古代生物學以立。植物之形態學與解剖學既研究日精，加以十九世紀達爾文大昌天演學說，而分類學亦逐漸進步。由植物生理學進而為植物適應環境之研究則植物生態學以立。蓋至後世研究益深，分工益細，於是植物學一變而為多種學科，各有其歷史在，茲略分述如下。

中國第二歷史檔案館藏國立中央研究院第二屆評議員莊長恭證書（沈衛威提供）

5月19日，汪發纘致胡先驌信函。

夫子大人函丈：

敬稟者：生自入灌縣後，即在其西南青城山採集。青城為一名山，離成都僅百餘里，長途汽車半日可達。當春秋佳日，成都各校學生每旅行至其地，香燭亦盛，斧斤不許入山，樵者常用修竹上繫木鉤拉拾杉枯枝，故草木甚豐富，只惜山不甚高，面積亦狹，植物之種類因不甚多。生在此山住十餘日，共採得標本三百餘號。其中木本較草本為少，但亦有百餘號，多係闊葉樹之 thicket，並不純粹闊葉木林，更無針葉林。

於上月杪，離青城至趙公山，山在青城之東，較青城為稍高。其上熟地甚多，斧斤亂施，凡略有植物之地，每為伐後所生之低矮thicket，蓋皆灌木或小樹也。住此僅二三日，所得標本亦少。五月三日西過太安寺，四日至水磨溝。其地山多，距牛頭巴郎約二三百里，近地樹木亦不鮮，木材標本採得六十餘種，其他標本採得二百餘號，大半係採自蟠龍山，山距水磨溝二十餘里，海拔在 3500 米以上。自山麓至二千五百米為闊葉木林，其中以 Photinia 為最多，惜值風雨，花亦將謝，未獲攝影為恨。自此以上漸見 Abies，迨至 3100 米左右，始為 Tilia 之純粹林。再上此木漸稀漸矮，在 3500 米之向陽地方，猶略見其蹤跡點綴於另一種矮小 Photinia 中。若在背陰之處，純為此種杜鵑之叢林，再上之植物猶在冬眠狀態，未舒綠葉。山陰之處，尚有殘雪，足證其地甚冷也。

茲聞由水磨溝前往為土著管轄之地，全係山嶺，無片水田，糧食稀少，現在此間準備入山糧物也。牛頭山自麓至頂 30 里，巴郎山自麓至頂 60 里，此間土人來往其地者甚多，詢悉植物豐富。生擬在其地住三四禮拜，木材標本再在此地搜集一部分、然後至熱功、再定採集日程。月餘以來所得採集標本共五百四十餘號，今派人送往灌縣、郵包寄奉，恐有傷標本，遂未果行，只得暫存灌縣縣署。茲已函文培兄、合請灌縣長飭送至成都大學交文培兄收藏，侍轉回再行帶轉也。餘待後稟。

專頌

鈞安

學生 汪發纘 謹
五月十九日（1930年）〔註344〕

　　5 月，《第四次太平洋科學會議植物組之經過及植物機關之視察》文章發表在《科學》雜誌（第 14 卷第 5 期，第 683～692 頁），對植物機關進行介紹。

　　荷人之治爪哇，以能獎掖科學而以之應用著稱於世。據多數科學家言，關於此點，在熱帶中雖英人之於印度，美人之於夏威夷與菲律賓皆望塵不及也。爪哇全島以農業為最發達，其糖業研究所規模最大，茶業研究所與橡皮研究所次之。然此皆非純粹植物學機關，純粹植物學機關則有茂物植物園（Buitenzorg's Lands Plantentum, Government Botanic Gardens），為亞洲及熱帶最大之植物園，荷人且稱為世界最大之植物園焉。

　　植物園距海面高八百五十英尺，佔地一百四十五英畝，大部分皆植以熱帶之喬木。在正門入口之處即種有兩行極大之爪哇橄欖樹，其種子可食如巴旦杏。樹上有多種天南星科附生灌木，至為美觀。其豆科植物區中則有可以點綴與入藥之各種紫檀（Pterocarpus），最美觀之 Amherstia nobilis Brownea spp.，可食之羅望子（Tamarind indica）等等。在紡織原料植物區中則有龍舌蘭（Agave）、玉加樹（Yucca）、鐵樹（Cordylines）與露兜樹（Pandanus）等。露兜樹之種類尤多，為狀極似棕櫚。其蘭科植物區與蕨類植物區相近，所植除生地上者外，皆附生於 Plumiera acuminata 枝上，種類繁多，五光十色，至為美觀。至池沼植物區則水邊有紅樹科之 Bruguiera eriopetala 與 Sonueratiaceae 之 Sonueratia acida，池中則有各種睡蓮、荷花、萍蓬草（Nuphar japonicum）、茨菇、風眼蘭（Eich hornia crassipes）、紙草（Cyperus papyrus），而維多利亞花（Victoria regia）葉大徑七八英尺，花大徑一英尺，尤為壯觀。在錦葵科與木棉區中最特異之植物為韶子（Durio Zibethinus），其果有惡臭而味極美。沃力斯曾謂專為此果來東方一次亦值得，可知其味之殊異矣。又有木棉（Ceiba pentandra），為爪哇著名之特產。其棕櫚區在茂物植物園

〔註344〕汪發纘致胡先驌，1930.5.19，南京：中國第二歷史檔案館，609（28）。胡宗剛著《靜生生物調查所史稿》，山東教育出版社，2005 年 10 月版，第 65～66 頁。

最著名,種類之繁,不勝枚舉,如蒲葵(Livistona)、桃榔(Caryota)、海棗棕(Phoenix)等皆是也。至芭蕉區則有各種香蕉,而具扇狀排列之葉之旅人木(Ravenala madagascariensis)最為有趣,其葉柄含水極多,旅人口渴以刃刺其葉柄,則有多量之清水流出,可供飲料云。此外如榕樹,如竹,如橡皮樹、灌木區、草本區,有用或有興味之種類,不勝枚舉,窮十日之力不能遍觀之也。

植物分類標本室與博物院即設在園之附近,內藏爪哇、婆羅洲、蘇門答臘及其他各島之臘葉標本極富,惟所藏皆為南洋植物,與中國關係極少,不足以供國人參考研究之用也。

經濟植物園在 Tjikeumeuh,設立於一八七六年,至一九二一年,乃隸屬於農業試驗總場。此場之重要可於一點知之,即今日爪哇全島之重要農產品,皆來自外邦而非土產,如亞拉伯咖啡來自亞比辛尼,可可來自厄瓜多,中國茶來自臺灣,油棕來自非洲西部,金雞納樹來自南美洲,阿森茶來自印度,橡皮樹來自巴西。而今日皆為爪哇利源所在,此園之功用可知矣。此園除對於可可、油棕、橡皮樹之育種特別注重外,尚研究五十種綠肥植物之功效比較,而橡皮樹接芽之法,亦在此園中發明,今已遍用之矣。

此園中最有價值之經濟植物,有:油棕,即作棕櫚香皂者;肉豆蔻;芳匪那;椰子;蘇方木;萬壽果;木棉;橡皮樹;香茅,為產香茅油之原料;各種咖啡;麻蕉;各種香蕉;緬樹,亦產橡皮者;參茨;古柯,即產高根者;席索,產席索麻;大風子,皆產大風子油,為治大麻風聖藥;西米棕;格達樹膠樹,產格達樹膠;阿森茶與中國茶;桂皮;薩波塔果;各種金雞納樹;可可,產可可者;胡椒;巴拿馬棕櫚,為製巴拿馬草帽之原料;箭毒樹,其樹液有劇毒,可以製毒箭;兒茶;丁香油樹,皆最有經濟價值之植物。

經濟植物博物院設在植物標本室之側,南洋一帶之經濟植物產品皆搜羅無遺。如穀菽類、糖、咖啡、可可、煙葉、西米、香料、油脂類、藥用植物、木材、工業用植物原料等等,莫不應有盡有,以供社會之參考。〔註345〕

〔註345〕張大為、胡德熙、胡德焜合編《胡先驌文存》(下卷),中正大學校友會出版發行,1996 年 5 月,第 105～112 頁。

5月，《第四次太平洋科學會議上之植物學》（Botanyat the Fourth Pacific Science Congress）文章在《嶺南學報》（第9期）323～326頁發表。寫成介紹性文章《第四次太平洋科學會議植物組之經過及植物機關之視察》發表在1930年《科學》雜誌（第14卷第5期，第683～692頁）。在論文中，集中在三方面內容，一是最有趣的事情為日本西京大學郡場寬教授在日本九州發現川草科，二是關於植物分布的論文較多，頗有意義，三是保護天然紀念物論文。

此次在第四次太平洋科學會議宣讀之植物組論文不多，而最有趣之事厥為日本西京大學郡場寬教授（Prof. K. Koriba）在日本九州川草科（Podostemonaceae）之發現。此科植物主產地為中美洲與南美洲，計有一百五十餘種，此外則美國東部有一種，而非洲南部、馬達加斯加、錫蘭、印度亦有數種，近年則在安南、爪哇各發現一種，至於東亞則從未發現過此科植物。此科為水生植物，生於瀑布及急流中，以一種附著器（haptera）附生於水中石上，平時葉皆沒於水中，水落之時，葉露於水面，則花序發生，不久則葉萎花謝，惟有果實而已。中美洲、南美洲所產者其體甚大，亞洲、非洲所產者其體甚小，驟視之甚似苔蘚類植物，無經驗之人，殆難知其為種子植物也。

在第三次太平洋學術會議中，Prof. F. A. F. C. Went在《太平洋為川草科分布之界限》（The Pacific Ocean as a Boundary of the Distribution of the Podostemonaceae）文中，曾示知美洲熱帶為此科之發源地，由此而移植於非洲熱帶，由非洲而移植於亞洲熱帶，至亞洲後則因太平洋之阻隔不克更往東進。彼更勸植物學家對於太平洋群島之植物特加注意，以期能發現此科植物。今郡場寬教授在九州發現數種此科之植物，可見此科在亞洲之分布，不但限於熱帶，即在亞熱帶與溫帶亦能生存。此科植物之分布方法為藉水鳥之攜帶其種子，則廣東、福建、浙江南部一帶海岸之瀑布急湍中，有此科植物之存在，實在意中。以美國北部有一種此科植物之事實觀之，則此科植物甚或可分布至揚子江流域各省，亦未可知，是在吾國植物家之努力也。

此外關於植物分布，有數人之討論頗有意義。一為美國加利福尼亞大學色絮爾（Prof. W. A. Setchell）關於馬來群島動植物分布之

討論。先是英國大生物學家沃力斯（A. R. Wallace）研究動物分布時，發現馬來群島之西部所產之動物屬於亞洲產，其東部產屬於澳洲產，以為在鄰近之群島中，而有此特殊之分布，由於亞、澳兩洲在古昔之時自始即分離，故原始哺乳動物在亞洲不能生存者，在澳洲尚能生存。因設立一懸想線，認 Bali 與 Borneo 以西為屬於亞洲，Lombok 與 Celebes 迤東至菲律賓為屬於澳洲，此線後人遂稱為沃力斯界線。後人則謂此線應移至 Celebes 之東，另立一線所謂韋勃爾線（Weber's Line）者，以 New Guinea 與澳洲屬於澳洲，其他各島則屬於亞洲。色絮爾教授則謂沃力斯線與韋勃爾線未必盡為地理上之界線，而實為生態學之界限，蓋此兩線之東氣候遠較此兩線以西為乾燥也。一為茂物植物園長樊雷文（Dr. W. M. Docteurs Van Leeuwen）關於克老克佗島（Krakatau）植物之研究。先是在一八八三年，此島火山大爆裂，全島生物完全滅絕。一年之後，Verbeek 只見有數禾本科植物，三年之後，前茂物植物園長突勒伯（Treub）在該島上採得二十八種植物，自一九百〇八至一九二八年中則樊雷文在該島先後採得二百七十六種植物。關於此島新植物之來源，有兩種意見。一派以為該島植物在大爆裂之後，已完全滅絕；一派以為全島植物未必能完全滅絕，而此後新生之植物，必有一部分為未爆裂前之植物之孑遺。樊雷文則主前說，曾屢作文論之。此次論文亦復申此旨，而加以證據，愈見其說之真確也。一為作者關於東南各省森林植物繼續之觀察。自作者在一九二六年第三次太平洋學術會議發表東南各省森林植物初步之觀察後，三年來對於蘇、皖、浙三省之森林植物，知之益詳，除發現永瓣藤（Monimopetalum chinense）、捷克木（Sinojackia xylocarpa）兩新屬新種及其他多種新種外，作者更將浙、皖兩省木本植物詳為統計，察得在浙江已知之六百五十種木本植物中，有一百十種為中國南部特有者，一百十種為中國西部特有者。在安徽已知之五百種木本植物中，三十種為中國南部所特有者，百四十種為中國西部所特有者。浙、皖兩省木本植物與中國西部所有者相同至如此之多，可見作者最初主張中國東、西部植物無顯著之區別之學說益可信也。一為陳煥鏞教授廣東新發現之植物之研究。廣東植物雖屢經歐西學者多次之採集，採得之植物約二千七百餘種，然未能

將廣東全省為有系統之採集，每在交通便利之處，則採集頻繁，邊遠不易達之處，則足跡不至。故尚有大多數地方，未經詳細之採集。陳煥鏞教授乃將廣東全省分為若干區，逐年依次為詳盡之採集，除發現若干新種外，並發現百餘種未經在廣東紀錄之植物。其中不少為中國西部特有之種類。如 Carpinus laxiflora macrostachya, Betula ILiminifera, Fagus longipetiolata, Elaeocarpus yentangensis 等，皆至有趣者，而在廣東發現臺灣與海南所產之 Pinus morrisonicola，則尤有興趣也。

此外有關係之討論，則為保護天然紀念物之論文。三好學博士（Dr. Manabu Miyoshi）報告日本近年保護天然紀念物不遺餘力，此種任務為內務省擔任，而三好學博士主持其事。凡植物、動物與地質之天然紀念物皆一律由政府加以保護，不任殘害。關於植物方面者如原始森林，特殊之高山植物區，模範植物社會，稀有植物之主產地，特殊之大樹，有名之古樹或風景區，皆在保護之列。現在日本全國天然紀念物已有三百四十餘處。博士並示以彩色之幻燈影片，示知日本植物與風景之美，極為聽眾所讚美。此外又有鳥類專家 K. W. L. Bezemer 限制採集以保護自然界之討論。大旨以為世界各博物院與學術機關對於採集動植物標本，但圖成績優異，不顧殘殺之多寡。即以美國天然博物院一機關而論，在一九二七至一九二八年間，共有採集隊三十餘在世界各處採集，若加以英、德、法、荷各國，則每年至少有五十採集隊。僅以鳥類標本論，在一百著名之採集中共有一千五百萬頭。以此觀之，為免過量殘殺計，則各科學機關在已數經他人採集之地，決不能任其任意大舉採集，庶可保全多種稀少之動植物種類使不至滅亡。此類論文關係吾國甚大，蓋在昔日吾國人不知保護天然紀念物之重要，外國學者來中國採集，皆與取與來毫無限制，其中不乏稀有之動植物或因之而絕種。動物中如四不像（Elaphurus dinidionus）已絕種，大捨羊（Takin）、羆（Bear racoon）與麝今日皆幾滅種。植物中只須舉一最近之例，即作者前年在南京燕子磯頭臺洞發現之新屬捷克木（Sinojackia xylocarpa）為一株小樹，去年春間為南京市政府修路砍去，至今尚未發現第二株樹。如果因之而絕跡，則此珍貴美觀之種已逃數千人國人濫伐之斤斧者，今乃

因國民政府辦建設事業而滅種，於是可知保護天然紀念物之運動不可漠視也。〔註346〕

5月，《第四次太平洋科學會議植物組之經過及植物機關之視察》一文在《科學》雜誌（第14卷第5期，第683～692頁）發表，全文分兩部分：一是論文，二是植物機關。摘錄如下：

一、論文

此次在第四次太平洋科學會議宣讀之植物組論文不多，而最有趣之事厥為日本西京大學郡場寬教授（Prof. K. Koriba）在日本九州川草科（Podostemonaceae）之發現。……

在第三次太平洋學術會議中，Prof. F. A. F. C. Went 在《太平洋為川草科分布之界限》（The Pacific Ocean as a Boundary of the Distribution of the Podostemonaceae）文中，曾示知美洲熱帶為此科之發源地，由此而移植於非洲熱帶，由非洲而移植於亞洲熱帶，至亞洲後則因太平洋之阻隔不克更往東進。彼更勸植物學家對於太平洋群島之植物特加注意，以期能發現此科植物。今郡場寬教授在九州發現數種此科之植物，可見此科在亞洲之分布，不但限於熱帶，即在亞熱帶與溫帶亦能生存。此科植物之分布方法為藉水鳥之攜帶其種子，則廣東、福建、浙江南部一帶海岸之瀑布急湍中，有此科植物之存在，實在意中。以美國北部有一種此科植物之事實觀之，則此科植物甚或可分布至揚子江流域各省，亦未可知，是在吾國植物家之努力也。

此外關於植物分布，有數人之討論頗有意義。一為美國加利福尼亞大學色絜爾（Prof. W. A. Setchell）關於馬來群島動植物分布之討論。……一為茂物植物園長樊雷文（Dr. W. M. Docteurs Van Leeuwen）關於克老克佗島（Krakatau）植物之研究。……一為作者關於東南各省森林植物繼續之觀察。自作者在一九二六年第三次太平洋學術會議發表東南各省森林植物初步之觀察後，三年來對於蘇、皖、浙三省之森林植物，知之益詳，除發現永辦藤（Monimopetalum

---

〔註346〕張大為、胡德熙、胡德焜合編《胡先驌文存》（下卷），中正大學校友會出版發行，1996年5月，第105～112頁。

chinense）、捷克木（Sinojackia xylocarpa）兩新屬新種及其他多種新種外，作者更將浙、皖兩省木本植物詳為統計，察得在浙江已知之六百五十種木本植物中，有一百十種為中國南部特有者，一百十種為中國西部特有者。在安徽已知之五百種木本植物中，三十種為中國南部所特有者，百四十種為中國西部所特有者。浙、皖兩省木本植物與中國西部所有者相同至如此之多，可見作者最初主張中國東、西部植物無顯著之區別之學說益可信也。一為陳煥鏞教授廣東新發現之植物之研究。……

此外有關係之討論，則為保護天然紀念物之論文。三好學博士（Dr. Manabu Miyoshi）報告日本近年保護天然紀念物不遺餘力，此種任務為內務省擔任，而三好學博士主持其事。……以此觀之，為免過量殘殺計，則各科學機關在已數經他人採集之地，決不能任其任意大舉採集，庶可保全多種稀少之動植物種類使不至滅亡。此類論文關係吾國甚大，蓋在昔日吾國人不知保護天然紀念物之重要，外國學者來中國採集，皆與取與來毫無限制，其中不乏稀有之動植物或因之而絕種。動物中如四不像（Elaphurus dinidionus）已絕種，大捨羊（Takin）、羆（Bear racoon）與麝今日皆幾滅種。植物中只須舉一最近之例，即作者前年在南京燕子磯頭臺洞發現之新屬捷克木（Sinojackia xylocarpa）為一株小樹，去年春間為南京市政府修路砍去，至今尚未發現第二株樹。如果因之而絕跡，則此珍貴美觀之種已逃數千人國人濫伐之斤斧者，今乃因國民政府辦建設事業而滅種，於是可知保護天然紀念物之運動不可漠視也。

二、植物機關

荷人之治爪哇，以能獎掖科學而以之應用著稱於世。據多數科學家言，關於此點，在熱帶中雖英人之於印度，美人之於夏威夷與菲律賓皆望塵不及也。爪哇全島以農業為最發達，其糖業研究所規模最大，茶業研究所與橡皮研究所次之。然此皆非純粹植物學機關，純粹植物學機關則有茂物植物園（Buitenzorg's Lands Plantentum, Government Botanic Gardens），為亞洲及熱帶最大之植物園，荷人且稱為世界最大之植物園焉。

茂物植物園創始於一八一七年，……至是植物園乃包括植物園

本部及支部，植物分類學標本室與博物院，突勒伯試驗室，動物博物院與試驗室，巴達威埠之水產試驗室及水族館，植物化學試驗室各機關。最重要而規模最大者則仍推植物園與植物標本室，此外由本園分出之經濟植物園亦洋洋大觀也。

植物園距海面高八百五十英尺，佔地一百四十五英畝，大部分皆植以熱帶之喬木。在正門入口之處即種有兩行極大之爪哇橄欖樹，其種子可食如巴旦杏。樹上有多種天南星科附生灌木，至為美觀。……此外如榕樹，如竹，如橡皮樹、灌木區、草本區，有用或有興味之種類，不勝枚舉，窮十日之力不能遍觀之也。

植物分類標本室與博物院即設在園之附近，內藏爪哇、婆羅洲、蘇門答臘及其他各島之臘葉標本極富，惟所藏皆為南洋植物，與中國關係極少，不足以供國人參考研究之用也。

經濟植物園在 Tjikeumeuh，設立於一八七六年，至一九二一年，乃隸屬於農業試驗總場。此場之重要可於一點知之，即今日爪哇全島之重要農產品，皆來自外邦而非土產，如亞拉伯咖啡來自亞比辛尼，可可來自厄瓜多，中國茶來自臺灣，油棕來自非洲西部，金雞納樹來自南美洲，阿森茶來自印度，橡皮樹來自巴西。而今日皆為爪哇利源所在，此園之功用可知矣。此園除對於可可、油棕、橡皮樹之育種特別注重外，尚研究五十種綠肥植物之功效比較，而橡皮樹接芽之法，亦在此園中發明，今已遍用之矣。

此園中最有價值之經濟植物，有：

油棕（Elaeis guineensis Jacq. var. Lissombe），即作棕欖香皂者。

肉豆蔻（Myristica fragrans）。

芳匪那（Vanilla planifolia）。

椰子（Cocos nucifera）。

蘇方木（Caesalpinia sappan）。

萬壽果（Carica papaya）。

木棉（Ceiba pentandra）。

橡皮樹（Hevea brasiliensis）。

香茅（Andropogon Nardus Linn. var. genuinus Hack.），為產香茅油之原料。

各種咖啡（Coffea robusta, arabica, liberta, etc.）。

麻蕉（Musa textilis Nee）。

各種香蕉（Musa paradisiaca Linn. var. sapientum）。

緬樹（Ficus elastica Roxb.），亦產橡皮者。

參茨（Manihot utilissima）。

古柯（Erythroxylon coca Lam.），即產高根者。

席索（Agave rigida var. sisalana Perr.），產席索麻。

大風子（Taraktogenos kurzu King），與暹羅大風子（Hydnocarpus anthelmintica），皆產大風子油，為治大麻風聖藥。

西米棕（Metroxylon sp.）。

格達樹膠樹（Palaquium gutta Burck F. borneensis），產格達樹膠。

阿森茶（Thea assamica Masf.）與中國茶（Thea sinensisLinn.）。

桂皮（Cinnamomum burmani Bl. C. zeylanicum Breyn.）。

薩波塔果（Achras Zapota Linn.）。

各種金雞納樹（Cinchona spp.）。

可可（Theobroma cacao Linn.），產可可者。

胡椒（Piper nigrum. Linn.）。

巴拿馬棕櫚（Carludovica palmata Ruiz&Pavon），為製巴拿馬草帽之原料。

箭毒樹（Antiaris toxicaria Lesch.），其樹液有劇毒，可以製毒箭。

兒茶（Acacia catechu Willd.）。

丁香油樹（Eugenia aromatic O.K.），皆最有經濟價值之植物。

經濟植物博物院設在植物標本室之側，南洋一帶之經濟植物產品皆搜羅無遺。如穀菽類、糖、咖啡、可可、煙葉、西米、香料、油脂類、藥用植物、木材、工業用植物原料等等，莫不應有盡有，以供社會之參考。〔註347〕

5月，《斯末資將軍之全化論》文章在《東方雜誌》（第 27 卷第 9 期，第 85～90 頁）發表。摘錄如下：

〔註347〕張大為、胡德熙、胡德焜合編《胡先驌文存》（下卷），中正大學校友會出版發行，1996 年 5 月，第 105～112 頁。

　　自達爾文《物種由來》（Origin of Species）刊布以來，天演學說已為一般知識階級所公認。達氏所講者為有機天演，然和之者竟將天演學說加之於一切事物，如宇宙天演（Cosmic Evolution）、無機天演（Inorganic Evolution）、心理天演（Psychic Evolution）、社會天演（Social Evolution）等等。雖其間不無穿鑿附會之處，然視天演為宇宙界普遍之現象，則十九世紀以還之共同趨勢。但對於有機天演之主體之生命現象之解釋，則學者聚訟紛紜，莫衷一是。一般生物學家多本生物體之物理化學性質，認為一切生命現象皆可以物理與化學之規律以解釋之。以為生命者，不過物質之物理化學之最複雜之表示而已。持此論者，謂之機械論者（Mechanists）。同時哲學家如柏格森與杜里舒輩則以生物學與哲學之眼光，認定生命現象有異於物理化學現象，而主張另有生命力（élanvital）之存在，生物之物質軀體不過生命力之表現而已。此派學者謂之生命論者（Vitalists）。在此二者之間，近年來另有一派學者，如美國哈佛大學之巴克圖教授（Prof. G. H. Parker）、惠勒爾教授（Prof. W. M. Wheeler），英國之摩爾根教授（Prof. C. L. Morgan），德國之赫特維希教授（Prof. O. Hertwig），美國加利福尼亞大學律特爾教授（Prof. W. E. Ritter）諸人，以為宇宙中一切複雜現象全由於組織而發生。在一較高之組織，即另有新性質與新規律隨之而發生，而非較低之組織所具有或所能解釋者。此種學說可以稱為組織論（Organicism）。持此論者為組織論者（Organicists）。南非洲斯末資將軍（General J. C. Smuts）所創之全化論（Holism），即組織論中之一種，茲特介紹之於下：

　　斯末資將軍首先舉出人類在物質、生命、精神三種現象之間知識之缺乏，認此種知識之缺乏，由於十九世紀治學方法之錯誤。彼以為此世紀之方法過於精嚴，但知注意各現象可見之部分，其不易知不易見者乃認為無有。故對於因果現象，不知因為一種情形，至某時期即轉為果之另一情形，而認第一情形即第二情形完全之因，而置在此兩種情形之間之事物完全於不顧。殊不知每物皆有其「場」，如物理之磁場、電場者然。「場」具本體之性質，惟較其本體為稀薄。即概念亦有其「場」。蓋「場」之為物，不但為電磁現象所獨有，而為宇宙間普遍之現象也。故物、意、動植物、個人皆有其「場」。若

不認「場」之存在，而僅認精嚴抽象之事物之存在，結果遂使現實
世界失其真相，而物質、生命、精神三種現象之本有連續者，乃視
為絕對不能連續矣。故吾人思想今日最需要之根本改造，即在使吾
人習慣於「場」之觀念。視一物或一人甚至一抽象之意念不過為一
中心，其外皆繞有逐漸稀薄而至於無盡之「場」。彼又云思想之分析
性，轉能使實體之性質暗晦。吾人通常欲明瞭一種情形，遂分析之
為若干因素，而研究其單獨之動作與結果；如此研究之後，再綜合
之所以完成其原來之情形。此種方法固為治學所不可少者，但可發
生兩種錯誤：一即分析之時必有一部分之事實遺漏，當重行綜合之
時，所得已非全體，如上述所說之「場」即其一端。又當分析之時，
原有之情形亦必然異於既經分析而又綜合之後之情形，故錯誤即不
免羼入。是為分析之錯誤。二即吾人每易認分離之因素為實體，而
原有之情形為各因素之結果，實際則反是。蓋分析之因素，不過分
析之結果，或竟不過僅為各種之抽象。於是認抽象為實體，而實體
反居於次要之地位。是為抽象之錯誤。若吾人治學能時時求避免此
兩種之錯誤，則吾人平素認為確實者，可變為不確實。明晰之標，
變為含混。十九世紀科學所得之穩固結果，變為不穩固。然於是方
能發現將來較真確之事理，而將來之科學可變為更真切而穩固焉。

斯末資繼述愛因斯坦之相對論將吾人之空間與時間之觀念完全
改變。凡一運動之物體，視其運動之方向與觀者之關係、其空間與
時間有變異。故視物體僅為空間的乃抽象觀念而非事實。蓋物體為
空間時間的，宇宙中之空時為彎曲不規則的，萬有引力場中之事件
亦隨空時之曲線而發生，物質之宇宙實為有構造而非彌散者。愛氏
之學說有實驗以證明之，蓋已為世所公認矣。

至近日關於物質之概念，亦已改變。據近世之試驗，物質純為
各種構造。化學家已將物質分析至原子。原子化合成分子，純視原
子之構造與排列以定其性質。在有機化合物，同數量之原子所組成
之化合物，苟其分子排列有異，性質即有不同。近世之新物理更進
一步，乃將原子分析為正電核（Proton），與有負電荷之電子
（Electron）。各種原子性質之不同，純視電子與電核之數目與排列
構造而異。蓋物質為能力單位，在空時間有極大旋轉速度者之各種

構造。各種原素起原於一原子中此項單位之數目與排列。在放射原素中，此種原素可以改變為他種。週期律之所以分原素為若干繫者，即由於原子中單位之數目與其構造，可以分為各系也。即物質氣體、液體、固體三態亦原子與分子內部構造所剩餘之表面力所致。若分子原子中之正負電荷相等而分布適宜，此物質即為氣體；若正負電荷之平衡不甚完全，則分子間有剩餘之表面力，而物體為液體；若正負電荷尤不平衡，則分子間之吸引力愈大，而物質乃成固體，且將因此而將分子排列成一定形式，成為結晶體。除此之外，物質另有一態，即膠質態（colloidalstate）是也。在膠質態，一種物質彌散於另一物質之中，成較分子尤大之質點。據近世之研究，一切物質皆可設法使變為膠質態。膠質態為物質中最重要之一態，蓋生命所寄之原形質，即一種膠質物也。膠質態以其質點微細之故，可露出最大之面積，因之較任何物態能使表面能力多所活動。分子活動力最大之面向內，其外面則有分子所剩餘薄弱之表面能力。以此種特性，膠質態易使分子為不穩固之化合，而具有特異之選擇性。酵素（enzyme）與葉綠素均為膠質態之物，以其易與他種物性為不穩固之化合，乃有觸媒（catalysis）作用，因之能造成種種養料，或能破壞之。因其本體之變動不居，且能有建設與破壞之營養代謝，生命乃由之而起。可知生命之起源，亦由物質之特種構造也。

細胞為宇宙間第二基本構造，所有一切之動植物皆細胞所構成。高等生物新個體之發生，由於兩種減數分裂之生殖細胞連合而成。細胞之構造非常複雜，其作用尤為神秘。所有一切生物所具之作用，如產生、生長、呼吸、取食、消化、愈傷、生殖、死亡，細胞皆有之，而其最重要之作用為營養代謝。細胞與生命之起源，在今日尚為不可知之謎，或與電之作用有關。觀營養代謝與日光有密切之關係，生命之起源或在昔日日光較熱或含有較多之化學光線，而水中含有較多在膠質態之物質時。細胞之附著，乃產生多細胞生物之所由來。動物之以有機物為生活，因而需要敏捷之行動與感應，乃神經系統發達之主因。細胞異於原子分子者，不但因其構造之複雜，且因其各部分與各器官合作與調協之敏捷，使之達成一共同之目的。且其生活不僅自為其個體之細胞，而為其全體者。故每每犧牲其細

胞之個體,以利益其多數細胞之群體。又能犧牲其現代之群體,以謀其子嗣之群體之利益。此種犧牲精神為生物界中所獨具,故生命較分子原子之組織乃達於一較高之階級也。至高等動物與人類,遂有精神或心靈現象發生。在此情形,不但各部分能合作,實則各部分之作用,乃共同作用之一部分,而同為一中心所支配。且其支配與調協為自內發生者,與機器之支配與調協迥然不同。在物質組織,吾人始見組織之因素。在生命組織,吾人可見中樞之控制與部分之合作焉。

在原子與細胞之上,最重要之基本構造,則為心靈。心靈之發生,有二來源。一為有機控制系統繼續而較高之發達。其功用與有機控制相同,惟更加進步。是為心靈普遍之一方面。表現於思想活動,為調協控制所有經驗之工具。其物質基礎為腦與神經系,亦即軀體控制與調協之中樞系統。二為個性之發達。在高等動物個性之發達已甚顯著,在人類則自覺之個性,實為惟一之普遍現象。個性之發達,為心靈天演中極奇特之現象,由此乃發生天演歷程上更高之一階級。此種自覺之心靈,為經驗之主體;心靈以其能得經驗能求知識之能力,乃能擺脫有機控制之束縛,而得自由與創造能力。最初知識不過為一常識系統,迨後乃變為有概念有原理之科學知識,而能自定其生命與發達之情況。心靈能創造其自身之社會、語言、習俗、文字、文學等環境,非如生命階級之必須倚賴外部之環境者可比。且心靈能擺脫有機遺傳之限制,但遺傳最廣博最活絡之可學習之能力,而使社會環境與習俗以紀錄以往之經驗;因之在動物完全為遺傳性所限制者,在人類之人格則完全自由,可在其個人生活中取得極多量之經驗焉。

心靈之顯著中心為自覺心,其「場」則為不顯明之半覺心。在半覺心之「場」中,個人以往已經忘卻之經驗與生理的及種族的遺傳,有強有力之影響。此種影響,即所以形成吾人之性情與人生觀者。過去之影響既如是之大,同時未來亦為心靈上重大之影響。以概念與意志之活動,心靈乃造成目的,以懸擬將來之情形,使為現在行為之驅策力。以有目的之故,心靈乃能自由創造而有一切精神上之活動,卑之如日常之心理作用,高至哲學、倫理、藝術、宗教,

皆基如此焉。

由此更上一階級，則為人格。人格以心靈為其最主要之元素，但軀體亦為重要之部分。認肉體為卑劣，精神為高尚之偏見，實出於病狀之宗教狂，科學出，始證明其非。理想之人格為心靈照耀軀體，軀體養育心靈，二而一者也。靈肉關係間所覺之困難，乃由於一般人認二者截然為兩事。實則二者不能分離：無離軀體之心靈，亦無離心靈之軀體。二者分離，無意義無作用也。二者實為人格全體之原素，而此全體者乃自內創造更新轉變之活動，而表現於人格之一切者也。

觀上所舉之物質、生命、心理、人格四種之組織，與其連續性，則將起一疑問：是否在此四種組織之後，有一基本原理，此四者乃其進步之結果乎？此即斯末資之全化論所欲解答之問題也。

關於宇宙一切事物之發生與發達，世人對之有兩種概念：一認實體在太始以來即已形成已預定，以後之歷史，不過為展開或實現此預定之內容；此說即認創造在古昔而無限之將來已經前定者也。一認自太始以來實體之創造殊為微末，而天演乃創造的，非僅展開或實現已往預定之內容而已。天演不但能造成新形式或新排列，甚且能造成新材料。此種天演觀念近日一般人所信仰，亦即思想界之大革命也。柏格森之創化論，實為此種思想最大之一貢獻。彼舉出延續（Duration）為發生與解釋實體之原理。所謂延續者，經驗中之主觀與客觀之一切雜質，俱行去盡，惟剩有生命之遷流是也。彼認此種遷流為宇宙中創造之原理。吾人之時間觀念，即由之而生。但時間非即為純粹之延續，而受智慧之影響，至不能為不斷之延續，而成為若干單位之集合。時間受智慧之空間化，而具有可分析之數學性，故與原理之純粹延續有異。創造之延續，不但為時間之基礎，且為宇宙間萬事萬物天演之基礎。柏氏之創化論，目的在表示此種基本之延續原理，如何能造成現實之宇宙。彼使時間之性質倍加明瞭，而將時間在宇宙天演中之重要詮釋詳明。柏氏在哲學上之貢獻，固如上述，但如何由純粹之延續能發生現實之宇宙則殊難索解。柏氏乃另舉智慧一物以圓其說。智慧之為物為實用的，能區別、分析、選擇而又目的，為動作之原素與工具。智慧為空間的，能使純粹之

延續，變為不純粹之時間。自智慧與延續相合，不但產生空間，且產生宇宙中一切可以感覺之物體。構造為智慧之產物。可以感覺之宇宙，亦即智慧所造之宇宙。但智慧以其實用之性質，未免偏頗，於是又有本能與直覺以矯正其失。柏氏之學說如此。斯末資認為其錯誤：（1）在純粹之延續不能發生或解釋不純粹之現實世界；（2）在構造乃超乎主觀之普遍現象，非僅為智慧之產物。故柏氏之學說，實蹈理想主義之覆轍，而非自然之真正詮釋也。

斯末資以為欲瞭解自然，必須以自然之單位為起點。如上所述之物質與生命，實含有構造之兩種單位。其單位有秩序之排列，造成吾人所稱為物質或生命之自然「全體」。此種「全體」性，吾人在各處皆可見之，可知其為宇宙之基本原理也。故此處乃造一新名詞「全體化」或「全化」（Holism），以名此在此宇宙中創造「全體」之基本因素。此種「全體」非人類思想之產物，實為宇宙中真實現象，而「全體」亦為宇宙中真實之活動因素，所以造成今日宇宙天演者也。

此種「全體」之觀念，不僅限於生物；下至無機物，上至心靈與人格，皆各為「全體」，而在宇宙間，實可追尋「全化」之各進步階級。最初在（a）物質混合，幾無構造可言，各部分大都保存其固有之性質與作用。至（b）化合物則構造較嚴密，而部分之活動與作用，完全受新構造之支配，其原有之性質幾不可復識。至（c）生物則構造更加嚴密，且發生中樞之控制，使器官咸受其支配而得極度之調協。至（d）心靈則中樞控制進為自覺的，而有極度之自由與創造能力。最終至（e）人格則為宇宙構造中之最高天演，最進步之「全體」，而為新的創造與定向之中心焉。循此進步之系統而前，全化性逐漸加深。「全化」非僅為創造的，實為能創造自體的。最後之構造，較其前者更為全化。自然界中之「全體」，皆由各部分構成。捨各部分外，「全體」中並無另加之物。無論為物理化學的、或有機的、或心理的、或人格的之組合，惟以其各部分之組合，始足成其為「全體」。故全化者為一種創造組合之方法；所造成之全體非靜止的，乃活動的、天演的、創造的，故天演乃有逐漸加深向內之精神全化性也。天演中之「全體」與天演方法，亦惟瞭解此全化之性質

後始能明悉。故自然不可以機械論觀解釋之，以自然非僅為物質之機械現象。同時自然亦不可以生命論觀解釋之，以生命非能離其物質基礎而獨存，亦非在物質之外，另有外附之生命或生命力也。

斯末資全化論之內容概略，有如上述。其優點在能以全化一概念貫穿宇宙中物質、生命、心靈三種外表迥然不同之現象。其詮釋自然與天演較柏格森之創化論，更為真確而透徹，使宇宙天演有更深之意義。彼認天演為愈趨愈全之進步，發源於物質，而終極於人格與最高尚之精神文化，不僅為抽象的假設的生命力無意義之創化更新。同時認定各全化階級之性質，則雖承認機械論有相當之地位，機械論之宇宙觀亦不攻自破。其視全化為宇宙之基礎性，則較一般組織論者之但知組織即能創化，如摩爾根教授之創現新天演學說（Emergent Evolution）者更勝一籌。蓋無全化之觀念，則現新天演雖不蹈柏格森生活力之病，亦只能謂為無目的之翻新而已。況摩爾根教授以心靈因素與物質因素各階級互相關係，則其學說雖不如柏格森之抽象，亦頗似生命論者，與宇宙之實體，殊不合也。斯末資將軍之抨擊十九世紀治學方法過於嚴密，將「場」之觀念認為萬事萬物所共有，因而可以溝通物質、生命、心靈三大現象，亦思想界中最重要之首獻；其重要殆不下於達爾文之天擇學說，或愛因斯坦之相對論，其所引起將來之思想界革命可以預測也。

參考書

J. C. Smuts. Holismand Evolution

C. I. Morgan. Emergent Evolution

Bergson. Creative Evolution〔註348〕

6月，The Importance of Plant Ecologyin Chinaanda Suggested Procedureof Study（植物生態學研究在中國之重要性及其研究計劃）Bull. Dep. Fiol. Yanching Univ.《燕京大學生物部學報》（第 1 卷第 2 期，第 1～6 頁）。同年，轉載於 Bull.FekingSoc.Nat.Hist，《北京博物協會公報》（第 4 卷第 3 期，第 1～6 頁）。

6月，秦仁昌告知胡先驌，留學情況。

秦仁昌自上海到達法國，經德國而丹麥，入哥本哈根之京城大

〔註348〕《胡先驌全集》（初稿）第十四卷科學主題文章，第86～91頁。

學，投克瑞斯登門下。克氏係世界蕨類植物學第一人，據說人極謙遜熱情，和藹可親。一見面就給秦仁昌以良好的印象：「事實上，他是一個大約 65 歲精神和健康都很好的和藹老人，如他所說，很久以前就希望我到哥本哈根來。」「我告訴他，我歐洲之行的計劃，是在我專著的基礎上，對所有中國蕨類植物，以模式標本對照林奈、虎克和貝克等人所作的描述，重新進行描述，並根據模式標本繪圖，因為林奈等的描述在區別一個種和其他種時已不再有用。他認為應該是這樣。我說沒有完成《中國蕨類植物誌》，我就不能回國。他笑著回答說：好！並答應盡他所能幫助我。」〔註349〕

夏，派靜生所職員沈嘉瑞赴遼東灣採集海產動物。

7月4日，秦仁昌致胡先驌信函，要求拍攝植物標本照片，給予資金幫助。

秦仁昌只好轉而向靜生生物調查所所長胡先驌申請，云：「我離開南京前，告訴錢教授這件工作的重要性，並請他撥給一筆幾千元款項去做這一工作，他答應了，但未履行諾言，我將再寫信給他，以得到關於此事的最終回答。我想如果對您可能的話，向中基會申請資助 3 千元，到歐洲的一些標本館拍模式標本照片，至於照片保存在何處，基金會有充分權力決定之。我先在此作一查閱，除我所從事的蕨類植物，還有其他的植物種類，以幫助國內同行。」秦仁昌的請求，很快就得到回音。〔註350〕

7月，派靜生所何琦及採集員唐善康、唐瑞玉赴東陵採集鳥類及昆蟲標本，共得鳥類標本千餘號。

7月，汪發纘致胡先驌信函。

前在灌西水磨溝奉上一稟，諒早達覽。生離其地西行，僅三十里，入土司管轄之夷地，其民係西番，藏人風俗，與漢人大異，外衣毛織罩衫，男至膝、女至踝。男子每值天暖則左袒，再暖則左右

〔註349〕秦仁昌致胡先驌函（英文），邢公俠譯，中國科學院植物研究所檔案。胡宗剛著《江蘇省中國科學院植物研究所·南京中山植物園早期史》，上海交通大學出版社，2017 年 4 月版，第 94 頁。

〔註350〕刑公俠譯：秦仁昌致胡先驌，中國科學院植物研究所檔案。胡宗剛著《江蘇省中國科學院植物研究所·南京中山植物園早期史》，上海交通大學出版社，2017 年 4 月版，第 99 頁。

袒。屋舍方整,類西式,細審其構造,則下為牛舍,上為住宅,頂有曬樓,鮮有於曬樓上增構房屋者;窗櫺狹小,室內黑暗如地獄,而牛馬糞臭,令人難受。性喜散居山隅,故市集多為漢人所佔。有喇嘛甚多,因其民概留一子為嗣,余皆入觀也。牧業甚盛,有牛馬羊匹者,比比皆是。言文不一致,方言亦甚複雜。階級制度殊嚴,通婚不亂者,乃番人社會之大較也。

至於採集方面,自水磨溝至牛頭山,沿途花草不多,且行且採,共得標本二十號,中頭山海拔約三百二十米,其高雖不及蟠龍,而草木陰蔚過之,第為時尚早,其花木之植物不甚豐富耳。住此山三日,共採得標本一百二十三號,以草本較多,木本稍少。其山麓為闊葉樹叢林,漸上漸稀,則有松杉取代之。然在山東,數亦寥寥,而其原始林,萃於山西;山頂有杜鵑,林花正盛開,極為美觀。自牛頭至巴郎山之道上,花木頗盛,行四日,共採得標本九十五號,隨發現有楊柳及胡頹子之單純林。巴郎山海拔四二〇〇米,到達此山時,正值大雪,踏雪尋花,其少可想而知,實則巴郎山本部卉木,原亦甚鮮,附近諸山,俱為純粹松杉林,蒼翠之色,蔚為大觀。

山頂積雪逾尺,且時落時霽,忽風忽熱。有一力伕行至近極頂處,氣悶昏倒於地,當即命重扶救,旋即蘇醒。生履其地,亦氣喘,類垂斃,謂自知謹慎緩步途行,幾於一憩一步,故絲毫不覺昏暈,惟眼面為風雪所照,過山後,蠶眠三日,面上脫皮一層,然猶覺此中樂趣,絲毫不知有痛苦也。

山至東有向陽坪,當遜清乾隆時,親王某西征金川,不獲勝,賜死於此,至今有廟尸祝之,山西有萬人墳,亦為其時向士忠大帥與士卒萬人死難於此而得名,聞金川一帶番人,屢為漢患,漢人之居留其地者,時常無辜受殃,迄至去秋間,懋功夾壁虹橋,漢夷相持頗久,兩方死亡甚眾,終漢勝夷敗,歸於平靖,然互仇之心,無日或釋,今後難言無事也。

自巴郎至懋功道旁諸山,可有矮小灌木及草本植物,以近人煙較多之地,時遭火斧牛羊之毀滅也。由懋功北行至兩河口,花木漸繁,方擬將途上採得標本烘畢,即過虹橋,忽值連朝暴風雨,山奔多發,橋樑沖圮,乃候水落,繞道而逾虹橋。道上所見,樺木、松

杉之林，極其豐繁壯麗，雜木花草較鮮，計在斯山共採得標本七十九號，現至虹橋之東猛古地方，一俟標本烘畢，即出雜谷腦，而抵威州。

在懋功時，接讀張文湘兄來信，悉唐進兄因病不能入山採集，囑生至川壯云云。生以為即由懋功遣返，必須經巴郎、牛頭、灌縣、成都、重慶，而後始得達川壯，計此為需時日雖短之路，恐在一月左右，期間僅巴郎、牛頭得以略能採集植物而外，其餘時日盡在征塵中，況是時花草較多，空耗殊為可惜。不□□□進行，且採且走，兼程趕入川北，始作詳細採集。近擬由虹橋出威州至茂縣。聞茂縣北川之間，山多木繁，欲入其地一行，始由松潘東折南坪，南下青州，上摩天嶺，過劍閣東入陝蜀交界諸山（金牛山、米倉山、巴峪山），南返通南巴，迨其採集完畢，始返重慶，當在十月間也。〔註351〕

8月8日，鄭萬鈞致陳謀信函。

尊三兄大鑒：

日前，東旭兄到滬，數悉吾兄業已回院，至為欣慰。弟自浙返滬後，即著手整理浙江木本植物，貴村附近之瑞香科植物，確係一新種。楓橋一帶之白皮柿樹，亦係一新種，頗有興趣。前在筧橋參觀標本，內有普陀佛頂山產之見風乾樺木科（又名鵝耳櫪，十九年五月十五日九十四號）等有趣味。致懇吾兄一查。該種見風乾如有，務鉅數請寄賜一份為感。前承吾兄元贈數科之標本，如已捉出，致乞早日賜下，所有郵費概由敝所奉上。普陀產之見風乾，可否早日寄下。再東旭兄謂兄前在貴村採有（大葉紫薇）標本，該種標本弟亟欲一觀，如能方便，致乞借下一看，閱過當即奉還，諸多費神，至為感謝。

專此致。請署安。

弟 鄭萬鈞 致上

八月八日〔註351〕

8月12日～16日，參加在青島舉行的中國科學社第十五屆年會，當選演講委員會委員。

〔註351〕胡宗剛著《一九三〇年汪發纘四川採集書札三通》，公眾號註冊名稱「近世植物學史」，2021年04月22日。

年會職員如下：

年會主席：蔡子民。

年會委員會：楊振聲（委員長）、蔣丙然（常務委員）、楊孝述（常務委員）、周鍾岐、宋春舫、何思源、凌道揚。

論文委員會：趙元任（委員長）、王璡、秉志、葉企孫、翁文灝、丁燮林、李四光、楊光弼。

會程委員會：任鴻雋（委員長）、竺可楨、翁文灝、周仁、胡剛復。

演講委員會：楊銓（委員長）、陳宗南、孫國封、王璡、胡先驌。

招待委員會：林鳳岐（委員長）、張名藝、周鍾岐、宋春舫、魯德馨。

交際委員會：鄭肇經（委員長）、蔣丙然、林鳳岐、凌道揚、何尚平。〔註352〕

8月12日～16日，參加在青島舉行中國科學社第十五屆年會社務會議，當選《科學》雜誌編輯。

本社第十五次年會於八月十二日至十七日在青島大學舉行，到會註冊社員五十五人。第一日開幕典禮甚盛，由社董蔡子民先生主席，有來賓市長葛敬恩、教育廳長何思源、中央委員張道藩、青大校長楊振聲，及社員陳宗南、任鴻雋、楊杏佛、竺藕舫等演說。會期內宣讀論文二十四篇。總幹事、會計、圖書館長、生物研究所所長、編輯部主任，各有詳細報告。社務會通過議案十七件，其中以切實組織科學教育委員會、科學諮詢委員會，改理事會人數為十五人，論文專刊年出四期，援助青島觀象臺撤消日本職員等案，為最重要。公開演講凡二次，蔡子民講實驗的美學，秉農山講人類天演問題，楊杏佛講婚姻問題。改選理事五人，由任鴻雋、王璡、周仁、高君珊、錢寶琮當選，改選編輯員：王璡當選編輯主任，趙元任、翁文灝、吳有訓、曾昭掄、秉志、任鴻雋、周仁、王崇植、胡先驌、蔡元培、姜立夫、錢崇澍十二人當選編輯。司選委員由吳有訓、陳宗南、姜立夫當選。查帳員由何德奎、顧季高當選。科學教育委員

〔註352〕王良鑷、何品編注中國科學社檔案資料整理與研究《年會記錄》選編，上海科學技術出版社 2020 年 12 月版，第 173 頁。

會由張子高、丁緒寶、王季梁、錢崇澍、姜立夫、周厚樞當選。各
團招待宴會者有青島大學、山東省政府、青島市政府、膠濟鐵路局、
青島市港務局、工務局、教育局、社會局、農林事務所、青島總商
會、青島觀象臺十一團體。東北海軍司令部特派「江利」軍艦招待
遊覽嶗山，並在華嚴寺歡宴。年會詳細情形，另有年會紀事專刊出
版，茲不具述。〔註353〕

8月15日上午8時，參加在青島圖書館三樓舉行中國科學社第十五屆年
會第二次社務會議，由社長竺可楨主席，當選《科學》雜誌編輯。

選舉十九年度《科學》雜誌編輯。

1. 議決先舉編輯部主任。一致推舉王璉擔任。

2. 議決投票選舉編輯十二人。趙元任、翁文灝、吳有訓、曾昭
掄、秉志、任鴻雋、周仁、王崇植、胡先驌、蔡元培、姜立夫、錢崇
澍十二人當選。〔註354〕

8月15日，討論中基金編譯委員會人選。

胡適與任鴻雋、張子高商談編譯委員會事，決定分兩組，丁文
江被分在甲組。甲組其他人員是：趙元任、陳寅恪、傅斯年、陳通
伯、聞一多、梁實秋。乙組為：王季梁、胡經甫、胡步曾、竺可楨、
丁西林、姜立夫。〔註355〕

8月16日～23日，第五屆國際植物學會議在英國劍橋大學召開，胡先驌、
陳煥鏞、史德蔚、秦仁昌、張景鉞、林崇真等六位代表參加會議，會上胡先驌、
陳煥鏞、史德蔚三位教授代表「中國之植物學名審查會之永久會員」，被選為
國際植物命名法規委員會委員，是我國植物學家加入國際植物命名法規委員
會之開端。「一九三〇年在倫敦開會，驌與陳師並金大植物學教授為代表中國
之植物學名審查會之永久會員。」

〔註353〕王良鐳、何品編注中國科學社檔案資料整理與研究《年會記錄》選編，上海
科學技術出版社2020年12月版，第172頁。

〔註354〕王良鐳、何品編注中國科學社檔案資料整理與研究《年會記錄》選編，上海
科學技術出版社2020年12月版，第186頁。

〔註355〕胡適是日日記，遠流本《胡適的日記》，第9冊。宋廣波編著《丁文江年譜》，
黑龍江教育出版社，2009年版，第356～357頁。

第五屆國際植物學大會

8月，第五屆大會在英國劍橋大學召開，有1175人。中國派出代表6名參會。陳煥鏞教授（代表國民政府外交部、中大農林植物所）、秦仁昌教授（中研院自然歷史博物館）、張景鉞教授（中央大學）、斯行健教授（中研院地質所古植物學）、林崇真教授（廣東省建設廳應用植物學），胡先驌教授（北平靜生生物調查所）。〔註356〕

【箋注】

國際植物學大會（International Botanical Congress IBC）是通過國際植物學和真菌學聯合會（IABMS）的批准，由舉辦國的植物學工作者團體組織舉辦的會議，每6年舉辦一次，是國際植物科學界最高水平的學術會議。會議承辦國由國際植物學和真菌學聯合會決定。申辦國提出舉辦意向，國際植物學大會遴選委員會初審通過後遞交正式申請書，遴選委員會投票確定承辦國（城市）。

【箋注】

國際植物命名法規（International Code of Botanical Nomenclature, ICBN）是專門處理化石或非化石植物（包括高等植物、藻類、真菌、黏菌、地衣、光合原生生物（protists）以及與其在分類上近緣的非光合類群）命名的法規，由國際植物學會議制定。是1867年8月在法國巴黎舉行的第一次國際植物學會議中制定，稱為巴黎法規或巴黎規則。該法規共分7節68條，這是最早的植物命名法規。1906年，在奧地利維也納制訂的稱作「第一版版規則」或「維也納規則」。

8月，胡先驌、陳煥鏞推舉為植物學名審查委員會中國代表。

〔註356〕中國科學社編《社友》第9號，1931年5月10日社友消息。

去年由第五次萬國植物學會議推舉為植物學名審查委員會中國代表。今年得受北京博物學會金氏獎章。〔註357〕

8月，汪發纘致靜生所同仁信函。

入川後，先登重慶。重慶為川東巨埠，市肆繁盛，貿易甚大，以滬漢貨物必由此而後始得入內地；而內地出品，亦須經此而始順流東下。稅入客觀，故川中一有戰事，每起於此，良有以也。

重慶至成都，沿途平疇千里，物產富饒，大類滬杭沿鐵道所見，而人民至苦，面呈菜色，蓋病於煙與兵也。成都城甚大，街道寬宏，市肆稠密，各級學校林立，大學至十餘所之多，似覺太濫。男生八步單背，有宿儒氣；女生有閨閣習，惟頭腦俱新，好談主義，至少在二十世紀以外，我輩方之，成數千年之古物，只許置之古物保存所或陳列館中矣。

成都住五日，即北來灌縣。灌縣為川西北之尾閭，其西北接壤夷地，商業甚盛。以夷地出產之皮毛藥材，咸匯於此；可銷入夷地貨物，亦必經此，洵可謂夷漢之樞紐也。再該縣治在青城，牛頭、蟠龍諸山，俱有採集，在水磨溝（灌西）住頗久，以前往為夷地，品物極稀少，入山之食物用品，須待此間籌備。水磨溝又號老人村，蘇東坡有詩云，「老人村尚在，不見白頭人」，即此地也。村中十人九有煙癖，無恒業，日食兩餐，見弟等一日三餐，餐必盡器，輒以為怪；而若輩之尪贏如鼠，不自羞愧，真誠怪事也。昔之老人村，今可直呼為病夫村，亦宜也。

離此西行，履踐夷土，風俗言語俱不同，惟夷人多能操漢語，故採集所經各地，不用通師，亦無語言扞隔之苦。經牛頭巴郎，西達懋功縣。全城居民約三四百戶，俱係漢人，在偏僻異域之中，得見漢域及言文相同之漢人，如入第二故鄉，心神為之一快。各店號貨物，俱由灌縣經過六百四十里之漢道，而後始至此，其運力每斤約銀一角，故貨價極昂，而且品類數量俱甚鮮。弟因草紙不敷應用，

〔註357〕《社友》第9號1931年5月10日消息。張劍、姚潤澤編注中國科學社檔案資料整理與研究《〈社友〉人物傳記》資料選編，上海科學技術出版社2020年版，第28頁。

勢必在此添買，遂不惜重價，沿街收買，僅買銀幣八元，幾將全市收盡無餘，其他可概見一斑。

縣署小如斗，夷家爭訟，有土司問理；漢人甚鮮牘勞形之時，聞里塘縣官（在打剪爐以西，屬川邊治）在位三年，僅問一案，此間雖不若是之甚，其清閒無事，可概見也。

懋功有教堂一所，聞在打剪爐一帶及川南各縣教堂猶多，且俱係英人之經商傳教者，更數見不鮮，其窺我國之心，昭然若揭，已非一朝矣。城外有去秋漢夷相持戰壕及累累青冢，其戰爭之烈，死亡之多，可想而知。聞夷人槍械敏捷新奇，一說由西藏運來，顯為英人販入；一說由蒙古草地而來，則由蘇俄販入，其用心俱不可測也。

北至兩河口，過虹橋，山較巴郎牛頭諸山為甚高，其巔及陰，可終年積雪，以丈探之，深差兩尺，登其山四矚，群峰若瓊山玉海，真足觀也。過山值天氣晴朗，故採集全隊，俱不覺苦，尤云幸矣。凡月餘以來，採集所經之夷地，聞三年來黍麥不登，食量甚貴，麥麵價至一角四一斤，玉蜀黍面一角八一斤，米至二角二一斤，故所雇四名長伕，隨行三數月，兩袖清風，一文不名，細算之，每較短伕為賤，故今添補二名長伕，亦因事較前為忙也。〔註358〕

9月10日，確定中基會編譯委員會成員。

中華教育文化基金董事會在該會所舉行第29次執行、財政委員會聯席會議。關於編譯委員會正副委員長提出委員人選名單一案，議決照單致聘。編譯委員名單：丁文江、趙元任、傅斯年、陳寅恪、梁實秋、陳源、聞一多、姜立夫、丁西林、王璡、胡先驌、胡經甫、竺可楨。12日，中基會將此決議函告胡適。〔註359〕

9月28日，李良慶致胡先驌信函。

步曾先生賜鑒：

敬肅者：久欽碩望，時殷仰止，敬想興居康勝，凡百暢適，為

〔註358〕胡宗剛著《一九三〇年汪發纘四川採集書札三通》，公眾號註冊名稱「近世植物學史」，2021年04月22日。

〔註359〕中國社會科學院近代史研究所藏「胡適檔案」，卷宗號2228號。宋廣波編著《丁文江年譜》，黑龍江教育出版社2009年版，第359頁。

頌無量。

良慶世居貴陽，於民國六年負笈北上，十一年夏在天津南開中學畢業，旋考入北平協和醫科大學預科，十四年轉入南開大學理科，十六年夏畢業於該校生物系，領受理科學士學位。旋在南開中學任教兩載。十八年秋良慶深感及國內科學之需要，與個人知識之不足，遂自費來美，入渥海渥州立大學研究院，專攻植物學，迄今將一年矣，上月底幸將研究完成，考得理科碩士學位。茲另附呈研究之概略，敬請指正。良慶深知個人於植物學科之知識有限，欲求進益，勢非繼續探索不可，同時復感及留學生對於國內情形罕能注意，其結果一方面形成學術界之畸形發展，而個人所學回國後不能有適應需要之苦，良慶願力矯此弊，故敢以下列數事相求。

一、請指示國內邇來生物界之趨勢及需要；

二、請介紹國內生物界之出版物，俾得有所參考；

三、請指示良慶求學之計劃及研究之途徑（此項當詳述如下）；

四、請介紹同道中更有可與通信討論之人。

關於良慶未來求學之計劃，良慶現預定再留美二三年，先極力從「博」方面讀植物學科以固基礎，然後專攻植物形態學以完成一技之長。良慶對於藻類植物極感興趣，未來之研究，其題目大致為 A Survey of the Algae of Certain Parts of China。材料方面擬向國內各地如：（一）瀋陽東北大學；（二）北平清華大學及靜生所；（三）天津南開大學；（四）蘇州東吳大學；（五）南京生物研究所；（六）福建廈門大學；（七）廣州中山大學生物系，去函請求代為在附近湖河池沼之中採集寄來，良慶則以在此間所採集者寄原處，以為交換，研究地點仍擬在渥海渥州立大學研究院。此校植物系中有 E. N. Transeau 及 L. H. Tiffany 二大師於藻類植物學識甚深，著作尤多，且關於此科之 literature 收集至為完備，數年來中美諸邦如 Ohio, Iowa, Michigan, Illinois, Kentucky 及 Indiana 之研究藻類植物者，率以渥校為中心，良慶若從事此研究、此地確屬相宜。

良慶早聞先生提倡科學，獎勵後進，不揣冒昧，收請大力設法由靜生所所中餉代採北平一帶或其他各地之藻類植物標本。費神酌為寄下若干瓶、以資良慶研究。伸良慶或於國內植物稍窺門徑，想

此事係謀學本之發展，先生為良慶設法成全者也，臨書不勝感盼之至。

　　專此奉懇，敬請

道安

晚　李良慶　懂上
一九三〇年九月二十八日〔註360〕

9月，派社員劉咸參加在葡萄牙舉行國際人類學考古學會議。

　　9月，中國科學社概況，對中國科學社參與國際科學會議進行介紹。十九年九月葡萄牙開國際人類學考古學會議，本社派牛津大學劉咸君出席代表。〔註361〕

9月，派社員劉咸參加在葡萄牙舉行國際人類學考古學會會議。

　　1960年9月，任鴻雋作《中國科學社社史簡述》，對科學社參加國際科學會議進行介紹。1930年9月葡萄牙國際人類學考古學會由本社社員劉咸出席參加。其他國際學會開會時邀請本社參加之處還很多，這可以看出本社在國際上的地位。〔註362〕

9月，Botany at the Fourth Pacific Science Congress（第四次太平洋科學會議上之植物學）刊於 Lingnan Sci Journ.《嶺南學報》（第9期，第323～326頁）。

9月，1930年9月～1937年8月，任國立北京大學名譽教授。

秋，秉志和胡先驌商議，以靜生生物調查所名譽支持楊惟義赴歐洲留學，暫借1000元，並簽訂協議。學成回國後，到靜生生物調查所工作，從薪水中扣還借款。

10月13日，胡先驌報告籌設北平西山植物園事項。

　　靜生生物調查所委員會召開第六次會議，胡先驌列席。會上，胡

〔註360〕李良慶致胡先驌，1930.9.28，南京：中國第二歷史檔案館、609（24）。胡宗剛著《靜生生物調查所史稿》，山東教育出版社，2005年10月版，第43～44頁。

〔註361〕林麗成、章立言、張劍編注《中國科學社檔案資料整理與研究——發展歷程史料》，上海科學技術出版社2015年版，第241頁。

〔註362〕林麗成、章立言、張劍編注《中國科學社檔案資料整理與研究——發展歷程史料》，上海科學技術出版社2015年版，第306頁。

先驌報告了北平西山植物園計劃：「因林斐成君擬將其鷲峰林場地畝
捐入本所作植物園，但以本所能籌三萬元以添購地畝及建築為條件。
決議由所中派人合同林先生作測量以計算添山地之價值。」並派陳封
懷負責辦理。但不知何故，此項計劃未能實施。〔註363〕

10月19日，中基會編譯委員會成員聚會。

　　胡適、趙元任、陳寅恪、傅斯年、丁文江、姜立夫、任鴻雋、
張子高、胡經甫、胡步曾等10位歐美同學會出席編譯委員會同人聚
餐會。〔註364〕

10月，Notulae Systematicae ad Floram SinensemII（中國植物分類小誌二）
刊於 Journ. Arn. Arb，《花木栽培雜誌》（第11卷第11期，第224～228頁）。

10月，中國西部科學院在重慶成立。

　　中國西部科學院在北碚正式建立，盧作孚任院長，劉湘任董事
長，副董事長郭文欽，董事有甘典夔、溫少鶴、康心如、何北衡、
楊粲三、任望南、湯壺嶠、鄭東琴、劉航琛、周素梅、鄭璧成。院址
先在北碚火焰山東嶽廟（今北碚圖書館紅樓），1935年遷文星灣新
址。〔註365〕

11月20日（農曆十月初一），次女胡昭靜在北平石附馬大街99號寓所出
生。

11月，On Chinese Species of the Genus Dactylicapnos（中國指蓳草各種之
研究）刊於 Bull. Fan Mem. Inst. Biol.《靜生生物調查所彙報》（第1卷第12期，
第211～216頁）。

11月，與秦仁昌編纂《中國蕨類圖譜》（第一卷），共156頁，有50圖版，
國立中央研究院自然歷史博物館、靜生生物調查所合印。封面從右到左，上下

〔註363〕靜生生物調查所委員會議記錄》，南京：中國第二歷史檔案館，609（3）。胡
　　　　宗剛編《盧山植物園八十春秋紀念集》，上海交通大學出版社，2014年8月
　　　　版。第005頁。
〔註364〕遠流本《胡適的日記》，第9冊。宋廣波編著《丁文江年譜》，黑龍江教育出
　　　　版社，2009年版，第362頁。
〔註365〕王希群、董瓊、宋維峰、王安琪、郭保香編著《雲南林業科學教育的先驅與
　　　　開拓者——張福延、曲仲湘、徐永椿、任瑋、曹誠一、薛紀如年譜》，中國林
　　　　業出版社，2019年10月版，第033頁。

排，印倆位著者工作單位，職務及等。中央研究院自然歷史博物館植物技師秦仁昌、靜生生物調查所植物部主任胡先驌編纂。

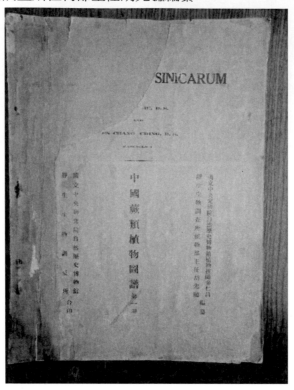

秦仁昌、胡先驌編纂《中國蕨類植物圖譜》（第一卷）

12 月 30 日，靜生生物調查所第二次年報，委員會委員長：任鴻雋；書記：翁文灝；會計：王文豹；委員：丁文江、江庸、周詒春、范銳、金紹基、王家駒、秉志（當然）。

是年，陳三立居廬山，有感於《廬山志》自康熙時毛德琦編纂後，距今二百餘年矣。建議主編吳宗慈，採用新方法來修志，增加現代科學知識和科技成果的內容，增強了史書的科學性和實用價值。邀請胡先驌寫廬山植物社會，李四光寫廬山地質志略，蔡元培曾派人實測廬山的經緯度和山的高程。

是年，年報對新所作介紹。

《靜生生物調查所第二次年報》（1930）於其所之新址有如下記述：「本所成立雖僅二年，然標本日多，職員亦增，原有石駙馬大街房屋不敷應用。乃於西安門大街新建三層樓房一座。為免除火險起

見，特用水泥鋼骨建築，現在工程已將完竣，明春可遷入。除辦公
室、實驗室、標本室、儲藏室、暗室、僕役室三十四間外，尚有陳
列室二大間、溫室一間、應接室一間。」〔註366〕

是年，與福敦當選北京博物學會理事，為期3年（1930～1933），會長伊
博恩，副會長丁文江、步達生。〔註367〕

【箋注】

北京博物學會成立於1925年9月18日。它是由在北平部分中外地質學和生物
學工作者創辦的學術團體，按照舊概念把生物學與地質學置於博物學名下。學會宗
旨意在提倡博物學研究，激發一般社會人士對於博物學的興趣，並為在北平的中外
博物學者提供學習、交流、探討、研究、發表論文的平臺。我國大部分成立的學會
成員主要是以留學生歸國學者、木國研究者為主，這個學會與眾不同，以外國學者
來華進行教學、研究者的身份為主，發起人葛利普和組織秘書祁天錫。創始會員38
人，其中中國人12位，外籍人員26位。會議選舉北京博物學會第一屆領導機構，
包括會長、副會長、秘書、司庫及理事。具體名單如下：會長，萬卓志；副會長，翁
文灝、金紹基；秘書兼司庫，祁天錫；理事，葛利普、李順卿（1925～1928）三年
期；林可勝、譚熙鴻（1925～1927）二年期；步達生、鍾觀光（1925～1926）一年
期。

是年，與江西省主席熊式輝接觸。

但我們埋頭於從事我的科學工作，不問政治。我同國民黨初次
發生政治關係在一九三〇年熊式輝做江西政府主席的時候。那時熊
式輝邀請蕭純錦回江西任職，蕭來徵求我的意見。我慫恿他回江西，
並寫了一封長信與熊式輝，建議了些對於省政的興革。〔註368〕

【箋注】

熊式輝（1893～1974），譜名西廣，字天翼，別署雪松主人，安義縣萬埠鎮鴨咀

〔註366〕《靜生生物調查所第二次年報》。胡宗剛著《靜生生物調查所史稿》，山東教育出版社，2005年10月版，第30頁。
〔註367〕孫承晟著《葛利普與北京博物學會》，《自然科學史研究》第34卷，第2期（2015年），第191～193頁。
〔註368〕胡先驌著《對於我的舊思想的檢討》，1952年8月13日。《胡先驌全集》（初稿）第十五卷人文科學文章，第629～640頁。

壟村人。1909 年，加入中國同盟會。1914 年，入保定陸軍軍官學校第二期。1916 年畢業後，任滇軍第四師第八旅第三十四團團副。1919 年，任贛軍司令部副官長。1921年，入日本陸軍大學留學。1924 年畢業回國返粵，任廣州滇軍幹部學校教育長。1931年出任南昌行營參謀長，同年十二月，任江西省政府主席。1935 年，當選為國民黨第五屆中央執行委員。1937 年，授陸軍中將加上將銜。抗戰勝利後，任東北行轅主任、政治委員會主任委員。1947 年 2 月，授陸軍二級上將銜，任國民政府戰略顧問委員會主任委員。1949 年寄居香港及澳門。1952 年赴泰國，寓居曼谷，並經營紡織廠。1954 年去臺灣。1974 年 1 月 21 日，病逝於臺中。熊式輝有寫筆記的習慣，六十年不輟。著《海桑集——熊式輝回憶錄》，洪朝輝編校，星克爾出版（香港）有限公司，2009 年8 月版。

是年，創建秤錘屬，後學者繼續研究。

　　新種以長果秤錘樹最著學術價值，秤錘樹屬為植物學家胡先驌創立，建立共 3 個種，以後長期未有新種發表，本種於 20 世紀 50年代後發表，為國內學術界注目。1985 年 7 月 5 日，徐永椿主持由林業部教育司組織中南林學院祁承經、林親眾、蔡平成完成的《湖南樹木新種及新變種》成果鑑定會。該成果在研究《湖南樹木誌》的調查，採集標本和研究的過程中，發現 6 個樹木新種和 3 個新變種：長果秤錘樹 Sinojackia dolichocarpa CJ. Qi（安息香科），石門鵝耳櫟 Caspinus snimentusin C. J. Qi（樺木科），湖南花楸 Sorbus hnanicaC. J. Qi（薔微科），大葉石灰樹 Sorbuschengi CJ. Qi（薔薇科），灰岩閣楠 Machilus calcicole CJ. Qi（樟科），長梗絨楠 Machilus velutinavar. longipedunculata C. J. Q.，雪峰山梭羅 Reveesia pubescens var.xuefengshanensis C. J. Q.（梧桐科），密腺鵝耳櫪 Caspinus polynewavar. glanduloso-punctat C. J. Qi（樺木科），湖南茶藨子 Ribes huanenseYang et Qi（虎耳草科）。此研究系湖南單位和作者發表植物新種之首創，在此前均為國外和國內專業研究首位及作者發表湖南植物新種，故此研究為湖南植物研究的創新之舉。〔註369〕

〔註369〕 王希群、董瓊、宋維峰、王安琪、郭保香編著《雲南林業科學教育的先驅與開拓者——張福延、曲仲湘、徐永椿、任瑋、曹誠一、薛紀如年譜》，中國林業出版社，2019 年 10 月版，第 078 頁。

1930 年～1931 年度中國科學社生物研究所植物部職員名單。

正式職員 8 人：錢崇澍、裴鑑（兼任教授）、方文培（研究員兼採集員）、孫雄才（研究員兼標本室管理員）、鄭萬鈞（研究員兼採集員）、曲桂嶺（助理）、劉其燮（標本室助理）、吳駿元（標本室助理）；非正式職員：（無）〔註370〕

是年底，訂立《外國人在華收集生物標本約定》條約。

德國漢諾威博物院院長韋戈德（H. Weigold）受美國費城自然博物館之聘，率隊到我國西南的雲南、四川考察，採集動植物標本。團員包括德國的動物學者舍費爾（E. Schaefer）、格尼瑟（O. Gnieser）和美國旅行家杜蘭（B. Dolan）。他們來華後，中央研究院立即與他們接洽，要求他們訂立《外國人在華收集生物標本約定》〔註371〕：

1. 有關中國文化與古蹟之物品不得採集及攜帶出國。

2. 所有採集之生物及人類學標本或其他物品在運送出國前須一律運送南京或上海由中央研究院的代表審查。

3. 對於所攝照片和活動影片，根據教育部和內政部的規定如下：A. 未經當地警察局許可，不得攝制活動影片。沿途檢查站負責執行。地方政府代表不在場時不得攝影。B. 不得在華拍攝反映不尋常習俗而使全體中國人民尊嚴蒙受損害的圖片。C. 未經教育部和內政部的審查，任何圖片不得運送國外。

4. 本院可以派一人或數人隨同參加考察。

5. 在經過中央研究院代表審查後，考察團應該留下兩套完整的標本作為禮物給中國收藏。如果出現採集的標本由於採集時安全的原因不足以提供兩份，和數量少總數不足以提供的情況，經中央研究院審查後，允許其作為原始的一份保留運出國外。

6. 調查團或其所屬機關如有違反上項條件情事，中國政府將嚴加取締或永遠取消該團員及所屬機關再來中國調查採集之權利。他們與中央研究院簽立了上述約定後，最終得到在川西考察一年的許可。

〔註370〕 張劍著《科學社團在近代中國的命運──以中國科學社為中心》，山東教育出版社，2005 年 10 月版，第 209 頁。

〔註371〕 檔案原文是英文。

　　此後，中央研究院逐漸成為主管部門，要求來華進行生物學考
察的團隊，先簽訂上述協議，才可在我國考察收集生物。〔註372〕

民國二十年辛未（1931） 三十八歲

1月，中國科學社概況，對中國科學社生物研究所專刊進行介紹。

　　生物研究所專刊自民國十四年起，至十八年止生物研究所共刊
動植物論文五卷，每卷五號，自十九年第六卷起，因經費稍裕，成
績較富，乃分動物與植物二組，每組亦不限於五號。茲將其已出版
者列舉如下：

陳楨著：金魚之變異

胡先驌著：中國植物之新種

王家楫著：南京原生動物之研究

秉志著：鯨魚骨骼之研究

陳煥鏞著：樟科研究

秉志著：虎骨之研究

孫宗彭著：南京蜥蜴類之調查

魏喦壽著：一種由蔗糖滓中提取精蔗糖之生物學方法

張景鉞著：蕨莖組織之研究

胡先驌著：中國東南諸省森林植物初步之觀察

錢崇澍著：安徽黃山植物之初步觀察

伍獻文著：鯊魚胃中之新圓蟲

秉志著：白鯨舌之觀察

伍獻文著：幼水母之感覺器

胡先驌著：中國椴屬之研究

胡先驌著：楗（木克）木，中國東南部安息香料之新屬

謝泚成著：螞蟥之解剖

徐錫藩著：水母之新種

─────────────
〔註372〕中央研究院關於德國人韋歌爾、黎克爾斯及費城博物館旅行團來華考察研究
　　　　事項的有關文書〔A〕·南京：中國第二歷史檔案館，全宗號393，案卷號632.
　　　　羅桂環主編《中國生物學史》，廣西教育出版社，2018 年 6 月版，第 421～
　　　　422 頁。

張春霖著：南京魚類之調查

方炳文著：鱘鰱鰓棘之解剖

張宗漢著：福州之新龜

伍獻文著：新種且新屬之蛙

嚴楚江著：梧桐花之解剖及其兩性分化之研究

伍文獻著：廈門魚類之研究，第一次

胡先驌著：中國植物誌長篇

戴芳瀾著：三角楓上白粉病菌之研究

鄭萬鈞著：中國松屬之研究

徐錫藩著：夾板龜之新變種

錢崇澍著：蘭科之新種〔註373〕

　　1月，中國科學社概況，對中國科學社生物研究所植物部研究工作進行介紹。

　　　　本部創始之時，本社經濟異常竭蹶。儀器書籍之可為研究之用者幾無所有。幸此時研究人員，對於研究事業，以百折不饒之精力赴之。其時研究員如胡步曾，陳煥鏞，張景鉞君，均執教大學，但悉以課餘之光陰，用之於研究工作。設備雖間，而成績卻已可觀。其成績在此時發表者，有胡先驌之中國植物之新種，陳煥鏞之樟科研究，及張景鉞之蕨莖組織之研究等。賴諸人之努力，研究所植物部之基礎於是成立。此時可謂為草創時。

　　　　民國十五年本所得文化基金會之補助，始得專聘研究人員，儀器書籍亦漸漸增置，研究進行乃較為順利。本部之研究，現以調查中國中部之植物種類及生態為主。故對於標本之搜集極為注意。歷年由本所派人出外採集標本之地方；十五年為浙江溫，處，臺，各屬，及四川，南川，江津一帶。十七年為浙東天目山及岩，衢，金華各屬，及四川，川東，川南各地；十八年又赴浙江天目山作植物種類及生態之調查；十九年復派採集員二人至四川，西康，及馬邊一帶，詳細採集。調查計劃，原不限於浙，蜀，二省，惟以此二者

〔註373〕林麗成、章立言、張劍編注《中國科學社檔案資料整理與研究——發展歷程史料》，上海科學技術出版社2015年版，第233～234頁。

之植物為最豐富而最有趣味，故先及之。且各省近年來地方不靖，行者裹足，推此二省較為安靜，而四川各方之軍民長官，對於本所採集之舉，備極贊助，獎勵，尤為不可多得之機會也。歷年採集之結果；標本室現有已定名之標本約一萬餘紙，內包有二百科一千三百餘屬，及八千種。其他之猶待定名之標本，數且過之。

本部圖書雖力謀多購，然以限於經費，搜羅有限。故於研究工作尚多困難。然取得之大部分書籍，多有為國內同類之機關所未置者。其名已詳本刊英文部。至於與各國交換處所，與動物部所列大致相同，茲不贅述。

本部設備亦因限於經費，未能多置，然照現在所取計劃之工作，則所備亦略足應用矣。標本廚本系木製，現已漸易以鋼製者。採集器件，如照相機，望遠鏡，測高器，擴大鏡等，已可供同時二處遠行之用。研究室中則有高倍顯微鏡，雙管解剖顯微鏡各數架。其他藥品玻璃瓶等亦稱是。又如自製溫度烘乾爐，測量蒸發器，土壤分析器，及測驗土壤氫游子器等等。則為研究生態學之用。研究人員現設教授一人。研究人員四人。標本室管理者二人。

研究之結果。均由本所專刊發表。其篇目在本刊出版項下可以查閱。毋庸重述。總言之凡論文之關於生理者一篇，關於形態學者二篇，關於生態者二篇。關於分類者八篇。

本所近況大略如右所述。如年來能發展不頹，以至於今日者，實受外界獎助之所賜。任事同人，感奮殊切。茲將撮述概況，公諸海內。願以受諸社會者，供諸社會。有志究治生物學者，但有相當學力，均可來此作研究。本所願借與書物實驗室，與以便利，以期報答社會眷顧之厚惠於百一焉。

本社對於將來科學研究之計劃，已該見中國科學社對於中國科學發展之計劃一書中。各類科學皆有待於研究，其所以獨先開辦生物研究所者，則以生物研究因地取材，收效較易，故敢先其易舉，非必意存軒輊也。〔註374〕

〔註374〕林麗成、章立言、張劍編注《中國科學社檔案資料整理與研究——發展歷程史料》，上海科學技術出版社 2015 年版，第 239～240 頁。

2月25日，參加中國科學社北平社友會召開春節團拜活動。

中國科學社北平社友會同歐美同學會開迎春大會，到蔣夢麟、
胡適之、趙元任、丁文江、任鴻雋、林徽音、陶孟和、胡先驌等四
十餘人。首先攝影，次由地質調查所黃汲清演講《四川山脈河流及
地層之構造》，孫學悟與董時進講演四川工業情形，任鴻雋報告四川
最近教育之狀況。〔註375〕

2月，為周岸登《蜀雅》一書作序，該書中華書局1933年出版。

庚午歲暮，得北夢翁書，以勘定詞集《蜀雅》將竣，屬為之序。
余不文，何足序翁之詞。然自丙辰邂逅翁於金陵舟次，有《大酺》
之唱酬，忘年定交。忽忽十餘載，關河阻隔，交誼彌摯。知翁之身
世，嗜翁之詞翰，環顧海內鮮有餘若，則於翁以定稿問世之際，又
豈能已於一言？

翁，蜀人也。蜀本詞邦，相如、子雲導之先路，太白、東波騰
其來軫。自漢魏以還，迄於今世，言詞賦者，必稱蜀彥。而《花間》
一集，歸然為詞家巨星宿海。蓋其名山大川，鬱盤湍激，峰回峽轉，
亦秀亦雄，清奇瑰偉之氣，毓為人靈，有以致之也。嘗考風詩雅樂，
本出一源，後世莫能兼擅，樂府與詩遂歧而為二。隋唐嬗衍，倚聲
代興；宋賢從而發揚光大之，體潔韻美，陵鑠百代。元明以降，此
道寖衰。有清初葉，重振墜緒，而評律鑄辭，則光宣作家乃稱最勝。
半塘、彊邨久為盟主，樵風、蕙風賡相鼓吹，至異軍突起，巍峙蜀
中者，則香宋與翁也。香宋詞人，稟過人之資，運靈奇之筆，刻畫
山水，備極雋妙，追蹤白石，而生新過之，余夙有文論之矣。翁詞
則沉酣夢窗、皇皇典麗，與香宋殊軌而異曲同工焉。

居嘗自謂，古今作家之所成就，繫於天賦者半，繫於其人之身
世遭遇者亦半。翁少年蜚聲太學，博聞強記，於學無所不窺。壯歲
宦粵西，棲宰劇邑。退食之餘，寄情嘯傲，窮桂海之奧區，輯赤雅
之別乘，柳州、石湖以後，一人而已。迨辛亥國變，更宰會理，撫
循夷猓，鎮懾反側，邇則討其異俗，網羅其舊聞，歌詠其鐘麗瑰奇

〔註375〕胡宗剛撰《胡先驌先生年譜長編》，江西教育出版社，2008年2月版，第158
頁。

之山川風物，一如在桂。已而客居故都，落落寡合，黍離麥秀之慨，悲天憫人之懷，一寫於詞，風格則祖述夢窗、草窗，而氣度之弘遠時或過之。蓋翁之遍攬西南，繳山水雄奇之勝，所遭世難，惆怳譸張之局，有非夢窗、草窗所能比擬者也。丙辰參贛帥幕府，武夫不足以言治，乃益肆志為詞。徵考其鄉邦之文獻，友士君子，酬唱燕談，幾無虛日。所作氣格益蒼堅，筆力益閎肆，差同杜陵客蜀以後作。乙丙而還，世亂彌劇，翁乃避地海疆，謝絕世事。講學之暇，間賡前操，命意漸窺清真，繼軌元陸，以杜詩韓文為詞，槎枒渾樸，又非夢窗門戶所能限矣。

余少失學，束髮就傅，專治自然科學，於吟事為淺嘗。乙卯自美利堅歸，閒與舊友王簡庵、然父昆季學為倚聲，於宋人風宗夢窗，近賢則私淑疆邨，與翁所尚不謀而合。自識翁後，益喜弄翰，篇什漸多。終以不習於聲律之束縛，中道捨去。十載以還，雖不時為五七言詩，而倚聲久廢，惟把卷遣日，尚時繙宋賢之遺編而已。視翁之老而益進，蔚為大宗者，慚恧奚如。而翁不遺其稀陋，一篇脫手，千里寫似，寧謂余知詞無亦心神契合，有非形骸關塞所能外歟？余之敘翁之詞，蓋不僅述翁之所造，亦以志餘與翁不諼之交云爾。

民國二十年二月新建胡先驌。〔註376〕

2月，唐燿受到胡先驌器重。

胡先驌邀唐燿赴北平工作，蜜月未滿，便隻身北上到靜生生物調查所工作。自此，唐燿走上了一條探索木材的奧秘、開拓中國木材的道路。〔註377〕

3月1日，北平靜生生物調查所特組雲南生物調查團主任蔡希陶給雲南教育廳廳長龔自知的信函，靜生所人員在雲南採集植物標本得到雲南教育廳的關照。

〔註376〕胡宗剛撰《胡先驌先生年譜長編》，江西教育出版社，2008年2月版，第159～160頁。

〔註377〕王希群、傅峰、劉一星、王安琪、郭保香編著《中國林業事業的先驅和開拓者——唐燿、成俊卿、朱惠方、柯病凡、葛明裕、申宗圻、王愷年譜》，中國林業出版社2022年3月版，第005頁。

敬啟者：

　　自客歲在省垣蒙貴廳派員助資慨加補助以來，本團即分組向迤南出發。植物組甲隊歷經宜良、路南、彌勒、邱北、文山、馬關諸縣，沿途發現森林頗多，且皆為以前中外採集隊所未至者，故獲得新穎標本不少；乙隊經晉寧、江州、華寧、通海、建水、靖邊等縣，對於靖邊之大圍山調查尤詳。計兩隊所得共臘葉標本 800 餘號，木材標本 20 號。動物組專在江川、通海、建水、石屏一帶，常駐採集，獲魚類 20000 號，鳥類 200 號。現在蒙自道採集已盡大半，約於月底可運輸標本回省清理，完結當以一全份交貴廳民眾教育館陳列，以答貴廳扶助本團自然科學之盛意。唯此次在迤南採集，因各地生活程度昂高異常，一切耗資皆超出預算倍余，本團存省款項各組支取應用，迄今接得報告謂全數已將告罄，對於本團日後開支勢將不能維持。除立電北平本所續匯接濟外，唯恐途遠郵匯不及濟急，特函請鈞廳將慨蒙補助之尾數提前發給，以資急用而利工作，實沾公便，如蒙允諾，即請發交均廳周云蒼君代領為荷。

　　此致
敬禮
雲南教育廳廳長龔

　　　　　北平靜生生物調查所特組雲南生物調查團主任　蔡希陶
　　　　　　中華民國二十二年三月一日〔註 378〕

　　3 月 10 日，以代理所長的身份致北平圖書館建築委員會信函。靜生所建設時，由中基會成立專門建築委員會，負責設計，建設，施工，房屋裝修及附屬設施。房屋即將交付使用時，胡先驌與所裏壽振黃等一同查看房屋，在細小方面，稍加補充修建，希望在交房屋時，一同做好，以免重新修建，浪費時間及資金。

　　敬啟者：

　　　　敝所新房落成遷移在即，驌日昨與敝所技師壽君振黃，會同安工程師前往視察，深感貴委員會計劃周到，盡善盡美。惟尚有應添改數事，謹陳諸貴會，尚希垂察為荷。

〔註 378〕胡宗剛的博客 http://blog.sina.com.cn/huzonggang

（一）現在天氣暖，草木均將萌芽，應請即日將圖書館及敝所前面隙地路線用石灰劃去，以便敝所派員前往布置花木。

（二）二層樓暗室內，應加短牆一道、門簾一幅，以便阻止門外光線，並須將全室油黑。又該室無窗，夏日不能在內工作，應設通氣管，並加小風扇一座，藉以流通空氣。

（三）請於窗上加置窗簾，藉免陽光直射。

（四）敝所僕役不止六人，樓下之僕役室不數住宿，請將在牆外隙地所建平屋一幢撥歸敝所，以備僕役居住之用，並可用作燒開水供給所中。又敝所各儲藏室僅能存放標本，其他木箱及粗重對象無地儲藏，請將僕役室附近之平房一幢撥作儲藏室之用。

（五）敝所研究常用蒸餾水，請在汽鍋附近添一小蒸餾器，以供製取蒸餾水之用，曾詢諸安工程師，云所費不多。此上

　建築委員會

　　　　　　　　　　　　靜生生物所代所長　胡先驌　敬啟

　　　　　　　　　　　　三月十日（1931 年）〔註379〕

張我軍譯，胡先驌校，（日）西村真次著《人類學泛論》

〔註379〕胡先驌致北平圖書館建築委員會，1930.3.10，南京：中國第二歷史檔案館，609（25）。胡宗剛著《靜生生物調查所史稿》，山東教育出版社，2005 年 10 月版，第 30～31 頁。

3月，張我軍譯，胡先驌校，（日）西村真次著《人類學泛論》，神州國光社初版。

《譯者贅言》：

第一、胡先驌博士之校閱本書，不是「掛名」的。他不但與我以許多有益的注意和指導，使我自己修改一遍；並且費了兩三個月的工夫，把我的譯稿細閱一遍，改了不少的專門用語；而不妥的字句，也經他修改過，他這種負責的校閱，自是學者的純正態度，惟掛名校閱盛行的今日，這種忠於職責的學者，實在不可多得，所以不獨譯者，便是讀者也應該感激的。

第二、本書第五章第三節《人體化石》之系列中（七）北京人、（十）半猿人，為原書所沒有，經胡博士所補的。而本節最末一段補語，也是胡博士所補的，為的不消說是要使本書成為更其完全的人類學的入門書。〔註380〕

【箋注】

西村真次（1879～1943），日本人，文化史學家、人類學家。執教於早稻田大學，從事人類文化學、考古學、日本船舶研究。著《市民的日本史——山本時代》《日本古代社會》《日本文化史綱要》等。

張我軍（1902～1955），臺灣人。1926年6月，畢業於北平師範大學第十七屆國文系，在校期間選修日語。在中國大陸翻譯出版了系列日語教材，並翻譯了許多日文作品。1931年9月，在《輔仁學誌》上發表譯自日本考古學家濱田耕作的巨作《自考古學上觀察東亞文明之黎明》。11月，出版夏目漱石的《文學論》中譯本，由周作人作序。

春，派靜生所職員汪發纘再次赴四川採集，先至峨眉山、瓦屋山，西南折至峨邊、馬邊，轉東南而入屏山縣境，原定計劃深入西昌、會理一帶，因該地民眾與地方官員時有衝突，安全無法保證，遂未成行，復折回峨眉山，不久即返北平。計得臘葉標本1000號，合20000餘份，木材標本200餘段。

春夏，派靜生所職員唐善康、唐瑞玉赴東陵及河北各地採集鳥類獸等標本。

〔註380〕徐自豪《張我軍、胡先驌、張光直：一本小書在中國的命運》2022年06月04日，澎湃新聞。

春夏，靜生生物調查所派員進行動物標本採集。

　　《第三次年報》：動物部春夏二季派唐善康、唐瑞玉二君赴東陵
及河北各地採集鳥獸等標本。五月又派人赴該處專採森林昆蟲標本，
同時另派員赴山東半島採集，經膠州灣、成山角、煙台、威海衛、
榮城等處，更進至遼東半島，經安東、牛莊等處，為時三月餘，得
兩栖類爬蟲類、魚類不少，尤以甲殼類為最多；夏間又派唐瑞玉君
赴吉林採集鳥獸、魚類標本，於十月底返所後，復同本所技師壽振
黃君赴懷來調查，所得脊椎動物標本不少。八月間又派何琦君赴天
津採集蚊蠅標本，所獲亦甚豐富。〔註381〕

4月5日，胡先驌致陸文郁信函。

　　辛農先生惠鑒：

　　手書並《植物名匯》初稿第三冊均已收到，自當抽暇為之校閱，
並以校定之名函告。惟近正鑒定大批四川植物標本，與趕製《中國
植物圖譜》，無暇著筆耳。商務書館被毀，《圖譜》第三、四冊之正
在印刷中者，亦隨之為灰燼，至堪痛恨，幸圖留尚存，已擬收歸自
印矣。敝所《彙報》當源源寄奉不誤。

　　專此函復，即頌

大安

　　　　　　　　　　　　　　　　　　　　胡先驌　拜

　　　　　　　　　　　　　　四月五日（1931 年）〔註382〕

　　4月，靜生生物調查所搬到在文津街 3 號新樓辦公，東邊是中基會與教育
部合辦的國立北平圖書館。該房屋一棟三層，鋼筋水泥結構，總投資費用 22.6
萬元。設計有辦公室、實驗室、標本室、儲藏室、暗室等 34 間，還有陳列室
二大間、溫室一間、接待室一間。四周有圍牆，前面有表門，門衛廳，後面有
裏門，溫室和宿舍等等。為了種種方便，與北平圖書館合作，故煤氣、鍋爐管、
水錶和水鍋均為雙方合辦。當時社會研究所（調查所）與靜生所一起辦公，靜
生所實際僅占新址的一半。1934 年社會調查所與中央研究院社會研究所合併，

〔註381〕　《靜生生物調查所第三次年報》。胡宗剛著《靜生生物調查所史稿》，山東教
　　　　　育出版社，2005 年 10 月版，第 81～82 頁。
〔註382〕　《胡先驌全集》（初稿）第十七卷下中文書信卷，第 383～384 頁。

前往南京，該棟樓房全部歸靜生所使用。

　　5 月 10 日，已出版《中國蕨類植物圖譜》第一卷，即將出版《中國植物圖譜》第三、四兩集。

　　　　胡先驌君：現任北平靜生生物調查所植物部主任。與社友陳煥
　　鏞教授共編之《中國植物圖譜》第三四兩集，已交商務印書館付印，
　　不日可以出版。與秦仁昌君共編之《中國蕨類植物圖譜》第一卷，已
　　由靜生生物調查所與國立中央研究院合資刊印，已出版數月。〔註383〕

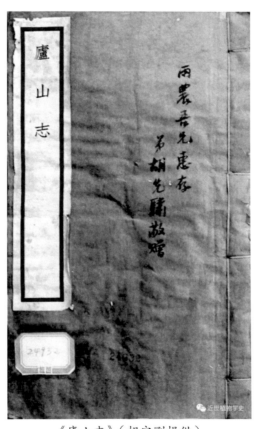

《廬山志》（胡宗剛提供）

　　5 月，重登廬山，花費一個多月時間，對植物作了詳細調查，寫出《廬山之植物社會》科學文章。該文收錄在吳宗慈編修《廬山志》1934 年出版書籍中。摘錄如下：

────────────

〔註383〕《社友》第 9 號 1931 年 5 月 10 日消息。張劍、姚潤澤編注中國科學社檔案
　　　　資料整理與研究《〈社友〉人物傳記》資料選編，上海科學技術出版社 2020
　　　　年版，第 28 頁。

一、廬山之植物社會

廬山孤峙潯陽，飛瀑懸崖，以深秀著稱於世，高約一千四百五十米，視皖之黃山略低，與浙之天目相若，而高出於天台之上。其中卉木蓊鬱，多琪花瑤草，春夏豔發，至為美觀。其植物之種類與植物社會之性質，要與浙皖諸名山為近似。然細考之，植物類亦有異同，則由於各山皆具有少數特殊之卉木，加以植物東西分布之略異，與斧斤野燒之摧殘，遂呈異致也。在今日之廬山，其原始植物社會狀況已不可知，然按之載籍，知昔日林木甚盛，如柳、杉、金錢松等巨木，度必甚夥。昔日西人遊記，至有「鄱陽湖兩岸諸山全被有落葉松森林」之記載，則自牯嶺租借地開闢以來，林木摧毀之劇可知矣。今則惟牯嶺尚有成片之赤松林，黃龍寺廬山林場尚有少許闊葉樹林，與山南如黃岩寺等處，尚有櫧櫟林之殘餘，白鹿洞尚有馬尾松林而已。甚至遠在漢陽峰頂之赤松林，以燒炭之故，將砍伐罄盡，童赤景象，觸目皆然。故在今日而欲探討廬山原始植物社會之狀況，只有以採集所得之鱗爪，與皖浙諸山相比較，始可知其大凡耳。

廬山植物群落，以落葉樹森林為主，其中卉木蓊鬱，多琪花瑤草，春夏豔發，至為美觀。山腹以下至山腳，則為厚葉闊葉常綠林與低山松杉林帶，極高無陰蔽之處，則遍生赤松林。文章指出，廬山植物社會可分為厚葉闊葉林、低山松杉林、落葉闊葉林、赤松林、叢薄、山上草地六種群落。

他對每各群落進行科學闡述，每種樹用現代分類法方，進行科學分類，增加西文中屬種的名稱。

（一）厚葉闊葉林。生長在山下平原，上至約 500 米處，分布於山南沿山腳諸山坡及黃岩寺、香山寺、萬壽寺、王照嶺、白鹿洞一帶。有茅絲栗樹、苦櫧、櫧、宜昌楠木、樟、喜樹、膽八樹、楓樹、楊梅、女貞、冬青、泡桐、葉海桐花、紫薇、含笑花、崖椒、狗花椒、小葉蓮霧、常春藤、朱藤、石蒜、金錦香、鹿耳草、野百合等 30 多種。

（二）低山松杉林。生長約在五百米以下，分布全山，以白鹿洞林場之多，枝幹蔽日，高達數十米，最重要之喬木厥為馬尾松，

又萬杉寺附近有甚多野生之臺灣檜，以及紫杉。

（三）落葉闊葉林。多生長在 800 米以上，主要分佈在大漢陽峰、牯嶺大林沖山谷中等處。榆、朴樹、玉蘭、鹿梨、野漆、華泡吹、亨利椴、南山茱萸、白辛樹等 10 多種。在黃龍寺前高處森林中，有霍氏花楸、大衛鵝耳櫪、化香樹、櫧、珍珠栗、梓木、枹、旃檀、馬得士梣，青榨械等 30 多種。自黃龍寺前下降至黃龍潭一帶山谷中，林木鬱茂，濃陰蔽日，有朴樹、南山茱萸、搖錢樹、毛葉椅樹、香果樹、天台大葉械、青榨械、野漆樹、鄂山楂、楠木、白辛樹、枙薩木、桴木等 40 種。黃龍寺周邊有銀杏、柳杉、金葉松、粗榧等 4 種。

（四）赤松林。生長在 1000 米至 1500 米之間，以上向陽之山坡上。至大漢陽峰頂一帶，牯嶺大林沖山谷漢陽峰坡上，分布最廣。

（五）叢薄。生長在山坡或山腹處，分佈在漢陽峰之陰坡山溝。牧馬廠、仰天坪、金竹坪等處，有茅栗、福穹氏繡線菊、各種山胡椒、華六條木、萱草、紫萼、白芨、剪秋羅、肺形草、古綿草、鹿子百合、三裂木薑子等 10 多種。

（六）山上草地。生長在地勢平坦，土壤肥沃的地方，分布於女兒城至恩德嶺一帶。其中有最特殊草本多葉詩人草、牛蒡、續斷、日本柳葉菜等數種。

二、廬山重要植物誌略

又指出，廬山植物種類繁多，最有經濟價值的有四大類：（一）佳木類。銀杏、粗榧、金葉松、杉、柳杉、檜、楓楊、搖錢樹、化香樹、大衛鵝耳櫪、珍珠栗、苦櫧、光葉桐樹、枹、櫧、榆、朴樹、桑、玉蘭、鵝掌楸、樟、梓木、楠木、楓、檀、楝樹、藍葉吳茱萸、威氏面頭果、鹽膚木、狗骨、野漆樹、天台大葉械、華泡吹、膽八樹、旃檀、椅、喜樹、茱萸、君遷子、白辛樹、福穹泡桐、香果樹等 71 種。（二）名葩類。含笑花、烏頭、草芍藥、秋牡丹、威靈仙、木通花藤、多葉詩人草、溲疏、梅花、青棉花藤、光葉海桐花、粵繡線菊、珍珠梅、紫藤、野鴉椿、金絲桃、華秋海棠、芫花、黃瑞香、紫薇、杜鵑、躑躅、華樂安息香、五霸薔、絡石、岩桐草、紫葳、蝴蝶樹、錦帶花、桔梗、百合、紫萼、萱草、石蒜、蝴蝶花、射干等

54 種。（三）野果類。刺葡萄、獼猴桃、薜荔等 3 種。（四）藥品類。人參、何首烏、黃精、萎蕤、肺形草、白芨等 7 種。〔註384〕

6 月 25 日，譯《信仰之道德之一·考求之責任》文章，英國克利弗得著，在《東方雜誌》（第 20 卷第 12 號，第 70～83 頁）發表。摘錄如下：

克利弗得（William kingdom Clifford）生於西曆一八四五年，卒於一八七九年，為著名之數學家。智力　異於常人，故學問多門，此文即其一證也。氏初就學於岡橋大學，即有數學天才之號，而於文學古學亦極有聲。至一八七一年，氏卒業後，即被聘為倫敦大學應用數學教授，亦為人所宗仰。不幸八年之後即暴卒，享年只三十有四，然世已公認為當代一大科學家矣。

克氏重要之著作，固屬於數學者，然其思力精銳，於玄學哲學亦有深詣。《信仰之道德》一文，極能表示作者詞令比況之妙；理想備極奧賾；對於世俗輕信之病，反覆申明，如水銀入地，無孔不入，誠今日青年對證之藥石也。

——譯者識

一、考求之責任

設有一船公司主人，將駛一移民船於海；彼自知此船已老朽，而自來即建造未能堅固，中間復曾經行駛多年，且時須修理。當此船未經放洋之時，彼頗以此船不禁風濤為慮，而自思或宜將此船大修理之。然不久乃自加寬解，以為此船曾行駛多年，屢經風濤之險，終竟無恙，則此次安知不能安渡？是有造物主在，彼昭昭上帝，必不忍漠視此多數不幸之家族之淪胥也。繼復去其對於造船之人之疑質。終乃自信其船堅固安穩，而對於此船之離埠時，懷無限之好意。及至此船沉沒於中途，彼乃安取其保險費。吾人對於此人當作何等之批評乎？吾知異口同聲，皆將謂此人不啻犯謀殺其船中乘客之罪也。彼固深信此船之堅固，但深信與否，初無補於事。蓋彼既有此種種之證明，則無權以有此深信；其所信非得自誠懇之研究，而得自制止其疑心，故彼雖誠信其船之無他，然以其有心改變其心理之

〔註384〕張大為、胡德熙、胡德焜合編《胡先驌文存》（下卷），中正大學校友會出版發行，1996 年 5 月，第 123～180 頁。

故，則彼仍不能不負其責也。進一步言之，假使此船果真無他，此次既未遇險，後來且屢次安行，則此船公司主人之罪可或減乎？曰否否。蓋一事既行，則是非已定，其結果之成敗，初不能改變其行為之是非也。其信仰之是非，不在其結果而在其起因；不在其信仰之真偽，而在其當各種事實之前，彼是否有權以立其信仰也。

昔日某島有少數居民，提創一種宗教，不信基督教所主張之罪惡起源及永久懲罰之說。久之有人謠傳信此宗教之人，會以不法行為，傳佈其教義於兒童或誘拐兒童，使之不見父母親屬之面。於是有人組織一會以警告當時社會注意此事。彼等乃對於極有聲譽而居高位之人為公然之抨擊，毀壞其名譽不遺餘力。迨至政府委員詳細調查時，則見所指皆捕風捉影之談；不但所攻擊之言無據，且所攻擊之人無罪之證據，皆稍加調查即易證明者。此事之真象既明，於是當時社會對於此次妄自攻擊他人之人皆賤視之。蓋彼雖誠信其所攻擊之點之非誣，然彼對於此等無根之證據，無權以有此深信；其真誠之信心，非得自誠懇之研究，而得自道聽途說也。進一步言之，即使調查之結果，果證明其所攻擊之點之非誣，則此攻擊人之人之罪可或減乎？曰否否。蓋此非論其信仰之真偽，而為其可否有此信仰也。彼固可自詡其言之不虛，然終不能證明其品行之方正。就表面觀之，彼若無罪者，實則其罪未被舉發耳。蓋令彼等自叩其良知，彼必自知其信仰不由充分之證據而得，而不得不俯首自認其過也。

總觀以上二喻，其是非之別，不在乎信仰之本體，而在乎因此信仰而生之動作。故船公司主人應曰：「予固深知予船之堅固，然既為多人所託命，則細察其強固否，乃吾所不可少之責任。」而對於造言生事之人亦可曰：「汝雖深信汝所主張之公正，汝所信仰之真確，然在汝攻擊他人性行之先，汝應加意細審兩方面之證據，始可發言。」此等之考求，實為至正而不可少者。何謂至正？蓋一己之信仰，雖堅決若不可易，然對於因此信仰而生之行為，則尚有揀擇之權。故對於事實考求之責任，初無所逃。何謂無所逃？蓋因多數之人，不能自制其情感，故對於公然之行為，必有以制裁之也。然進一步言之，此等之考求，尚有不足。何則？蓋一己之行為，與其信仰互有關連。既非其一，則不得不連及其他。世未有對一問題既有片面之

信仰，而能平心靜氣以研究此問題之真相者也。故在未加公允考求
之先，而得有一種信仰，則對於此問題，已無盡此考求責任之資格。
天地間未有一種信仰對於行為不生影響者。蓋一人既有可因而定行
為之信仰，則未有不願其行為與其信仰相符合者，是其心中已有成
見矣。故雖一時之行為，不以此信仰而實現，然此信仰之潛勢已暗
伏於其心中，而終至影響於其將來之行為焉。蓋此信仰已成為其素
日眾信仰之一，而為人生刻刻之直覺與行為中間之關鍵，初不能辨
別於眾信仰之中，而眾信仰之全體，已受其影響而有潛移默化焉。
真確之信仰雖至細微，然未有無影響者。蓋此等信仰，能使吾人吸
收將來同類之信仰，證實已往相似之信仰，而拒絕種種相反之信仰，
因之變換吾人之主觀，終至一日橫決而形諸外，而永留印象於吾人
性行之上也。

　　抑又有進焉，一人之信仰，非僅關係於其一身也。吾人之生平，
每以社會對於各種事物之意見而定其趣向。故吾人之語言，吾人之
辭句，吾人思想之性質方法，皆公有之物，以年而改變增益之。蓋
不啻一種遺產，承之於前代，珍視之如拱璧，保持之如重寄；及至
移交於後代也，非一成而不變，乃增益之，純潔之，而加以少量現
代之印象者也。故凡與其儕類有言語交通之人，無論其信仰為是為
非，皆與其儕類之信仰組合而為一。夫處今日之世，而舖成後代所
生活於其中之世界，寧非一可畏之特權，亦一可畏之責任耶？

　　在上所舉之二事，吾人已認對於不足之證據而輕信，或袪疑寶
避考求以立其信仰之為非。此判語之理由非他，蓋在此二事中，一
人之信仰，皆於他人有重要之關係也。然須知無論何種細微之信仰，
或何種微賤之信仰之人，皆對於人類之命運深有關係。故吾人對於
一切之信仰，皆宜取同等之態度。蓋此使吾人起決心，而於吾人全
體實力組合為一之神聖本能——信仰其物者，非僅吾人所私有，而為
人類所共有者也；故用之於歷來經驗與勤苦心力所證明，而不畏自
由抨擊考問之真理，則為有當，則能結合人類為一體，而指揮其共
同之動作；若用之於未曾證明未曾考問之言說，但求有以慰信仰者
之私心，於吾人平直之生活加以色彩，而懸一幻影於其後，或即以
一種自欺之法以袪吾人之愁苦，則為不當。蓋為儕輩所重視之人，

對於其信仰，應以特殊之注意以保其純潔；否則有時其信仰必至無根，而永受不可滷弢之污點焉。

不但社會中首領政治家哲學家文學家，對於人類負有此項神聖責任也。普通於酒肆之中偶一發言之鄉農，對於其國族之迷信，皆有助長或祛除之能力。普通工人之妻，對於團結社會為一體，或使社會瓦解之信仰，皆能傳之於其子孫。故無論其心理若何之簡單，地位若何之卑下，對於考求所有習慣之信仰之責任，皆無可逃免焉。

此種責任之艱巨，自不待言。蓋因此而起之疑心，有時頗覺其苦悶；吾人昔之自視為安全而強固者，今或覺其蕭索而無助；對於一物吾若知之明晰，是已對於此物在無論若何之情況，皆能處理之也。吾人若知為所應為，則必覺較迷惘不知所措之為安樂而穩固。蓋使吾人自以為一物既洞悉其究竟而盡知所以處置之之方，則當然不欲自認其蒙昧而無力，而甘心重事推求其所以然與應付之之方法也。故吾人之喜於信仰於懼懷疑者，由於對於知識而生有權力感想有以使之也。

若所信仰果為真確而由於加意研究所得者，則此權力之感想實為最高尚最優美之樂趣，蓋吾人可認之為公共之產業，無論人我皆可共享之也。且此種樂趣實為正當，初非謂吾人自身得窺一種天地之秘，而藉以保其安全與強固，且使吾輩人類更能戰勝天行；不但吾人自身覺其強力，且使人類之強力，又多一種表現也。若此信仰根於不充足之證據，則此種樂趣，乃由欺罔而得。不但吾人為其所欺，致自覺一種無根之權力感想；且使吾人犯一種放棄對於人類所應盡之責任之罪也。——此種責任，應使吾人對於不經之信仰避之如惡疾，而惟恐其嬰之於吾身，遍染於全國。夫吾人對於貪嗜一甘果而冒傳播大疫於其家屬鄰里之危險之人，其態度果何如耶？

且不但所冒之危險為可懼也。蓋一惡行在行之之時，已成為惡，初不論其結果之何似。苟吾人時時輕信不充分之理由，吾人且將銷減吾人之自制力懷疑力，與審慎考求證據之能力。吾人對於保持不正確之信仰，與夫因此信仰而起之行為，受害極大，蓋此種信仰之惡果，每每甚大而廣也。然苟使輕信之性質，任其存在而增長，致成永久之性質，則為害且將更廣而更大。何則？設使吾人竊人之金，

在理論上，僅對於所有權有所變更，初無大害。在失主或不覺其損失，甚且能免其浪費此金錢於無用之地焉。然吾為此不道德之行為，則對於人類已負一不宥之罪。社會之受害初不在其財產之損失，而在使之為竊盜之逋逃藪；蓋若然，則社會已不成為社會矣。此所以吾人對於枉尺真尋之事，亦在所不應為，蓋雖能得善果，然以不道德之行為出之，則已不得為君子矣。同時若吾人對於不充分之證據而輕信，僅此輕信，殊無大害，此信仰或有時而證明為真，或吾人不致有機會以表示於外面之行為。然吾人養成此種輕信之性質，則對於人類已無形加一種之損害矣。蓋社會之危險，初不在有不正確之信仰；雖其危險亦已不小，然最大之危險，則在易於輕信，而失去考察判斷事物之能力，而將退化為草昧之世也。

輕信之害，不僅在養成他人輕信之習，因而維持不經之信仰，而在因輕信之故，致人常以讕語相告。蓋人之互以真理相告也，多由於自尊其心中之真理與他人心中之真理。苟吾自不尊真理，而僅因其可欲而信仰之，則焉能望吾友人尊視吾心中之真理乎？於是則吾身將為虛偽之空氣所籠罩，雖於吾之自身或無大害，然因吾身而使吾鄰人習為虛偽，則人類受吾害矣。輕信為欺騙誑語之父，故其罪惡與之相若。吾人之責任關連極切，苟全體守法而違反其一端，則不啻違反其全部也。

故總而論之，無論何時何地何人，若根據不充分之證據，而立任何之信仰，皆為不道之事。設有人對於其自幼養成之信仰，不加考究，故意自制其心中所起之疑竇，故意不讀對於其信仰有所批評之著作，而不交批評其信仰之人，以為對於此信仰加以疑問為不道，則其人已終身犯此有負於人道之罪矣。若以為此種判語，加之於心理簡單自幼即被教以懷疑為大罪而畢生幸福即繫於其所信之人為過於嚴酷，則吾人發生一問題：誰使以色列犯罪乎？

吾之判語非吾所自專也。彌兒敦有書曰：「人可於正信中而為異端。苟其起信僅由於牧師之言或會眾之意而無其他之理由，雖其所信仰為真理，即此真理已為異端。」韋勒律已有名言曰：「苟有人愛基督教勝於公理，則將愛其宗派勝於基督教，終乃愛其自身勝於一切矣。」

　　凡所有之信仰,非僅須考求一次即可以為定論而盲從之也。無論何時,袪疑即為不道。蓋苟為真理,則用既往考求之法,可重證其為真;否則可知所考求之方法為有缺點焉。設有人曰:「吾生事極忙,無暇以求解決此類問題之學問;或竟不能領悟此種討論之性質」,則彼同時亦應無暇以立其信仰。〔註385〕

　　6月25日,譯《信仰之道德之二·名人言論之價值》文章,英國克利弗得著,在《東方雜誌》(第20卷第12號,第70～83頁)發表。摘錄如下:

二、名人言論之價值

　　然則吾人將為普遍之懷疑派,對於一切事物皆懷疑實,在未試土地之堅固與否之前,永不敢以足試探乎?將因吾人對於現世已經證實之事,不能研究其百一,或即研究亦不能得完全之結果,遂捨棄一切學問知識乎?吾人將因個人經驗不足,未能證明行竊妄語之為非,遂可行竊妄語乎?實則對於信仰之問題,苟不憚加意群察而有自制之力,必不至有以上之結果。蓋凡對於此點已盡其義務之人,每每發見通常足為人生之指導之大真理,每以考驗之詳盡真實之比例而益顯明,終則幾躋於天經地義之域。故通常關於指導吾人對於社會群眾行為動作之信仰與夫關於物質界之信仰之能指導吾人對於生物無生物之行為動作者,每不至受考驗之影響。此類之信仰,可以自立,初無須乎信徒之擁護,亦無取乎壓止其相反之證明也。且吾人每有不得不據或然之理以為行為之基礎者。蓋每每正藉此等行為以覘其結果,而審別未來之信仰之是非。故吾人必不可以為審慎考驗之習,足以危及人生日用行動之實際也。

　　因徒云藉不了恃之證據而信仰為非,不言若何之信仰為可恃為不足,故吾人將繼續討論在若何之情形,吾人可信他人之明證之理;再則普通討論何時何故,吾人可信在吾人經驗或竟在人類經驗之外之事物。

　　今試問他人之明證,若何則不可信乎?其言之不可信,或出於有心,或出於無心;在前者則彼為謊語而須歸罪於其道德,在後者則彼為無識或謬誤,則所歸罪者僅為其智識或其審判力。故欲信一

人之明證，先須審知其發言之宗旨——是否誠信可靠，是否欲言其所能知之真理；次須審知其智識——是否彼於此事有洞悉其始末之機會；三須審知其審判力——是否彼能利用此機會而加以正確之判斷。此數點之宜審知，皆通常略有知識之人所洞曉。然實際則人每不細察此點，此誠極可怪之事也。故對於一證人之發言，應有二問題：彼之言誠信無欺乎？彼無謬誤乎？然一般人士每每僅解決其二問題之一，即以為是故一人之品行之佳，每可引為彼對於其所不能知之事物發之言之重。例如一回教徒每云：「其教主之品行勇毅而壯偉，可使非其信徒之人亦不能不頂禮讚歎其道德之教訓如此之可愛。其所組織之社會，構造如此之靈慧，致使其教化不但為甚多之人民所承認，且為彼輩所服從。其所創化之制度，一方救黑奴出於蠻野之中，一方對於進步之西方文明，且加與若干之教誨。雖對於其所提倡之信仰信之至最之民族，後為野蠻種族所征服，然其可驚之成就之歷史，終為回教永久不滅之光榮。吾人對於如此偉大如此高尚之人物之言敢懷疑乎？吾人敢設想如此之偉人，如此光榮之道德英雄，對於最神聖之事物竟作誑語乎？穆罕默德之言極其明顯，世界只有一上帝，而穆罕默德之自身即為其預言家。若吾人信彼，則吾人可得永久之幸福；吾人苟背彼則將萬劫墮落而不復。此種明證，立於最嚴重之基礎，——上天示現之本體，——當彼禁食祈禱於沙漠洞中之時，彼非親聞聖加白力之語，而被引入極樂國乎？上帝終為上帝，而穆罕默德終為上帝之預言家也。」

　　吾人將何以應此回教徒乎？首則吾人對於彼所稱述之預言家之道德，與回教道德之教訓，不能不有所懷疑，而不能忽視其各種可怖之事實。即令為辯論起見，姑認為此處無可訾議，吾人對於其信仰仍有不能盡信之處，而其信仰始終為不當。蓋雖穆罕默德之道德足以證明，其不作誑言，但無物以證明其所知之事為不謬。彼所見聖加白力之靈，安知非幻象乎？其所見極樂國，安知非夢境乎？即令彼誠信彼得有上天之指導，而為聖靈顯示之工具，彼胡從而知其堅強之信仰非謬誤乎？今令吾人為之設身處地，則見吾人愈欲證實其心中之經過，吾人愈覺此大預言家之信仰為無根也。彼或從未疑及此事之真偽，甚且從無考證其真偽之意，然吾人之地位則在所必

起此疑問而必須解答之也。醫學上之慣例，證明獨居與飢餓最易引起幻象與精神病。假使吾人亦效穆罕默德禁食而祈禱於沙漠之中，何物有權使吾人自信為聖神所將獲乎？假設吾所得之告語，外觀極似得諸於聖靈者，而結果復證實為不虛妄，然吾人無法以證明此聖靈為非吾心中之幻象而此項告語雖當時非由吾之知覺得之，為非由吾他種隱秘之感覺以知之也。即知此聖靈為實體，且時告吾以屢次證實之預言，吾人誠可賴之以知未來吾人所能證實之各事，然非所語乎一切之事物也。蓋雖其已經證實之性行，足使吾信彼對於彼所能知之事物，不作讏言；然此問題猶在——何所憑藉能信此事彼皆能知之乎？

即令此假設之客所言之各事，日後一一為吾所證明，足以證明彼所知之可以證實之事遠較吾所知者為多，然吾不能因此遂信其所言人類所不能證實之事也。此等事誠足令吾人加以有趣之尋味，而希望吾人加以勤慎之研究之後，或漸能得一種證明之方法，使吾人得由臆度而變為信仰。蓋信仰者為人類藉以指導其行為者。不能指導行為之信仰，不得謂之真；而行為之自身，即足以證明其真偽也。

然亦可謂承認回教為一系統，正為基於承認預言家之使命之信仰而生之動作，而可以之以證實其真實之價值者。敢謂如此福利群生之教，乃基於一種幻象乎？不但各聖賢因此信仰而得安樂，而證得預許信徒精神上之經驗；數種民族且因出於野蠻之域而進於文明。可見此種信仰已見諸行為，而其價值亦因以證明矣。

實則稍加考察，即可見所證實者，非為預言家之使命為神聖，與其關於吾人所不能證實之事之宣言為可信；而為其處事接物之智慧。其能使信徒得無上安樂之事實，僅足以證明其教旨之能慰藉人心，有益神智，而不能強吾人以信其為真理。而吾人良心上之問題，不在此信仰是否能慰藉吾人之心魂，而在所信仰者是否真理也。故預言家之宣傳一種教義，而預言從之可得心魂上之安樂，僅足表示其深知人類之天性，而知所以慰藉之之道；初不足以證明其於神學有超人之知識也。

即令為辯論起見（此外實無可信之理由），吾人承認回教各民族文明上數項之進步，實由於其宗教使然，而為穆罕默德所施於世界

者，吾人猶無權斷定其為神所相，而能宣說吾人所不能證實之事。吾人僅能承認其道德觀念之粹美，與其使人服從之方法及其社會政治之機械之佳妙耳。然猶須將列國之歷史加意研求，方能斷定何者之功最大也。此又僅足以表示其深悉人情而能慰藉之，而非有超人之神學之知識也。

若世間僅一預言家，則吾人或難斷定何者為吾人所宜信仰，何者吾人在所懷疑。蓋群眾所得於觀察較明感動較深勤求真理較專之先覺歷來之輔助，實非淺鮮也。乃雖稱為預言家者，世不止一人；雖其所預言之事物之為人力所能知，而彼誠知之者，經群眾證明其非誣，而能垂之於永久，且已逐漸組織入於吾人之知識中，然對於人力所不能知之事物之貿然加以證實，則實證明吾人每每誇大預言家之能力而誤用之，而反足以損輔助我者之榮譽也。凡人每不能度量一己見識之限度，故在他人之受其益者，窺察其是否逾景，乃不可缺之責任。若吾人於其正當之造就之外，必塗附以其或然之過失，引其聲威以認許其所不能知之事，則為依其福德而犯罪也。

今再舉一例：佛教徒亦有權以其個人與社會之經驗，證明東方聖人之地位；其教旨之足以慰藉貧病愁苦之心，實為從來所未有；即以成效而論，人類之半數皆依此教而得慰藉；則其社會道德之勝利為何如耶？然吾人試一聆其信徒之言，則佛自言其生也，乃在大轉法輪；故雖身為王子，乃棄邦國如敝屣，身歷疾苦以求免除之之道，如此之聖人，寧作妄語耶？

然無如世間非僅一人有此盛譽也。不言其他，穆罕默德即為同有此譽者。在穆氏則自稱世間惟一上帝而已乃其使者，吾人之或得永生，或永沉淪，皆視皈依此預言家與否為斷。在佛氏則云世間無上帝，而吾人苟薰修盡地，即可永斷煩惱，長證涅槃。二人之持論既歧，則必不能兩是，必有其一為幻想所蔽而自稱其能知彼所不知者。吾人果何從以辨別之乎？安知其他一人之所言，非亦不足據耶？

由是觀之，吾人乃得以下結論：人物之大小賢愚，初不能藉以為吾人信仰之根據；必也確有以證明彼所言之事，彼有能知之之理存；而無論如何，既同為人，必不能知他人無從證實之事也。

若一化學家，對予不習化學者，言某物可由某某物等之若干分

量，經過一某方法而製成之，除予素知其人品或審判力之不可恃外，予乃有權因其言而信之。蓋其專門之研究，每能使之誠求真理而不喜作冒失之斷語也。予可信彼深知彼所言之為真理。蓋予雖非化學家，然予既習知科學方法之大略，則可自信窮予之力必有以證明其真偽也。予或不果證實之，或竟不從事於可以證實之之實驗，然予猶有權自信其說，確為人力之所能證實者，而告語予以斯說者，確曾自試得其結果也。其所得之結果，其因其研究所得而生之信仰，不但於其個人為不誣，於盡人皆然。蓋曾經與彼同治斯學，而以使科學上所得之結果，免除一切謬誤為職責期望之人之證實也。科學上之結果，必曾有如此之經過，始成為公眾之所有物，而為正確信仰之目的，亦即一種社會事業群眾事業也。如此故其言為可信。蓋同時不乏能推究與證實之人，而亦因此推究證實之故，有以使一般研究家殫心竭力，務使其結果能經百試而不變，而隱隱負有一種群眾責任，必欲使其工作成為一種人類之遺產也。復次，北極探險家可告予在某緯度某經度，彼曾遇若何之嚴寒，海深若干尺，冰為若何之狀況。若吾人知其平日之言行無污點，即有權以信其言。蓋苟竭吾之力，不必有超人之能，或能躬往其地，以證實其言。也同時復有其同伴之目證，而復有理由以信其言之非誣。然使一老捕鯨者聲稱：自北冰洋至北極一帶之冰，皆厚三百英尺，則予無權以信其言。雖此說為人類所能證實，然以彼之方法能力，斷無從以知之；而其所聲言，必基於一種使人不足尊重其證語之方法而得者也，故雖其所言之事，為人力之所能知，然苟此事非宣言者之能力所及知，則吾人必無權因其語而信之也。

然何以語乎較所有一切個人之證明之尊嚴廣大之人類相傳之習俗之價值乎？以吾祖先歷代之奮鬥與勤勞，漸漸製成各種信仰及概念之空氣，使吾人在此一生變異繁複之環境之中，而得其呼吸。吾人之內外上下，皆為此空氣所包圍滲透。吾人除彼所供給之形狀方法外，無從以發生思想。吾人乃能疑之試之乎？即吾人有此能力者，疑之試之，不大背理耶？

則將應之曰：不但吾人有此能力而疑之試之，初不背理；且疑之試之，實為吾人莫大之責任。夫習俗之本旨，即在使吾人對於各

種事物發生疑問而研究之。若吾人誤用此習俗，認之為一群不相連續之乾燥陳言，須不加疑問而承認之，則不但吾人加害於自身；且對人吾人子孫將來承受之組織，未盡其建設之責任。吾人直使自身與吾子孫分離於人類之外矣。

今試舉一類由於通常不敢疑問因而尤宜考證之習俗：今使中非洲某部落之巫醫聲稱，若殺牛以祀，則某種神藥可得。而其部落深信之結果，則神藥既得與否，無從證實，而牛已殺矣。此種信仰，且以此而繼存及至後世。則其他巫醫且可援此為證以誘其族為此同等之舉動。至後世所以信此之理由，則為此信仰由來已久，盡人皆信而已。實則此信仰基於謊言，而因輕信而傳播。若有人焉起而考究之，證明其謬妄，並助其鄰人以明其究竟，或竟入巫醫之幕以毀其神藥，則彼所為之為正當而有裨益於人類，必無疑義矣。

關於此類情形，吾人所應取之動作，極其顯易。群眾之證明與任何其一之證明相等，故對於一事，吾人決不可因盡人之言如此，遂以為可信；必也最少其中之一人，能知此事之真偽，而所言者為其所知之真相，則所言方為可信。蓋無論若干民族若干世代之民，苟為彼等所不知之事，彼亦無法以證明之也。凡不身自證驗，徒知人云亦云之人，其言即不足據。故對於一說之真偽，吾人事先必有二疑問：（一）宣言之人對於茲事得毋謬想彼知之乎？（二）得毋彼作誑語乎？而此第二問題者，雖任此地此時尚為最切要之問題。吾人不必往拉薩勒特或中非洲或羅得士以求不道德之迷信之證據；即在倫敦生長之兒童，亦易為僅宜於蠻夷之信仰所包圍。此等信仰皆刻下妄人所偽造，而由於輕信以傳播者也。

今姑置世代相傳未經證驗之習俗不論，而試考究彼基於人類經驗而成立者。此種偉大之組織，為吾人物質上道德上思想行為之指導。今以道德界而論，習俗使吾人得正直公平真實仁慈等概念；且此等觀念，不取建言之形式，但為一種概念。蓋基於吾人本能上之直覺，初非出於智慧也。故仁慈為是之念，為個人直接之經驗。蓋人每自省，即覺有物較彼個人為廣大而永久；此物云：「我欲行是」「我欲為善於人類」。吾人可以證明一種本能與他種本能互相依倚而諧合，而證明此類之觀念之關係，亦即吾人之責任也。

習俗復言，在一定地一定時，如此如此之行為為是為真為仁慈。此等規律，實宜加以考究。蓋此等規律，每非盡由於有經驗道德知覺而立者。直至近今，吾國與全歐之道德習俗，皆以為不加分別以布施乞丐為仁慈。但經疑問考究此說之後，吾人始知真正之仁慈，乃為輔助失業之人以得其所最適宜之職業，而非獎勵養成懶惰。若不加分別，是使惰民日多，而社會受未來之害也。經此考究討論之後，不但行為較前更為純潔而仁慈；即此仁慈之概念，已因之而更加廣而有識。此處此大社會遺產乃包含兩部：（一）仁慈之本能，為吾人天性之一部，當其顯著時，能使吾人慾造福於人類；（二）對於仁慈有識之概念，使吾人對於任何之行為，討究其究竟是否仁慈。有此繼續之討究，概念乃漸漸擴大而分明。可見此概念之大用，此遺產之有識部分，乃在使吾人能常生疑問。而此概念即因此疑問而繼續增長而免入迷途。若吾人不用之於此，則將漸漸失其意義，僅存一類無意義之規律，初不能謂之為道德也。

以上之申說，對於吾人祖先關於物質界之概念與信仰為尤顯。今試觀澳洲土人之縛斧：雖伯明罕之工廠已為之造有斧眼，以為鑲柄之用，然彼仍必縛之於柄旁。吾人每笑其愚。實則因其若祖若父以此法縛斧至數十百代之久，彼未敢違反其習俗。彼為習俗所累，竟不能如彼祖先昔日之研求環境，設立方法，學習或創造新而佳良之事物矣。然即在此知識萌芽科學與藝術為一物之時，此同一之簡單規律，可加於此宇宙大樹最高最深之生長，或為其最高著花之枝，或為其最深掩藏之根。此規律為何？則所有一切貯存遺傳之事物，惟一種人為能用之：即能效昔人！作斯法者之行為，能繼續發問繼續研究，而誠懇搜求正當觀察正當處理一切事物者也。

捷苟比有言曰：「發問正當，已半得其答語。」吾人可再加曰：「其答語之他半，則為解決之方法，而最後真正之結果，較斯二者實無足數焉。」今試以電報為例：以積年改進之理論與實習，電報乃供人類莫大之利用。鄂姆初試得電流之強度與發電之蓄電池之強度為正比例，而與電流所經過之電線之長度為反比例，——此律稱為鄂姆律。然其結果如上列之申說之為吾人所欲信者，非其重要之部分。此問題之前半，為在此二者數量之間有何關係。苟為此問，則

其間已包有電流強度電池強度為須量度比較之數量之概念，已暗示此乃研究電流所必須注意之點。此問題之後半，乃在研究之方法，若何以量此數量？何者器械為此試驗所必須？此種器械之用法如何？故一學子之初從事於電學也，初不必問鄂姆律之何若，而先使之明瞭此問題，使之習用此器械，使之知證明之之法；在使之學習為之之方，而不在僅知其然；在使之能用器械發疑問，而不在盲從昔人之習說也。每每非天才不能發之問題，初學者乃能答之。故雖使鄂姆律一旦忽然為全體人類所遺忘，而問題與改決之方法仍在，則其結果可於一句鐘內重得之。若此徒然之結果為一不知此問題之價值及不知解決之之方法之人知之，則不啻不知開錶之野蠻人手持一表；或西班牙工程師，駕駛一鐵甲汽船矣。

故對於人類之神聖習俗，吾人知其真精神，不在因其為習俗所尊，遂爾盲從之若干陳言；而在發問正當之問題，使吾人可以繼續發問之概念，與解答此問題之方法。其價值繫於其日日之為人所考驗。正以此遺產神聖之故，吾人乃不得不盡吾力之所及，以考驗之，清潔之，擴大之，為吾人莫大之責任。彼用其結果以制止其一己之疑竇，以阻其他人之考驗者，不啻犯有百千年所不能滌盡之罪惡。當一般正直勇果之人，造成此世代所不能希望不能夢想之真理之光榮時，彼初不得與聞其事，而其名聲與工作，終當墜入黑暗之中，而永為世人所唾棄也。〔註386〕

6月25日，譯《信仰之道德之三·推論之限度》文章，英國克利弗得著，在《東方雜誌》（第20卷第12號，第70～83頁）發表。摘錄如下：

三、推論之限度

在何等情形，吾人可信吾人經驗以外之事物，實為一最大而最細微之問題，關係於科學方法之全體，而非再加以長久之應用，不能勉為完全之答語者也。然在此問題之初步，有一最簡單而最有實用之規律，可於此處略言之。

吾人試一思維，即見所有信仰，雖為最單簡最根本之信仰，若

〔註386〕《胡先驌全集》（初稿）第十五卷人文科學文章，第207～217頁。

視為吾人行為之指導，要皆出於直接經驗之外。灼傷之小兒之所以畏火者，因其信今日之火能灼人，與昨日之火等也。但此信仰已出乎直接經驗之外。——即昨日被灼之信仰，已出乎現在經驗之外，僅含有被灼之記憶，而無灼時之感覺。故此信仰之成立，已須預先設想記憶之可恃。實則記憶之為物，極不可恃也，但若欲用之以為行為之指導，則對於將來必須先有一種設想，而與昨日確已被灼之設想相合，此則出於經驗以外者。即此根本而不能懷疑之「我在」，若無出乎經驗以外「我將在」，亦不足為行為之指導。故問題不在吾人可否信仰出乎經驗以外之事物。蓋此問題涉在信仰之本體，而在吾人對於出乎經驗以外之事物，在若何情形可相信，而相信可至於若干程度也。

　　一最普及最簡單之答語，即由上舉被灼之小兒畏火之例可以得之。吾人若假設自然界性質統一，即可信仰出於經驗以外之事物。換言之，即吾人可以自然界性質統一之設想以增加吾人之經驗也。究竟此種統一之為何？吾人何能累代生長於此知見中？此為吾人暫時所宜擱置之問題。今姑舉二例，以使此規律之性質更加明瞭。

　　由於分光鏡上某種之觀察，吾人推論日球中有輕氣。當觀日光射於分光鏡時，吾人見有某種之輝線；同時試驗地上各物時，則見有此種輝線時，輕氣即為其本源。吾人乃設想彼日中所不知之輝線，與實驗室中所知之輝線同，而日中之輕氣與地上同一情形之輕氣，行為亦必相同焉。

　　吾人不信仰分光鏡過甚乎？當吾人累試地上各物之後，知其結果為真實，而同時復為吾人所能證明，吾人誠可信之矣；然日球上之情形，為吾人所無從以證實者，吾人豈可盡信分光鏡之結果而遽下武斷耶？

　　吾人誠宜知之較詳，始能信此推論之非輕信。幸而吾人有此項知識。蓋分光鏡在此二者，皆證明所經過者為某種長度之光浪；其構造情形，則若在此處有誤，在彼處亦必致誤者也。然吾苟深察之，則知吾人已設想日球上之物質，與地球上之物質相等，為若干種獨立之元素所成；而每種當熱至最高度時，各有一不同之震動率，可

藉以分離認識之於他元素之中。此種設想，實吾人可用以增加吾人之經驗者，蓋此實為自然界性質統一之設想，而必與對於他種事物吾人所用同類之設想相比較糾正者也。

究竟日輪中有輕氣一事，是否真信仰乎？此信仰羌何以指導人類之行為乎？曰：茍因不可恃之證據，或不知所以證明之之方法而遽信之，則無裨於人類。若以此證明之方法為根據而信仰，則大有關於實用。蓋若日中果無輕氣者，則分光鏡與光之震動率之量度，不足用以鑒定各物：因之不能用之於化學分析——如驗礦等，蓋徒費時日金錢與勞力也。然實際之結果，則自承認分光鏡方法後，不但發現多數新金類，且發明各種新研究方法，則其功效更大也。

茲再舉一例：今試一觀察歷史上事實之真偽。比羅奔尼蘇戰中，灑辣叩司之圍，吾人對於此事之經驗，得之於稱為蘇西的底之手跡中；復由後來歷史家之手跡中，證明蘇氏生於該戰事之時。而稱為文藝復興時代所著之書籍，又曾述及此種手跡如何得以保存之獲得之之故。復由吾人之經驗，審知常人必不無故贗造書籍與歷史。吾人乃設想關於此點，古人或與今人無異。而對於此事，吾人審知無自私自利之故存。蓋即吾人以人類性質統一之設想，加之於吾人之經驗也。然因吾人對於此種統一知之不若對於物理之統一之真而完全，故歷史一類之推論，較他種科學之推論為比較的不可恃而不真確。

然茍對於作是書或流傳是書之人品性有所疑問，則情形大異。若一類文書之內容，足以證明其出於假託古人之名以著書者之手；而當彼造作此書時，僅敘述證明有利於彼之事而隱其他，不但已犯此罪惡，且因彼之褒貶而冒得令譽，則吾人無由根據此種文書以得歷史上之推論，徒得一種無益之揣度而已。

以此觀之，吾人可以自然界統一之設想，加之於吾人直接經驗之內。吾人可如此充滿吾人經驗所示過云現在之事物之想像，使之與此統一相諧合。而彼能使吾人因其結果而生信仰之論證推論，正以顯明捨此結果之真實外，無法以保存自然界統一設想也。

故無論何種證明，不足使吾人信仰一反自然界統一之申說之為真。若吾人之經驗，不能與此統一相諧合，吾人所有權以斷定之者，

則其中必有謬誤之處。但推論已為不可能之事，吾人僅能止於此經驗，而不能出於其外。若真有與自然界統一所不能包函之事實出現，則其間有二要義：（一）除目睹其事之人外，他人無權以信之；（二）不能根據之以立可信之推論。

　　然則吾人必須信仰自然界為絕對而普及統一者乎？曰否。吾人固無權以信此類之事也。此規律僅言吾人若欲立直接經驗以外之信仰，則必須設想就吾人所知，自然界乃統一者也。在人類行為證驗之內，吾人可藉此種設想以立信仰，此外則僅可立一種假論以備供將來更真確之研究耳。

　　總而論之，吾人可信仰吾人經驗以外之事物。但必設想吾人所不知之事物與吾人所知者性質相若。而就此經驗以推論之，吾人可信他人之言。但必有理由以信其深知彼所言之事，而在彼所知之內，未作誑語。無論何時何地，憑不足之證據以立信仰為非是。懷疑研究，雖有時貌似輕擅，然輕信之輕擅，尤不可恕也。〔註387〕

6月29日，胡先驌致陸文郁信函。

　　辛農先生惠鑒：

　　　　廿四日手書並《植物名匯》初稿第一冊均已拜讀。此編實一重要工作，校訂之責極重，未宜以粗心，當仔細為之也。弟赴廬山大約在下月初旬，北返大約在八月底，《名匯》稿係弟北返後再寄，不必急也。

　　　　專此肅復，即頌

　　臺安

　　　　　　　　　　　　　　　　　　　胡先驌 拜

　　　　　　　　　　　　　　六月廿九日（1931 年）〔註388〕

　　夏季，派靜生所職員陳封懷赴吉林採集，到敦化、寧古塔及鏡泊湖等處，為時 3 個月，共得標本 600 號，木材標本 5 種。

〔註387〕《胡先驌全集》（初稿）第十五卷人文科學文章，第 217～219 頁。
〔註388〕胡宗剛撰《胡先驌先生年譜長編》，江西教育出版社，2008 年 2 月版，第 162
　　　　～163 頁。

7月中旬，赴廬山考察植物，為編《廬山志》，撰寫廬山植物社會。

　　胡先驌君：以江西鄉耆有重修《廬山志》之舉其中植物誌部分
推胡君擔任。預定於七月中旬啟程赴贛，對於廬山植物為詳盡之採
集，以為編志之資料。約於八月底回平。〔註389〕

7月，Notulae Systematicae ad Floram Sinensem III（中國植物分類小誌
三）刊於 Journ. Arn. Arb，《花木栽培雜誌》（第12卷第3期，第151～156
頁）。

8月15日，程以人致胡先驌信函。

　　步曾先生惠鑒：

　　此次峨山採集，因雨淹滯，計七月初上山，直至日前使回，前
後凡四十餘日，殊出意料。此次大水，據云為十餘年來所未有，山
洪爆發，園舍淹沒不少。此次採得標本四百餘種，現已烘乾，正在
整理中。奕武擬先寄一份來所，藉資觀覽。峨山近年來多為寺僧開
中山糧且採樵，所經覺濯濯無景，非復初蘊未發時矣。此次所採標
本種類不多，亦由於是也。

　　附上涼山以來拙作數十首。旅次無書，即日用之字典亦復缺如，
用字措辭定多謬誤，生望嚴加指正，並希斧削。

　　　　　　　　　　　　　　　　　　　生　程以人　謹上
　　　　　　　　　　　　　　　　八月十五日（1931年）〔註390〕

8月25日，參加在江蘇鎮江舉行中國科學社第十六屆年會第二次社務會
議，當選下屆《科學》雜誌編輯。

　　八月二十五日上午開第二次社務會，王季梁君主席。選出王季
梁君為編輯部主任。通過編輯十二人由年會選八人，編輯部主任就
其所在地推其餘四人於理事會聘任之。選舉結果以翁文灝、秉志、
蔡元培、竺可楨、曾昭掄、胡先驌、周仁、胡剛復八君當選為下屆

〔註389〕《社友》第13號1931年8月10日消息。張劍、姚潤澤編注中國科學社檔
　　　　案資料整理與研究《社友》人物傳記》資料選編，上海科學技術出版社2020
　　　　年版，第40頁。
〔註390〕胡宗剛撰《胡先驌先生年譜長編》，江西教育出版社，2008年2月版，第164
　　　　頁。

《科學》編輯。〔註391〕

8月25日，參加在江蘇鎮江舉行中國科學社第十六屆年會第二次社務會議，以17票當選下屆《科學》雜誌編輯。

楊孝述提議：《科學》編輯部編輯向例由大會選舉，但以散處各方，聯絡非易，開公的論，更無論矣。茲特提議編輯十二人中，由年會選舉八人，由編輯部主任就其所在地之升，員中推薦其餘四人於理事會聘任之。阮志明附議。

大多數通過。

選舉結果：翁文灝28票、秉志25票、竺可楨22票、曾昭掄19票、胡先驌17票、周仁15票、胡剛復14票、蔡元培13票。以上八人當選為二十年度編輯。次多數姜立夫、吳有訓各12票、鄒樹文11票。〔註392〕

著《植物學小史》

〔註391〕王良鑷、何品編注中國科學社檔案資料整理與研究《年會記錄》選編，上海科學技術出版社2020年12月版，第191頁。

〔註392〕王良鑷、何品編注中國科學社檔案資料整理與研究《年會記錄》選編，上海科學技術出版社2020年12月版，第202頁。

8月，著《植物學小史》，王雲五主編《百科小叢書》，新中學文庫，商務印書館初版。

10月19日，秦仁昌致胡先驌信函。

步曾先生大鑒：

啟者九月十九號手書，早經接讀，與基金會事，一遵來示所云，不必多費周折可也。三星期來攝制植物影片事，進行十分順利，截至今日止，已攝成二千二百餘幅，預計至下星期六，還可成三千。茲附上樣本八幅，以示成〔效〕之一般，煥鏞先生認為十分滿意。照此大小，不加放大，而助以高倍之擴大鏡，葉脈毛花歷歷可見，但為求正確及永久計，將來應（待生回國後）放大一全套（至原大二分之一），依科屬排列以便隨時參考。目下決在英仿此印一全套（約費五十鎊）寄回，一則以便目下參考，一則以示基金會諸公，不識尊意如何？所有底片將陸續裝人 negative albums（已購六十本，足裝六千張）。將來寄回方法，生意將用保險郵寄，且每次僅寄五百張，以資安全。次將印成之相，仿此繼續寄回，惟不知到平後是否應納進口稅，或能設法免此額外支費，請早示及，以便進行。

生意有此全套照片，本年川貴標本大部分可以自行鑒定，祖國植物科學自此當可獨立研究矣。截止今日照 Hemsley Index Florae Sinensis 順序，僅完成鼠李科。照此預計，在此間材料可攝一萬幅以上，我國大部分之植物盡於此矣。此間收藏之富，世界各國無有出其右者，已列入之標本總數約計在 four million 以上，其儲藏室未定名及已定名之標本尚有一百餘萬號。關於東亞標本如 Blume, Miquel, Thunberg, Ruprecht, Maximovicz, Bunge, Dall, Franchet, Gagnepain 等家之原種標本具十之七八。至於我國西部、西南部、東部及中部之原種標本，固一一均在此也。生與陳師之意以為此間當局既如此款待，而攝影技術復極精良，應將此間所有中國原種副原種以及定名精確之標本一一攝取，以期一舉而盡之，若此次不盡其所有，則將來恐機會不再矣。至於其他各國之中國原種標本為數無多，待來年可一一盡之。至此間英國博物館之 Hance 氏之中國原種標本，除一部分已在 Kew 攝影外，所餘約僅二百之數，業由陳師乘便接談。據

當局稱該照章不應任何人有此舉動,惟對於中國當可破例相待云云。蓋此種大規模之攝影原種標本,此間任何學術機關當局多認為一種商業之手段,頗不得其允許,此次 Kew 當局慨然許我欲,為此吾國學者□□□□□□□□……

再此次所攝之影片,吾輩應慎重保存,除國內一二(如科學社生物研究所及廣東植物研究所)重要植物研究機關可得此種印片外,其餘歐美各學術機關如向吾請求添印一部分者,概不承允,以免人云吾輩盜人之實而濫用之也。或此間當局轉託吾輩為某學術機關代印若干幅,則似可照辦。蓋 Dr. Hill 深信吾輩決不以商業手段,推廣此種印片於全世界,或者藉此漁利,故此次樂為我輩助也。當此事方始之時,有一美國 Philadelphia 省之玄參科專家 Dr. Pennet 者,意欲向吾方要求為其添印一套關於該科之中國植物。余當時即以此意告之,渠亦默然。若渠請求此間當局同意,轉請吾方代辦,則可以行,否則吾方決難允其請,即因此耳。

吾輩此次舉動,幾為世界各國學者所共知,彼等咸稱吾國由此所得之原種植物照片之富,為世界各國冠矣。此亦吾輩可以引以自豪者。至所攝之影,未必一幅代表一種,往往有一種有兩幅者,間或者三幅者,其理由則因原種標本僅為著花之枝,或著果之枝,而生則將花與果之標本各攝一幅,以求完全,以便應用。如木蘭屬之標本,非將其花與果之標本均攝一幅,則將來與實物對照時會顧此失彼,此不定期舉其一端而言,又或如原種標本系在日本發現者,則除將其攝取外,同時又須攝影中國產之標本,其重要不言可喻。要之,此種情形在木本植物為多,草木較少,蕨類植物則更少矣。

此次基金會所撥之款,預計尚可攝制影片一萬二千張以上,如此部工作完成後,該會當局及先生與雨農老師等,認為有完成其全部之必要(在柏林、維也納等地),則生亦願分出一部分之時間,續成其事,俾推祖國植物分類學之健全基礎。自毛茛科起至鼠李科止,僅鳳仙一屬(Impatiens)付缺如(僅攝三幅),恐照片於此屬植物無甚裨益也。禾本、莎草等科之植物或將全付缺如,此類植物只可培一二專門人才,畢生研究之,決非一張照片可以解決之也。

本年在川貴所採之標本，以及此後所採之標本，生意應全數留在中國自行鑒定，假仍如昔日之寄往歐美，則其影響所及，非特將祖國植物分類學愈弄愈糟，吾輩習此學者將無所事事矣。歐美各國戰後經濟非常困難，各學術機關非特不見擴充，原有職員減去一大部分，此間在昔日標本室共分七部。所謂中國日本部、印度部、馬來部等，前任香港植物園園長 Dunn 氏任中國部之管理，因戰爭結果並為三部，職員裁去二十餘人。德法等國更加甚焉，所有職員均一人兼數職，欲求一人能鎮日從事研究者不可得，其各地寄來定名之標本山積，非待五六年後，不及著手，即如數十年前所採之標本如 Acury，Wilson，近者如 Forrest 等輩在中國所採之標本尚有一部分未經定名，寧有餘暇從事吾輩所採之標本，而一一代為審密定名乎！

柏林及巴黎情形更劣於此，前東南大學寄與柏林之江蘇標本，迄今三年未及定名者，即以此也。如於少數專家則不妨以標本定名相託。陳師亦同此意，如先生與雨農老師等認為正當，則對同道極力勸阻其過於信仰外國學者，不再以辛苦所得之標本，斷送於外人，使祖國科學陷於萬劫不回之地。為今之計，吾輩惟有一方積極採集標本，一方培養有望青年，各門多有專人，則十年以後，祖國植物學不患其與世界各國並馳也。

再吾輩應請求中央研究院提出中央政治會議通過，關於外人來華採集生物標本辦法，務求其一部分留在中國，此實獨立國家應有之權利（昨晤此間 Kingdon Ward，悉渠於本月二十三號首途往緬甸採集，繞道入滇邊，又 Forrest 於十一月道途往滇省採集，又瑞典之 Hampus Arnell 亦準備往川邊採集，又 Rock 確在滇省購置田產，以資久居。國人對此絕不聞，向怪矣）。

生月來屢欲以此事告諸國內同道，請求政府仿教部禁止古籍流出國境辦法，通令各國。實因刻無暇晷，迄未如願，乞先生等設法進行此事，此實吾輩之天職也。餘不一一。

　　專此即頌

研安

　　　　　　　　　　　　　　　　學生　秦仁昌　謹叩上

十月十九號英國 Kew Gardens

（1931 年）〔註 393〕

閱後請轉雨農先生。

11 月 17 日，為《福建教育廳週刊》題詞，該刊第 100 期，第 6 頁。摘錄如下：

> 十年生聚，十年教訓，句踐所以沼吳。吾國本天賦之國，文物舊邦。而國勢不振，產業落後，固由於物質文明不及歐美，然教育之衰落，實其主因。閩省地處南疆，山海之利，人文薈萃，為近世所豔稱。而裙屐競集，都門鄉里之一般教育，反遠遜於他省，此有識之士所同慨者也。自吾友程君柏廬范閩主持教育大計，以堅貞質樸，大無畏之精神，為閩省教育戮力三年以還，風氣丕變。中更遭悍將驕卒羈囚之厄，閩省人士對於程君之信念因而益堅。心理建設影響之宏深，匪言可喻。他日教育進步之速與教育方針之健全，可不俟蓍龜而卜也。今日倭禍日亟，日本自佔領臺灣之後，南進之野心無日或戢，閩省首當其衝。欲以救亡，非賴健全之普及教育不可。以程君之領袖群倫，當不難達此鵠的也。《教育週刊》為布教化之喉舌，創刊以來，內容極為精彩，非一般之可以覆瓿之官書可比，度能為閩省教育莫大之助力。茲值百期紀念，徵言於余，特以所感，拉雜書之，即以相勖耳。
>
> 民國二十年十一月十七日，胡先驌書於北平靜生生物調查所。

〔註 394〕

11 月 28 日，胡先驌致陸文郁信函。

> 辛農先生惠鑒：
>
> 寄來手示敬悉一切，《名匯》初稿第五冊已收到不誤，《廬山志》全部尚未脫稿付印，約在二月間，印出後當盡先寄奉也。
>
> 專此即頌
>
> 臺安

〔註 393〕 秦仁昌致胡先驌，1931.10.19，北京：中國科學院植物研究所檔案。胡宗剛著《靜生生物調查所史稿》，山東教育出版社，2005 年 10 月版，第 38～41 頁。

〔註 394〕 《胡先驌全集》（初稿）第十五卷人文科學文章，第 220 頁。

胡先驌 拜
十一月廿八日（1931 年）〔註395〕

11 月，Notes on Sonte Lebiafae from Szechwan（四川省唇形花科植物之研究）（與 Ts'a., Hsi-T'ao 蔡希陶合著）刊於 Bull. Fan Mem. Inst. Biol.《靜生生物調查所彙報》（第 2 卷第 13 期，第 259～264 頁）。

12 月，Plantae Tsiangiance: Corylaceae（蔣氏貴州榛科植物誌）刊於《中央自然歷史博物館彙報》（第 2 卷第 4 期，第 78～93 頁）。

12 月，A New Rehdereodendron from Kweichow（貴卅芮德木之一新種）刊於 Sinensia（第 2 卷，第 1～12 頁）。同月，轉載於《中央自然歷史博物館彙報》（第 2 卷第 4 期，第 109～110 頁）。

是年，中國紫金彪屬植物新種，Report sp. Nor. Fedde（第 29 期，第 109～110 頁）。

是年，太平洋關係學會第四次年會在上海舉行，為了保證會議上對中國文化問題進行富有成效的討論，有必要對參加會議者暸解中國文化作介紹。中國太平洋關係學會決定由陳衡哲負責，出版一本關於中國文化的書籍，用英文出版《中國文化論集》，該書內容廣泛，涉及中國文化方方面面，包括工業、農業、教育、考古、生物、地質、哲學、藝術等多門學科。胡先驌與秉志共同撰寫了《生物科學》一文，全文包括，一、前言，二、生物學實驗室及研究所的發展，三、近年來的活動，四、研究機遇，五、展望未來等五部分。該文既回顧了我國在生物方面的偉大成就，也指出當代生物科學家的歷史使命。「更為重要的是科學家們所樹立的理想，他們獻身於科學研究並將成果付諸應用，但卻不企求個人有任何回報。」

【箋注】

太平洋國際學會（Institute of the Pacific Relations, lPR）是一個活躍於 20 世紀 20 年代中葉至 50 年代後期，學會「以研究太平洋各民族之狀況，促進太平洋各國之邦交」為宗旨。討論亞太地區政治、經濟、社會、外交、文化、民族等問題為關注內容的國際性民間學術團體，舉辦了 13 次以亞太地區政治、經濟、外交、文化、民族等問

〔註395〕《胡先驌全集》（初稿）第十七卷下中文書信卷，第 384 頁。

題為內容的國際會議，出版了千餘種相關書籍，並在 14 個國家設立了分會，分為團體會員及個人會員，其中來自學術界和教育界者佔了相當的比重，餘者依次分布於商界、新聞出版界、社團、法律界等。有自由主義和國際主義思想者在會員中佔了很大比重，可謂當時太平洋地區一個較活躍的國際組織。中國分會 1931 年有會員 105 人，執行委員 15 人，胡適為執委會委員長，會員包括蔡元培、王雲五、朱經農、黃炎培、陳衡哲等，多為全國一流的名儒時俊。

是年，胡先驌致徐炳昶、馬衡信函。

旭生、叔平先生臺鑒：

徑啟者：保存東陵勝蹟一案，曾由貴會分別呈請國民政府，並函請陸海空副司令行營及河北省政府各在案，不料事與願違，結果適得其反，前該地公民來函報告，自河北省政府命令達到該地林務局後，該局陽奉陰違，明則禁止砍伐，實際暗中唆使奸商加工砍伐云云。似此情形，則該地殘餘森林，諒不出數月，必絕其根株，則貴會等以前呈請保存之盛意，均成泡影，殊深惋惜。

弟前因赴潯贛等處採集，當由敝所各職員將此項消息詳細函達李石曾先生矣。歸後據各員報告，不勝惋惜，茲將原函抄陳一覽，便得其詳，擬請臺端與石曾先生會商，並懇主稿再將該局摧毀情形縷呈國民政府，一面懇求迅予議決此案，一面懇求妥擬接收方法，並從速令飭河北省政府勒令限期取消該地林務局，庶於事有實濟。事關公益，如荷贊同。

專此布達，順頌

臺綏

弟　胡先驌

（1931）〔註396〕

是年，派北平靜生生物調查所採集員蔡希陶到雲南的鹽津、昭通、涼山、丘北、文山採集標本 800 號。

是年，胡先驌擔任靜生生物調查所所長。

〔註396〕胡宗剛撰《胡先驌先生年譜長編》，江西教育出版社，2008 年 2 月版，第 164～165 頁。

秉志難以兼任南北兩所，而辭去靜生所所長職務，改由胡先驌
主持。該所在調查華北和東北動植物之同時，乃將目光投射於西南，
1929 年先與中國科學社生物所合作，派汪發纘與生物所之方文培赴
四川採集，1931 年乃組團赴雲南調查採集，由年輕之蔡希陶擔任團
長，率動物採集員常麟春，植物採集員陸清亮前往。〔註397〕

胡先驌與繼室張景珩夫人及女昭靜 1931 年攝於
北平，昭靜下有三弟：德耀、德輝、德焜

是年，中國科學社概況，對中國科學社生物研究所研究工作進行介紹。

生物研究所。本社生物研究所所發軔於民國十一年秋間。僅就
南京社所南樓樓上各室，略事修葺，闢為生物研究室。推定秉誌主
持其事。維時社中經費艱難，除助理員略受津貼以資膏火外，各研
究員皆以大學教授課餘之時間，從事研究而提倡之，皆不計薪。本
所之得以樹立基礎，實始倡諸教授之力也。次年本社得江蘇省政府
常年補助費，乃能月撥該所經費三百元，動物植物二部各得其半。
於是始得略購器械，採集標本。闢南樓之下層為陳列館，公諸社會。

〔註397〕胡宗剛著《雲南植物研究史略》，上海交通大學出版社 2018 年 7 月版，第 30
頁。

參觀者日以增多。本所遂漸漸為人注意。南京之有公開自然歷史博物館者，實自此始。十三年動物部發刊研究論文三種，植物部二種。自此以為例，每年動植二部發布研究專刊，年印五篇，匯為一卷。二三年後漸為學術界所注意。中華文化基金會乃於十五年秋起資助本所年金萬五千元，其第一年另助設備費五千元。於是始克維持發展，添購書籍儀器，派員四出採集，陳列室內標本因之驟形增多，研究之資料亦以繁富。十八年秋文化基金會，補助本所常年費復增至四萬元。因得添聘教授，發展工作。維舊時房舍殊感不敷應用。今年又由本社提出二萬元，並向文化基金會請得協助二萬元，共計四萬元，為添築新舍之用。新舍為保險式二層樓，包含陳列室，圖書館，研究室等。建於舊址西隙地。已於四月一日起興工建築。光線溫度皆求適合於研究工作。十月間即可完竣。本年九月間北樓圖書館移滬，又得應用房屋。自此南京社所全部均歸本所之用矣。此為本所之略史，至於各部狀況分錄於後。〔註398〕

是年，中國科學社概況，對中國科學社理事會成員進行介紹。

理事會

王璡	季梁	會長	上海霞飛路八九九號中央研究院化學研究所
楊孝述	允中	總幹事	上海亞爾培路五三三號本社
周仁	子競	會計	上海霞飛路八九九號中央研究院工程研究所
竺可楨	藕舫		南京北極閣中央研究院氣象研究所
楊銓	杏佛		上海亞爾培路三三一號中央研究院
胡剛復			上海霞飛路八九九號中央研究院物理研究所
任鴻雋			見前董事會
錢寶琮	琢如		浙江大學文理學院
高君珊			美國
胡先驌	步曾		北平靜生生物調查所
趙元任			北平東單洋溢胡同四十一號
翁文灝	詠霓		北平地質調查所〔註399〕

〔註398〕林麗成、章立言、張劍編注《中國科學社檔案資料整理與研究——發展歷程史料》，上海科學技術出版社2015年版，第236頁。

〔註399〕林麗成、章立言、張劍編注《中國科學社檔案資料整理與研究——發展歷程

是年，中國科學社概況，對中國科學社《科學》雜誌編輯部進行介紹。

編輯部

王璡		主任	上海霞飛路八九九號中央研究院化學研究所
路敏行		專任編輯	上海本社圖書館
曾昭倫		編輯	南京中央大學
姜立夫		編輯	天津南開大學
蔡元培		編輯	上海亞爾培路三三一號中央研究院
吳有訓	正之	編輯	北平清華大學
王崇植	愛培	編輯	青島工務局
任鴻雋		編輯	北平南長街二二號中華教育文化基金董事會
胡先驌		編輯	北平靜生生物調查所
秉志	農山	編輯	南京本社
錢崇澍	雨農	編輯	南京本社
翁文灝		編輯	北平地質調查所
趙元任		編輯	北平東單洋溢胡同四十一號
周仁		編輯	上海霞飛路八九九號中央研究院工程研究所
姚國珣	次仲	助理編輯	上海本社
孫維蘭		助理	上海本社〔註400〕

是年，派蔡希陶在雲南採集植物標本。

　　靜生生物調查所成立於一九二八年，作者任植物部主任。歷年
曾派員至河北、山西、吉林、四川、雲南各省採集，而以在雲南的
採集規模最大，收穫最多。一九三一年蔡希陶在雲南鹽津、昭通、
涼山、邱北、文山採得植物標本八百號。〔註401〕

　　　　史料》，上海科學技術出版社 2015 年版，第 242 頁。
〔註400〕林麗成、章立言、張劍編注《中國科學社檔案資料整理與研究——發展歷程
　　　　史料》，上海科學技術出版社 2015 年版，第 243 頁。
〔註401〕胡先驌著《植物分類學簡編》，高等教育出版社 1955 年 3 月版，第 4 頁。